建设法规

主编　石晓娟　田芳芳　邵　丽

ZHEJIANG UNIVERSITY PRESS
浙江大学出版社

图书在版编目（CIP）数据

建设法规 / 石晓娟等主编. —杭州：浙江大学出版社，2019.12

ISBN 978-7-308-19727-4

Ⅰ.①建… Ⅱ.①石… Ⅲ.①建筑法—中国 Ⅳ.①D922.297

中国版本图书馆 CIP 数据核字（2019）第 256562 号

建设法规

主编 石晓娟 田芳芳 邵 丽

责任编辑	王 波
责任校对	陈 欣
封面设计	周 灵
出版发行	浙江大学出版社
	（杭州市天目山路 148 号 邮政编码 310007）
	（网址：http://www.zjupress.com）
排 版	杭州中大图文设计有限公司
印 刷	浙江省邮电印刷股份有限公司
开 本	787mm×1092mm 1/16
印 张	15.5
字 数	377 千
版 印 次	2019 年 12 月第 1 版 2019 年 12 月第 1 次印刷
书 号	ISBN 978-7-308-19727-4
定 价	42.00 元

前　言

近年来,我国国民经济快速发展,工程建设如火如荼,在国民经济中的地位举足轻重。与此同时,随着我国工程建设法规的日趋完善和建筑业参与国际建筑市场竞争的需要,工程建设行为必须纳入法制化的轨道。因此,对于土建类专业的学生,学习和掌握工程建设领域方面的法律法规知识势在必行。

本书依据工程建设领域最新的法律、法规文件,结合独立学院学生的实际能力和就业特点,根据独立学院土木工程、工程管理专业的培养目标、教学大纲以及培养技术应用型人才的目标组织编写,内容包括:建设法规基础、工程建设标准法律制度、建设工程勘察设计法律制度、建筑法律制度、建筑工程合同法律制度、建设工程纠纷的处理和与工程建设相关的其他法律。本书充分总结了作者多年的教学与实践经验,对基本理论的讲授以应用为目的,教学内容以必需、够用为度,突出案例教学和历年注册建造师、造价师考点,使学生在学习过程中能够通过真实的案例分析,加强对建设法律法规的理解和运用能力,力求体现应用型本科教育注重职业能力培养的特点。

本书系浙江大学出版社组织出版的应用型本科院校土木工程专业规划教材之一,不仅可作为土木工程、工程管理及相关专业本科生教材,也可作为有关执业资格考试的复习参考书。

本书由北京科技大学天津学院教师石晓娟、田芳芳、邵丽主编,北京科技大学教授刘胜富主审。全书共分7章,由石晓娟统稿,具体编写分工如下:石晓娟负责编写第1章、第2章、第4章;田芳芳负责编写第3章、第5章、第6章;邵丽负责编写第7章。

本书在编写过程中参考了许多专家和学者的研究成果,同时吸取了工程建设法规领域最新前沿动态,一并作为参考文献附于正文后,并致谢意。同时感谢北京科技大学天津学院土木工程系和浙江大学出版社对本书出版工作的大力支持与帮助!

由于作者水平有限,书中的错误和不足之处在所难免,恳请读者提出宝贵意见。读者扫描书中二维码,可免费获得配套课件、试题库、工程法律条文等课程资源。

编　者

2019 年 3 月

目　录

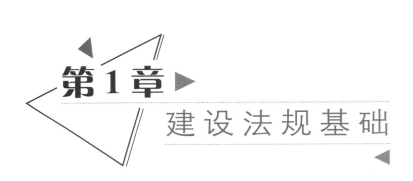

第 1 章

建设法规基础

本章课件

我国法制建设与市场经济的发展是相辅相成的。随着市场经济的发展,我国的法制建设也在逐步健全与完善,最终使社会主义市场经济成为法制化的市场经济。而在市场经济中,建筑市场经济是其重要的组成部分。我国出台了一系列与工程建设有关的法律法规,作为建设工程的参与者应了解这些法律法规,并以这些法律法规来规范自己的建设行为。

✉ 案例引导

某市第四中学教学楼、办公楼等工程建设建筑面积约 9800 平方米，计划投资 900 万元，现已完成投资 500 万元，建设单位为该市第四中学。建设单位在没有办理立项审批、用地规划许可证，没有进行工程勘察并且使用无图签的施工图，没有进行工程报建，没有进行工程施工招标和委托建设监理，没有办理施工许可证的情况下于 2003 年 4 月擅自开工建设，由与该中学签订了办学协议的一个个体老板自行组织施工。

该市建设行政主管部门发现了该违法建设工程后，发出停工通知书，责令施工方停止违法施工，并对建设单位和施工单位依法进行了处罚。

案例评析：

在本案例中，该建设项目在立项审批、建设用地规划许可、设计、招标、报建、施工许可、质量监督等方面都存在严重缺陷，可以说工程建设基本程序在该项目中都没有具备，该项目完全属于违法建设项目。建设单位和施工单位严重违反建设程序，应当受到应有的处罚。

✏ 学习目标

本章阐述了建设法规基础，要求学生掌握工程项目建设程序，熟悉建设法律关系的构成要素，了解建设工程法规体系及其效力等级。

1.1　工程项目建设程序

1.1.1　工程项目建设程序的概念及性质

1.工程项目建设程序的概念

工程项目建设程序是指基本建设全过程中各项工作必须遵守的法定顺序,是工程项目建设过程的客观规律反映,不是人们主观臆造的。它具有客观性、系统性、科学性、规范性的特点。

2.工程项目建设程序的性质

工程项目建设程序的性质与工程项目建设自身所具有的客观规律和技术经济特点有密切的联系。

（1）先设计,后施工

在整个工程项目建设中,前一段的工作是后一段工作的基础。任何建设项目,都要根据各自的使用目的,结合不同功能,先规划,再勘察、设计,后施工。那种"边设计、边施工、边生产"的建设方式是违反客观规律的。

（2）项目位置固定,施工流动

根据工程项目特点,建设工程项目位置固定,而施工却是流动的。

（3）影响因素多,不可预见性强,要求不能有失误

一般工程项目建设都具有耗资巨大、工期长、建设环境复杂的特点,因此,不可预见因素多,稍有失误就损失惊人。

1.1.2　工程项目建设程序

1.立项批准,编制设计任务书

立项是建设工程程序的第一步骤。立项被批准后,则要编制设计任务书。

（1）工程项目立项阶段

工程项目开始时要有项目建议书,也就是项目的立项文件,其主要内容包括:项目提出的必要性和依据;产品方案、拟建规模和建设地点的初步设想,同时,说明城乡规划和行政主管部门的初步审核意见;资源情况、建设条件、协作关系和引进国别、厂商的初步分析;投资估算和资金筹措的设想;项目的进度安排、经济效益和社会效益的估计。

项目建议书要经有关部门审批。报批项目建议书必备文件包括:

1）主管部门报送项目建议书的请示文件。

2）项目建议书文本。

3）拟在城市规划区内建设划拨土地的非生产性建设项目,必须附有城市规划行政主管部门签发的选址意见书。

4）工业项目必须附内联或外商投资意向书或协议书、环保部门初步意见和土地部门用地预审意见。

项目建议书的审批:对于大中型及限额以上项目,首先应报送行业归口主管部门,同时抄送国家发展和改革委员会(简称国家发改委)。行业归口主管部门根据国民经济和社会发展的长远规划、行业规划、地区规划等要求初审,再由国家发改委从建设总规模、资源优化配置及资金供应可能等方面综合平衡,委托具有相应资质的工程咨询单位评估后审批。

项目总投资在 2 亿元以上(包括 2 亿元),或产权隶属关系为省属,或省参股投资的基本建设项目,一律报省或由省审核后转报国家发改委审批。

项目总投资在 2 亿元以下、产权隶属关系为地市县属的基本建设项目,凡建设资金及其他建设、生产条件不能自求平衡的,均须报省或转报国家发改委审批(省里已明确下放审批权限的除外)。

(2)可行性研究阶段

工程项目被批准后,即进行可行性研究。可行性研究的目的是对建设项目在技术、工艺、经济上是否合理和可行,进行全面分析、论证,并进行方案比较,提出评价意见,为编制和审批设计任务书提供可靠依据。可行性研究一般包括:项目提出的背景、投资的必要性和研究工作的依据和范围;需求预测确定拟建规模、产品方案和发展方向的技术、经济比较和分析;资源、原材料、燃料及公用设施情况;项目设计方案、建厂条件与厂址方案;环保、防震、防洪等要求及相应措施;建设工期和进度;主要设备选型;主要单项工程、公用辅助设施及配套工程、总体布置方案和土建工程量估算;投资估算和资金筹措方式及偿还能力;投资的经济效益和社会效益。可行性研究由项目主管部门或建设单位委托或指定有资质的咨询、设计单位进行,这些单位要对工作成果的可靠性、准确性承担责任,保证研究成果的客观性和公正性。

可行性研究报告同样必须经有关部门审批。报批可行性研究报告必备文件包括:

1)主管部门报送可行性研究报告的请示文件。

2)有相应资质的咨询设计单位编制的工程可行性研究报告文本。

3)大、中型项目应有相应资质的咨询单位对项目可行性研究报告的评审意见。

4)省级土地主管、环境主管、城市规划、防震、防洪、防空、文物保护、资源、劳动安全、卫生防疫、消防等部门的评价意见文件。

5)资金承诺证明、银行出具的贷款意向证明文件。

6)工程招标方案。

7)项目法人组建方案。

8)工业项目必须附内联或合资双方签订的合同、章程。

9)高技术产业化项目必须附成果鉴定证书。

可行性研究报告的审批:对于凡属中央政府投资、中央和地方政府合资的大、中型和限额以上项目的可行性研究报告,都要报送国家发改委审批。总投资在 2 亿元以上(包括 2 亿元)的项目,无论是中央政府投资还是地方政府投资,都要经国家发改委审查后报国务院审批。中央各部门所属小型和限额以下的项目由各部门审批。总投资在 2 亿元以下的地方政府投资项目由地方发改委审批。

（3）建设地点的选择

建设地点的选择，要按照产业布局、经济合理和节约用地的原则。考虑战备和环境保护的要求，认真调查原料、能源、交通、水文、地质等建设条件，在综合研究和进行多方案比较的基础上，提出选点报告。凡在城市辖区内选点的，要取得城市规划部门的同意，并且要有协议文件、选址意见书或规划文件。

（4）勘察设计任务书的编制和审批

勘察设计任务书是确定工程项目、编制勘察设计文件的主要依据。勘察设计任务书的主要内容，是明确列出可行性研究报告的要点、结论和报送单位的意见。上报勘察设计任务书，应附经审查的可行性研究报告，环境保护和城市规划部门、外部协作单位的意见，以及选点报告等。

勘察设计任务书的审批：对于大、中、小型项目，按照隶属关系，由国务院主管部门或省、自治区、直辖市提出审查意见，报国家发改委批准。重大项目由国家发改委报送国务院审批，小型项目按项目隶属关系由主管部门或省、自治区、直辖市发改委审批，报国家发改委备案。

2.编制勘察设计文件

勘察设计文件是安排工程项目和组织工程施工的主要依据。工程项目的勘察设计任务书和选点报告经批准后，建设单位应通过招标、竞选委托勘察设计单位，按勘察设计任务书规定的内容，认真编制勘察设计文件。勘察设计任务书所定的建设规模、工程地址、建设标准和投资数额等控制性指标和内容，不得随意修改和变更。需要修改和变更勘察设计任务书的指标和内容时，应重新报批。勘察设计单位要对勘察设计质量负责到底。具体内容见第5章。

3.施工安装

（1）工程开工的准备

大、中型建设项目的勘察设计任务书批准之后，建设单位可根据计划要求的建设进度和工作的实际情况，组成精干的班子，负责建设准备工作。建设准备工作的主要内容有：工程、水文、地质勘查；收集设计基础资料；组织设计文件编审；根据经过批准的基建计划和设计文件，提报物质申请计划，组织大型专用设备，预先安排特殊材料预订货，落实地方建筑材料的供应；办理征地、拆迁手续；落实水、电、路等外部条件和施工力量。

（2）计划安排

项目初步设计或扩大的初步设计经批准后，可根据建设资金落实情况上报申请列入年度基本建设投资计划。申请列入年度基本建设计划必备文件有：申请计划文件；建设项目的建设用地规划许可证和建设用地许可证文件及红线图；自筹资金年度计划安排建议。

建设项目必须有经过批准的初步设计和总概算，进行综合平衡后，才能列入年度计划。所有建设项目都必须纳入国家计划。大、中型项目由国家批准；小型项目按隶属关系，在国家批准的投资总额内，由各部门和省、自治区、直辖市自行安排。自筹资金的项目，要在国家控制的指标内安排计划。

建设项目要根据经过批准的总概算和工期，合理地安排分年投资，年度计划投资的安排要与长远规划的要求相适应,年度计划安排的建设内容,要和当年分配的投资、材料、设备相适应。配套项目要同时安排,相互衔接。

(3)组织施工、安装

工程准备工作就绪,由建设单位与施工单位共同提出开工报告,按初步设计审批权限报批,经批准后方可开工。

组织施工是工程项目建设的实施阶段。施工单位应按建筑安装承包合同规定的权利、义务进行。施工安装必须严格按照施工图进行,如需变动,应取得设计单位同意。施工安装单位应按照施工安装顺序合理组织施工安装,施工安装过程中要严格遵守设计要求和施工安装验收规范及操作标准,保证工程质量。对不符合质量要求的,要及时地采取措施不留隐患,按期全面完成工程任务。

4.竣工验收

竣工验收是工程项目建设程序的最后环节。它是全面考核工程项目建设成果,检验设计和施工质量的重要环节。《中华人民共和国建筑法》(以下简称《建筑法》)第六十一条规定:"交付竣工验收的建筑工程,必须符合规定的建筑工程质量标准,有完整的工程技术经济资料和经签署的工程保修书,并具备国家规定的其他竣工条件。建筑工程竣工经验收合格后,方可交付使用;未经验收或验收不合格的,不得交付使用。"

案例 1-1

1999 年 1 月 4 日,重庆綦江县人行虹桥突然整体垮塌,造成死 40 人、伤 14 人,直接经济损失 600 余万元的严重后果。经调查,这是个典型的违法施工项目:

1.该工程未经主管部门立项,属于非法建设项目。

2.无可行性研究报告。

3.无正规设计单位。设计图纸上标有"重庆市政工程设计院"的字样,却没有加盖这个设计院的设计专用章。

4.无正规施工单位。经查证,工程系被一个既没有法人资格又不具备相应工程资质的个体建筑老板承揽,而且施工队伍并没有建桥资质。

5.无工程监理。市政、公用工程项目都必须接受政府职能部门的监理。但虹桥在工程建设中,市、县两级监理部门都没有参与监督。

6.无竣工验收。虹桥工程完成后,仅有县建委主任、工程承包人等开了一个"移交会"了事,在没有经过竣工验收的情况下匆匆投入使用。

案例评析:

工程建设必须严格执行建设程序,按照国家规定履行报批手续。基础设施项目建设程序包括编报项目建议书、可行性研究、初步设计、组织施工和竣工验收等工作环节。在每一个工作环节内的工作都必须符合相应规定,才能进行下一环节内的工作,违反建设程序擅自施工势必会导致严重的工程事故。

1.1.3　工程项目建设审批程序

在工程项目建设过程中,为保证工程顺利、合法地进行,行政管理部门可以根据自己的职能范围行使一定的审批权限,各参与建设的单位需办理一系列的行政审批手续,主要包括:选址意见书审批、立项建议书审批、设计任务书审批(或工程可行性研究报告审批)、建设用地规划许可证审批、建设项目用地审批、用地红线核准、环保评估审批、建筑工程初步设计方案审查、概算审查、建筑工程规划许可证和施工图审查、建设工程项目报建、施工许可证核发、合同公证和合同鉴证、质量监督委托、建设工程规划验收、建设工程竣工质量验收监督、建设工程消防验收、建设项目档案专项验收、建设工程竣工备案等。此外,还有环保竣工验收、变更土地用途申请等。

1.2　建设法规概述

1.2.1　建设法规的概念和调整对象

通常所说的建设法规中的"建设"和建筑法中的"建筑"是两个密切相关的概念。建筑是指人工建造的、固定于地面上的建筑物或构筑物,具体地讲是指建筑物或构筑物勘察、设计、施工和设备安装的营造过程。建设包含两种含义:一是创立新事业,二是增加新设施。它与建筑相比,其内涵和外延都更宽泛。建设一般都以建筑为核心内容,并增加了其他含义,因而在多数场合下,可以以"建设"代替"建筑"一词。

建设活动是人类基本生产活动的具体体现,它是指土木建筑工程及其设施的新建、扩建、改建、维修、拆除活动以及线路、管道、设备的安装和建筑装饰活动。从横向比较,它与建筑业上的建筑活动内容基本相同。当然,广义上的建设活动范围更广,包括国家组织、管理、协调的城市建设、乡村建设、工程建设、建筑业、房地产业、市政公用事业等各项建设活动。从纵向比较,建筑活动三要限于建设活动实施阶段,包括建筑工程的勘察、设计、施工、安装等,而建设活动还包括建设项目工程的策划、立项等投资活动、固定资产投资后评价、建筑市场招标投标、建设项目环境评价和保护等。

1.建设法规的概念

建设法规是国家法律体系的重要组成部分,是指国家立法机关或其授权的行政机关制定的旨在调整国家及其有关机构、企事业单位、社会团体、公民之间,在建设活动中或建设行政管理活动中发生的各种社会关系的法律规范总称。

2.建设法规的调整对象

任何法规都以一定的社会关系为其调整对象。建设法规作为我国法律体系的一部分也不例外。建设法规是调整发生在建设活动中的各种社会关系,即调整国家管理机关、企业、事业单位、经济组织、社会团体及公民在建设活动中所发生的社会关系。建设法规的调整范围主要体现在三个方面:一是建设活动中的行政管理关系;二是建设活动中的经济协作关系;三是从事建设活动过程中的其他民事关系。

（1）建设活动中的行政管理关系

建设活动是社会经济发展中的重大活动，同社会发展及国家、人民生命财产安全息息相关，国家必须对此类活动实行严格的管理。

国家及其建设行政主管部门同建设单位、设计单位、施工单位、建筑材料和设备的生产供应单位及有关中介服务单位之间具有相应的管理与被管理关系，这种关系由有关建设法规来调整和规范。由有关建设法规来调整和规范的内容包括两个相互关联的方面：一方面是规划、指导、协调与服务；另一方面是检查、监督、控制与调节。这其中包括处理好行政管理部门相互间及各部门内部各方面的权责关系，科学地处理好建设行政管理部门同各类建设活动主体及中介服务机构之间的管理关系。如建设法规中的《建设工程质量管理条例》规定了建设单位、勘察设计单位、施工单位及监理单位在建设工程质量管理过程中的责任和义务，并规定国务院建设行政主管部门应对上述单位的建设工程质量实施统一监督管理；县级以上人民政府建设行政主管部门应对本行政区域内上述单位的建设工程质量实施监督管理。

（2）建设活动中的经济协作关系

建设活动中的经济协作关系是平等主体之间发生的平等自愿、互利互助的横向协作关系，一般应以经济合同的形式确定。如建设单位与设计、施工单位之间的建设工程合同关系、业主与建设监理单位之间的委托监理合同关系等。这些关系也要由建设法规来调整，如《中华人民共和国合同法》（以下简称《合同法》）、《建筑法》中规定了发包单位和承包单位双方在建立和履行建设工程合同关系中各自应享有的权利和应尽的义务。

经济合同是法人之间为了实现一定的经济目的，明确相互间权利义务关系的协议。但建设活动的经济合同关系与一般经济合同有所不同，大多具有较强的计划性，这是由建设活动和建设关系自身的特点决定的。

（3）从事建设活动过程中的其他民事关系

建设活动中的民事关系是指因从事建设活动而产生的国家、单位法人、公民之间的民事权利义务关系。如涉及房屋买卖、租赁、产权关系以及土地征收导致补偿、房屋拆迁导致安置、从业人员与有关单位之间的劳动关系等一系列民事关系。这些关系同样需要由建设法规以及相关的其他法律法规来共同调整。如：《中华人民共和国城市房地产管理法》（以下简称《城市房地产管理法》）中规定了有关城市房屋拆迁的规定；《建筑法》中规定了有关建筑施工企业应当为从事危险作业的职工办理意外伤害保险，支付保险费等。

3.调整对象之间的关系

（1）互相关联

建设法规的三种具体调整对象互相关联，都是在从事建设活动中所形成的社会关系，都须以建设法规加以规范和调整，不能或不应当撇开建设法规来处理建设活动中发生的种种关系，这是它们相关联之处。

（2）自身属性

建设法规的三种具体调整对象又不尽相同，它们各自的形成条件不同，处理关系的原则或调整手段不同，适用范围不同，使用规范的法律后果不同，它们既不能混同也不能相互取代。对第一种社会关系的调整采取的是行政手段的方式；对第二种社会关系的调整

主要是采取行政、经济、民事等诸多手段相结合的方式；对第三种社会关系的调整主要是采取民事手段方式。这也表明了建设法规是运用综合手段对上述社会关系加以规范调整的。

1.2.2　建设法规的特征及作用

1.建设法规的特征

建设法规作为调整建设管理和建设协作中发生的社会关系的法律规范，除具备一般法律法规所共有的特征外，还具备行政隶属性、经济性、政策性和技术性的特征。

（1）行政隶属性

行政隶属性是指具有以行政指令手段调整建设业法律关系的属性。其具体表现主要有授权、命令、禁止、许可、免除、确认、计划、撤销等。工程建设活动直接关系人民生命财产安全，国家必然要通过大量行政手段来规范建设活动以确保人民生命财产安全。

（2）经济性

工程建设活动直接为社会创造财富，为国家增加积累，工程建设活动的重要目的之一就是要实现其经济效益，因此调整工程建设活动的建设法规的经济性是十分明显的。

（3）政策性

建设法规体现着国家的建设政策。它一方面是实现国家建设政策的工具，另一方面也把国家建设政策规范化。国家建设形势总是处于不断变化之中，建设法规要随着发展的需要而变化，灵活地适应变化的建设形势。

（4）技术性

工程建设产品的质量与人民的生命财产紧密相连。为保证建筑产品的质量和人民生命财产的安全，大量的建设法规以技术规范、标准的形式出现。技术性法规具有直接、具体、严密和系统的特点，以便于广大工程技术人员及管理机构遵守和执行。

2.建设法规的作用

基本建设活动是一个国家最基本的经济活动之一。工程建设法规是工程建设管理的依据。建设法规规定了工程建设业的基本任务、基本原则、基本方针，加强工程建设业的管理，充分发挥其效能，可为国民经济各部分提供必需的物质基础，为国家增加积累，为社会创造财富，推动社会主义各项事业的发展，促进社会主义现代化建设。

（1）规范建设行为

建设规范即从事各种具体的建设活动所应遵循的行为规范。只有在法律规定的范围内进行的建设行为才能得到国家的承认与保护，也才能实现行为人预期的目的。建设法规对人们建设行为的规范性表现为规定了必需的建设行为和禁止的建设行为。如《建筑法》第七条规定："建筑工程开工前，建设单位应当按照国家有关规定向工程所在地县级以上人民政府建设行政主管部门申请领取施工许可证。"又如《中华人民共和国招标投标法》（以下简称《招标投标法》）第三十二条规定："投标人不得相互串通投标报价。"

（2）保护合法建设行为

建设法规的作用不仅在于对建设主体的行为加以规范和指导，还应对符合建设法规的建设行为给予确认和保护。这种确认和保护性规定一般是通过建设法规的规定来体现的。

（3）处罚违法建设行为

建设法规要实现对建设行为的规范和指导作用，必须对违法建设行为给予应有的处罚，通过处罚等强制手段保障建设法规的有效实施。否则，建设法规由于得不到实施过程中强制手段的法律保障，而变成没有实际意义的规范。

1.2.3　建设法规的基本原则

工程建设活动投资大、周期长、涉及面广、人员流动性大及技术要求高，其建筑产品关系到人民生命财产的安全。为保证建设活动顺利进行和建筑产品安全可靠，建设法规立法时应遵循以下基本原则。

（1）工程建设活动应确保工程建设质量与安全原则

工程建设质量与安全是整个建设活动的核心，是关系到人民生命财产安全的重大问题。工程建设质量是指国家规定和合同约定的对建设工程的适用、安全、经济、美观等一系列指标的要求。建设活动确保工程建设质量就是确保建设工程符合有关安全、经济、美观等各项指标的要求。建设工程的安全是指建设工程在人身安全和财产方面的安全。确保建设工程的安全就是确保建设工程不能引起人身伤亡和财产损失。

（2）工程建设活动应当符合国家的工程建设安全标准原则

国家的建设安全标准是指国家标准和行业标准。建设工程安全标准是对建设工程的设计、施工方法和安全所做的统一要求。建设法规通过一系列规定对工程建设活动的安全提出了强制性要求，使建设活动符合建设工程安全标准，从而改进建设工程质量和安全，提高社会效益与经济效益，维护国家利益和人民利益。

（3）从事工程建设活动应当遵守法律、法规原则

社会主义市场经济是法制经济，建设活动是最频繁、对国家经济和人民生活影响最为巨大的社会经济活动之一，应当依法行事。作为建设活动的参与者，从事建设活动的勘察设计单位、工程监理单位、建筑施工企业及从事建设活动监督和管理的单位、建设单位等，都必须遵守法律、法规的规定。

（4）不得损害社会公共利益和他人的合法权益原则

社会公共利益是全体社会成员的整体利益。保护社会公共利益是法律的基本出发点。从事建设活动不得损害社会公共利益，这也是维护建筑市场秩序的保障。

（5）合法权利受法律保护原则

宪法和法律保护每个市场主体的合法权益不受侵害，建设法规是整个法律体系的一部分，任何单位和个人都不得妨碍和阻挠依法进行的建设活动，这也是在维护正常的建筑市场。

1.3 建设法律关系

1.3.1 建设法律关系的概念

1.法律关系的概念

法律关系是指由法律规范调整一定社会关系过程中所形成的人与人之间的权利与义务关系。一定的法律关系是以一定的法律规范为前提的,是一定法律规范调整一定社会关系的结果。法律关系是庞大社会关系中的一种,是受到法律约束的社会关系;法律关系是人与人之间的合法关系。

2.建设法律关系的概念

建设法律关系是法律关系的一种,是指工程建设法律规范所确认和调整的、在建设管理和协作过程中产生的权利与义务关系。

建设法律关系是建设法律规范在社会主义国家经济建设与生活中实施的结果,只有当社会组织按照建设法律规范进行建设活动,形成具体的权利与义务关系时才构成建设法律关系。

1.3.2 建设法律关系的特征

不同的法律关系有着不同的特征,构成其特征的条件是不同的法律关系的主体及其所依据的法律规范。建设业活动面广,内容复杂繁多,法律关系主体广泛,所依据的法律规范多样,由此决定了建设法律关系具有如下特征。

1.综合性

建设法律关系不是单一的,而是带有明显的综合性。建设法律规范是由建设行政法律、建设民事法律和建设技术法规构成的。这三种法律规范在调整建设活动中是相互作用、综合运用的。如国家建设主管部门行使组织、管理、监督的职权,依据基本建设程序、基本建设计划,组织、指导、协调、检查建设单位和勘察设计、施工、安装等企业基本建设活动时,就一定要发生某种法律关系。这种法律关系是以指令服从、组织管理为特征的建设行政法律关系。与建设行政法律关系平行并相互作用的则是建设民事法律关系。这主要是建设单位和建设银行、勘察、设计、施工、安装等企业之间产生的权利义务关系。如资金借贷关系、工程承包关系及设备和材料承包供应关系等。这些关系往往表现为平等、等价、有偿的合同关系。而建设单位与勘察、设计、施工、安装等单位完成国家建设任务的标准及评价依据是设计规范、施工规范和验收规范。可见,调整国家建设业活动是建设行政法律、建设民事法律和建设技术法规的综合运用。这也就决定了建设法律关系具有综合性。

2.复杂性

建设法律关系是一种涉及面广、内容复杂的权利与义务关系。建设活动关系到国民经济和人民生产、生活、休闲娱乐等方面。如建设单位要进行建设,则必须使自己的项目获得批准,列入国家计划,由此产生了它与业务主管和计划批准机关的关系。建设计划被批准,又需进行资金的筹措、材料的购置、招标投标、项目勘察设计、施工组织设计、施工、安装等,这样又产生了建设单位与银行、物资、供应部门、勘察设计、施工、安装等单位的关系、项目管理关系等。这些关系相互交叠、错综复杂。

3.协同性

国家制定的建设项目计划是指令性的,是各级机构进行工程建设的基础。各省、自治区、直辖市在国家建设计划的基础上制定本部门、地区的计划,下达给下属单位,各建设单位及承建单位必须严格遵守国家建设计划。建设单位与承建单位签订勘察、设计、施工、安装、购货等合同,所有参加建设的单位需相互配合、协同工作,共同完成建设项目。国家对一个建设项目从资金落实到勘察设计、施工、安装等都要进行严格管理。

4.制约性

建设法规调整建设活动是以建设行政法律规范为主。建设民事法律规范调整建设活动是由建设行政法律决定的,并受其制约。如建设单位与设计单位签订的勘察设计合同,在执行过程中,因国家法律认可的国家建设计划变更或解除,则建设单位的合同也要变更或解除。

1.3.3　建设法律关系的构成要素

包括建设法律关系在内的所有法律关系均是由主体、客体和内容三要素构成的。主体是法律关系的参与者,也是权利和义务的承担者;客体是主体权利和义务共同指向的对象;内容是法律关系主体所享有的权利和承担的义务。三要素中缺少任何一个要素就不能构成法律关系。由于三要素的内涵不同,则组成了不同的法律关系,如建设民事法律关系、建设行政法律关系、建设劳动法律关系、建设经济法律关系等。同样,变更其中一个要素就不再是原来的法律关系。

1.建设法律关系的主体

建设法律关系的主体是指参与建设活动,受建设法规调整,在法律上享有权利、承担义务的人。建设法律关系主体有自然人、法人和其他组织。如国家机关、中国建设银行、城市规划编制单位、工程项目的投资者(建设单位)、施工企业工作人员、从事工程勘察设计的单位、从事工程施工的施工企业、从事房地产开发的企业等。由于建设活动参与者众多,因此建设法律关系的主体种类众多,这正是建设法律关系的重要特征之一。

2.建设法律关系的客体

建设法律关系的客体是指参加建设法律关系主体的权利义务所共同指向的对象。客体一般有财、物、行为和非物质财富四种表现形式。比如建设资金、为工程建设取得的贷款等就是财客体;建筑材料、建筑机械设备就是物客体;勘察设计、施工安装、检查验收等就是行为客体;建筑设计方案、装潢设计、专利等就是非物质财富客体。

3.建设法律关系的内容

建设法律关系的内容是指建设法律关系主体享有的权利和承担的义务。建设法律关系的内容是建设主体的具体要求,决定着建设法律关系的性质,它是联结主体与客体的纽带。

建设权利是指建设法律关系主体在法定范围内,根据国家建设管理要求和自己企业活动的需要有权进行各种建设活动。权利主体可要求其他主体作出一定的行为或抑制一定行为,以实现自己的建设权利,因其他主体的行为而使建设权利不能实现时有权要求国家机关加以保护并对其他主体的行为予以制裁。

建设义务是指建设法律关系主体必须按法律规定或约定承担相应的责任。建设义务和建设权利是相对应的,建设主体应自觉履行建设义务,如果不履行或不适当履行,就要受到法律制裁。如在一个建设工程合同所确立的法律关系中,发包方的权利是获得符合法律规定和合同约定的工程,其义务是按照约定的时间和数量支付给承包方工程款;承包方的权利是按照约定的时间和数量得到工程款,其义务是按照法律的规定和合同的约定完成施工任务。

案例 1-2

某建筑公司与某学校签订一教学楼施工合同,明确施工单位要保质保量保工期完成学校的教学楼施工任务。工程竣工后,承包方向学校提交了竣工报告。学校为了不影响学生上课,还没组织验收就直接投入了使用。使用过程中,校方发现了教学楼存在质量问题,要求施工单位修理。施工单位认为工程未经验收,学校提前使用出现质量问题,施工单位不应再承担责任。试问:

(1)本案中的建设法律关系三要素分别是什么?

(2)应如何具体分析该工程质量问题的责任及责任的承担方式,为什么?

案例评析:

(1)本案中的建设法律关系主体是某建筑公司和某学校。客体是施工的教学楼。内容是主体双方各自应当享受的权利和应当承担的义务,具体而言是某学校按照合同的约定,承担按时、足额支付工程款的义务,在按合同约定支付工程款后,该学校就有权要求建筑公司按时交付质量合格的教学楼。建筑公司的权利是获取学校的工程款,在享受该项权利后,就应当承担义务,即按时交付质量合格的教学楼给学校,并承担保修义务。

(2)因为校方在未组织竣工验收的情况下就直接投入了使用,违反了工程竣工验收方面的有关法律法规。所以,一般质量问题,应由校方承担。但是,若涉及结构等方面的质量问题,还是应按照造成质量缺陷的原因分解责任。因为承包方已向学校提交竣工报告,说明施工单位的自行验收已经通过,学校教学楼仅供学校日常教学使用,不存在不当使用问题,所以,该教学楼的质量缺陷是客观存在的。承包方还是应该承担保修义务,至于产生的费用应由有关责任方承担,协商不成,可请求仲裁或诉讼。

1.3.4 建设法律关系的产生、变更和消灭

1.建设法律关系的产生、变更和消灭的概念

（1）建设法律关系的产生

建设法律关系不是从来就有的，而是由于一定的法律事实发生后才产生的，并且它也会由于一定的法律事实的发生而改变或消灭。

建设法律关系主体之间形成一定的权利义务关系，就产生了建设法律关系，如发包方和承包方依法签订了建设工程合同，双方产生了相应的权利和义务，建设法律关系即产生。

（2）建设法律关系的变更

建设法律关系的主体、客体发生改变，必然导致其内容发生改变，此时建设法律关系就发生变更。

1）主体变更。主体变更是指建设法律关系中权利义务主体数量的增多、减少或主体改变。

在建设合同中，客体不变，相应的权利义务也不变，此时主体改变也称为合同转让。

2）客体变更。客体变更是指建设法律关系中权利义务所指向的事物发生变化。客体变更可以是其范围变更，也可以是其性质变更。

建设法律关系主体与客体的变更，必然导致相应的权利、义务的变更，即内容的变更。如在一个建设工程合同履行过程中，由于业主意图的改变使设计方案变更，那么施工也随之变更。由此，原来的建设法律关系的内容就发生了变化。

（3）建设法律关系的消灭

建设法律关系的消灭是指建设法律关系主体之间的权利义务不复存在，彼此丧失了约束力，建设法律关系即告消灭。消灭的原因可以是自然消灭、协议消灭或违约消灭。

1）自然消灭。建设法律关系自然消灭是指某类建设法律关系所规范的权利义务顺利得到履行，且取得了各自的利益，从而使该法律关系完结。

2）协议消灭。建设法律关系协议消灭是指建设法律关系主体之间协商解除某类建设法律关系规范的权利义务，致使该法律关系归于消灭。协议消灭有即时协商和约定终止条件两种表现形式：即时协商是指当事人双方就终止法律关系事宜立即进行协商，达成一致意见后终止；约定终止是指双方当事人在签订合同的时候就约定了终止的条件，当具备这个条件时不需要与另一方当事人协商，一方当事人即可终止该法律关系。

3）违约消灭。建设法律关系违约消灭是指建设法律关系主体一方违约，或发生不可抗力，致使某类建设法律关系规范的权利义务不能实现。

如一个建设工程合同履行完毕，发包方和承包方之间的建设法律关系就自然消灭；建设工程合同双方协商一致取消已经订立的合同，双方的建设法律关系就因协议而取消；建设工程合同的承包方可以因发包方不按合同支付工程款的违约行为而停止履行合同，该建设法律关系就因一方的违约而消灭。

案例 1-3

甲房地产公司和乙施工企业签订了一份工程施工合同,乙企业通过加强对施工现场的管理,终于如期交付了符合合同约定质量标准的工程,甲公司随即也按约支付了工程款。

问题:上述合同法律关系的终止属于哪一种终止?

案例评析:

甲房地产公司和乙施工企业各自规范的权利和义务顺利得到履行,取得各自的利益,从而使该法律关系完结,合同法律关系属于自然终止。

2.建设法律关系的产生、变更和消灭的原因

建设法律关系不是由建设法律规范本身产生的,它也不会自然而然地产生。建设法律关系只有在一定的情况下才能产生,这种法律关系的变更和消灭也是由一定的情况决定的。这种引起建设法律关系产生、变更和消灭的情况就是法律事实。法律事实即是建设法律关系产生、变更和消灭的原因。

(1)法律事实的概念

法律事实是指能够引起建设法律关系产生、变更和消灭的客观现象和事实。不是任何事实都能成为建设法律事实,只有当建设法规把某种客观情况同一定的法律后果联系起来时,这种事实才能被认为是建设法律事实,才能成为产生、变更和消灭建设法律关系的原因,从而和法律后果形成因果关系。

(2)建设法律事实的分类

建设法律事实按是否包含当事人的意志分为两类。

1)事件。事件是指不以当事人意志为转移而产生的自然现象。

当建设法律规范把某种自然现象和建设权利义务关系联系在一起的时候,这种现象就成为法律事实的一种,即事件。这就是建设法律关系的产生、变更和消灭的原因之一。如洪水灾害导致工程施工延期,致使某建筑安装合同不能履行。事件的产生大致有两种情况:自然现象引起的,如地震、台风、水灾、火灾(人为因素除外)等自然灾害等;社会现象引起的,如战争、暴乱、政府禁令等。

例题 1-1

下面不属于法律事实中的事件的是( )。

A.海啸　　　　B.暴雨　　　　C.战争　　　　D.实施盗窃

答案:D。事件是指法律规范所规定的、不以当事人的意志为转移的法律事实。

2)行为。行为是指人的有意识的活动,包括积极的作为和消极的不作为,都能引起建设法律关系的产生、变更和消灭。行为通常表现为以下几种。

①民事法律行为。民事法律行为是指法律规定或有法律依据、受法律保护的行为。如根据设计任务书进行的初步设计的行为、依法签订建设工程承包合同的行为。

②违法行为。违法行为是指受法律禁止的侵犯其他主体的建设权利和建设义务的行

为。如：违反法律规定或因过错不履行建设工程合同的行为；没有国家批准的建设项目而擅自动工进行建设的行为。

③行政行为。行政行为是指国家授权机关依法行使对建设业管理权而发生法律后果的行为。如国家建设管理机关下达基本建设计划、监督执行工程项目建设程序的行为。

④立法行为。立法行为是指国家机关在法定权限内通过规定的程序，制定、修改、废止建设法律规范文件的活动。如国家制定、颁布建设法律、法规、条例、规范、标准定额等行为。

⑤司法行为。司法行为是指国家司法机关的法定职能活动，它包括各级检察机构所实施的法律监督，各级审判机构的审判、调解活动等。如人民法院对建设工程纠纷案件作出判决的行为。

1.4　建设法规的体系

1.4.1　建设法规体系的表现形式

广义建设法规体系由五个层次构成。

1.宪法

宪法是我国的根本大法，具有最高的法律效力，任何其他法律、法规必须符合宪法的规定，且不得与之相抵触。

2.建设法律

作为建设法规表现形式的建设法律，是指由全国人民代表大会及其常务委员会制定的隶属国务院建设行政主管部门业务范围的各种规范性文件。其效力仅次于宪法，且在全国范围内具有普遍的约束力。如《中华人民共和国建筑法》《中华人民共和国城乡规划法》《中华人民共和国城市房地产管理法》《中华人民共和国招标投标法》《中华人民共和国合同法》等。

3.建设行政法规

建设行政法规是国务院根据宪法和法律或全国人大常委会的授权决定的，依照法定权限和程序，制定颁布的有关行政管理的规范性文件。其效力低于宪法和建设法律，在全国范围内有效。如《建设工程勘察设计管理条例》《建设工程质量管理条例》《城市房地产开发经营管理条例》等。

4.建设部门规章

建设部门规章是指国务院各部门根据建设法律和建设行政法规，在本部门权限范围内所制定的规范工程建设活动的各项规章。其表现形式有规定、办法、实施办法和规则等，其效力低于宪法、建设法律和建设行政法规。如《建筑工程施工发包与承包计价管理办法》《工程监理企业资质管理规定》等。

5.地方性建设法规与规章

地方性建设法规是指地方人大常委会制定的规范工程建设活动的各项法规。地方性建设规章是指地方人民政府制定颁布的规范性文件的总称，其表现形式有规定、办法和规则等。其效力低于宪法、建设法律、建设行政法规和建设部门规章，在本行政区域内有效。

如《深圳市建设工程质量条例》《天津市建筑市场管理条例》等。

在以上五个层次的法规中,较低层次法规不得与较高层次法规相抵触,如果出现矛盾,较低层次法规应服从较高层次法规的规定。另外,《中华人民共和国立法法》第九十五条规定,地方性法规、规章之间不一致时,由有关机关依照下列规定的权限作出裁决:

(1)同一机关制定的新的一般规定与旧的特别规定不一致时,由制定机关裁决。

(2)地方性法规与部门规章之间对同一事项的规定不一致,不能确定如何适用时,由国务院提出意见,国务院认为应当适用地方性法规的,应当决定在该地方适用地方性法规的规定;认为应当适用部门规章的,应当提请全国人民代表大会常务委员会裁决。

(3)部门规章之间、部门规章与地方政府规章之间对同一事项的规定不一致时,由国务院裁决。

另外,技术法规和国际公约、国际惯例、国际标准也是我国建设法规体系的构成部分。

例题 1-2

下列与工程建设有关的法律、法规、部门规章中,(   )属于法律范畴。

A.《中华人民共和国建筑法》   B.《建设工程安全生产管理条例》

C.《建造师执业资格制度暂行规定》   D.《建筑业企业资质等级标准》

答案:A。

例题 1-3

根据法的效力等级,《建设工程质量管理条例》属于(   )

A.法律   B.部门规章   C.行政法规   D.单行条例

答案:C。

1.4.2 建设法规体系的构成

1.建设行政法律

建设行政法律是指国家制定或认可,体现人民意志,由国家强制力保证实施的并由国家建设管理机关从宏观上、全局上管理建设业的法律规范。它在建设法规中居主要地位,如计划法、税法、城乡规划法、建筑法、建设工程勘察设计法、市政公用事业特许经营管理办法、城市房地产管理法、风景名胜区条例、反垄断法、反不正当竞争法等。

建设行政法律具有以下特征。

(1)指令性。建设行政法律所调整的法律关系主体地位不平等,一方下达指令,另一方只能服从并予以执行。

(2)非对等性。主体一方面作为国家建设主管机构或间接管理机构只享有权利,而另一方作为接受管理的企事业单位及公民只承担义务。权利和义务不对等。

(3)强制性。建设行政法律多以禁止、命令形式表现出来,没有选择和考虑的余地。

(4)灵活性。建设行政法律一般政策性强,立法程序简单,表现形式多样。它可根据建设业形势变化,随时制定、修改和废止。

2.建设民事法律

建设民事法律是指国家制定或认可,体现人民意志,以国家强制力保证其实施的调整平等主体公民之间、法人之间、公民与法人之间的建设关系的行为准则。如民法通则、物权法、合同法、公司法等。

建设民事法律具有以下特征:

(1)平等性。受建设民事法律调整的建设法律关系主体的地位是平等的,没有隶属性。

(2)有偿性。主体间权利与义务对等,当事双方取得利益的同时要承担相应的义务。

(3)任意性。有些建设民事法律赋予当事人在法律规定的范围内有选择的自由。

(4)相对稳定性。建设民事法律是建设业生产与交换的最普遍使用的行为准则,它与政策性较强的建设行政法律相比,具有相对稳定性。

3.建设技术法规

建设技术法规是国家制定或认可的,由国家强制力保证其实施的工程建设勘察、规划、建设、施工、安装、检测、验收等的技术规程、规则、规范、条例、办法、定额、指标等规范性文件。

建设技术法规以建筑科学、技术和实践经验的综合成果为基础,经有关方面专家、学者、工程技术人员综合评价、科学论证而制定,由国务院及有关部委批准颁发,作为全国建设业共同遵守的准则。

建设技术法规可分为国家、专业(部)、地方和企业四级。下一级的规范、标准不得与上一级的规范标准相抵触。

主要类型有:设计规范、施工规范、验收规范、建设定额、工程建设标准、建筑材料检测标准。

建设技术法规具有以下的特征:

(1)科学性。建设技术规范的制定来自大量的科学论证与工程实验检验,是建设业执业人员普遍遵守的科学规范。

(2)标准性。建设技术规范所规定的内容是人们普遍接受的技术标准,包括国家标准、国际标准、专业标准和地方标准及企业标准。所采用的术语、符号、代号、方法是规范统一的。

(3)系统性。建设技术规范形成一个完整的体系。作为一个工程项目,从项目论证到设计、施工、验收等各项环节的技术法规相互衔接,相互制约。

(4)稳定性。建设技术法规作为法律,一方面体现国家统治阶级的意志,另一方面建设技术法规作为人们认识自然、改造自然的科学总结,是人们普遍接受和认可的统一规范。因此建设技术法规的稳定性特征十分突出。

学习检测

本章测试

第 2 章

工程建设标准法律制度

本章课件

✉ 案例引导

某企业建设附属小学,某设计院为其设计了 5 层砖混结构的教学楼、运动场等。其教学楼的楼梯井净宽为 0.3m,为防止学生攀滑,梯井采用工程玻璃隔离防护,楼梯采用垂直杆件做栏杆,其杆件净距为 0.15m;其运动场与街道之间采用透景墙,墙体采用垂直杆件做栏杆,其杆件净距为 0.15m。在建设过程中,有人对该设计提出异议。

问题:该工程中设计方是否有过错? 违反了什么法规的规定?

案例评析:

设计方有明显的过错,违反了《建设工程质量管理条例》第十九条的规定:"勘察、设计单位必须按照工程建设强制性标准进行勘察、设计,并对其勘察、设计的质量负责。"

《民用建筑设计统一标准》(GB 50352—2019)中 6.7.4(强制性条文)规定:"住宅、托儿所、幼儿园、中小学及其他少年儿童专用活动场所的栏杆必须采取防止攀爬的构造。当采用垂直杆件做栏杆时,其杆件净间距不应大于 0.11m";6.8.9(强制性条文)规定:"托儿所、幼儿园、中小学及其他少年儿童专用活动场所,当楼梯井净宽大于 0.2m 时,必须采取防止少年儿童坠落的措施"。

显然,本案例中教学楼设计的楼梯杆件净距、运动场透景墙的栏杆净距都超过了规定的 0.11m,违反了国家强制性标准的规定,也违反了《建设工程质量管理条例》的规定。因而该设计院应当尽快予以纠正,否则一旦该工程在使用时发生相关事故,设计院必须承担其质量责任。

✏ 学习目标

本章阐述了工程建设标准法律制度,要求学生了解工程建设标准的概念、特点与作用,掌握工程建设标准的分类、制定原则、审批要求,重点掌握违反工程建设强制性标准的法律责任。

2.1　概述

　　所谓标准是指对重复性事物和概念的统一性规定。它以科学技术和实践经验的综合成果为基础,经有关方面协商一致,由主管机构批准,以特定形式发布,作为共同遵守的准则和依据。

　　工程建设标准是指对基本建设中各类工程的勘察、规划、设计、施工、安装、验收等需要协调统一的事项所制定的标准。它由政府或立法机关颁布,是对新建建筑物的最低技术要求,也是建设法规体系的组成部分。《中华人民共和国标准化法实施条例》第二条规定,对建设工程的勘察设计、施工、验收的技术要求和方法应当制定标准。这就为工程建设标准的制定确立了法律依据。

　　工程建设标准是为项目决策服务和控制项目建设水平的全国统一标准,是编制、评估工程项目可行性研究报告和编制、审批设计任务的重要依据,也是有关部门审查工程项目初步设计和监督检查整个建设过程建设标准的尺度。它以建筑科学、技术和实践经验的综合成果为基础,经有关方面专家、学者、工程技术人员综合评价、科学论证而制定。

　　工程建设标准化工作是加强基本建设全过程的重要基础工作,工程建设各类标准规范是工程建设工业化、现代化的基础。随着我国社会主义市场经济的完善,工程建设标准化工作也得到了迅猛发展,标准规范的数量成倍增长,技术水平不断提高,目前,已有国家标准、行业标准和地方标准数千多项,这些标准规范为推动我国现代化建设、推广应用先进的生产经验和科技成果、加速科学技术转化为生产力、保证工程质量、促进技术进步、提高投资效益,发挥了重要作用。

2.1.1　标准的构成及主要内容

　　标准一般由概述、正文和补充三个部分组成。

　　1.概述部分

　　概述部分由封面、首页、目录、标准名称和引言等组成。

　　(1)封面及首页

　　国家标准、行业标准的封面格式符合《标准化工作导则:标准出版印刷的规定》。封面上应写明标准代号、编号、标准名称(国家标准还应有相应的英文名称)、标准的发布和实施日期、标准的发布机关等。有些标准只出合订本,可能没有封面,但首页上应包括封面的内容。

　　(2)目录

　　当标准内容较长,结构较复杂时,应编写目录。目录内容包括条文主要划分单元和附录的编号、标题所在的页码。

　　(3)标准名称

　　标准名称一般由标准化对象的名称和所规定的技术特征两部分组成,既能够简短明确反映标准化主题,又能区别于其他标准。

2.正文部分

正文部分由主要内容及使用范围、术语、符号、代号、技术内容或管理内容组成。

（1）主体内容与适用范围

主题内容应简明扼要，主要规定标准的适用范围及应用领域，必要时还应明确写明不适用的范围和领域，一般采用如下的典型用语："本标准适用于……""本标准适用于……，也适用于……""本标准适用于……，……也可参照执行""本标准不适用于……"等。

（2）术语、符号、代号

标准中采用的术语、符号、代号，在现行的国家标准、行业标准中尚无规定时，应在该标准中给出定义或说明。这些术语、符号、代号应集中写在标准技术内容或管理内容的前面。

（3）技术内容或管理内容

根据各个标准的结构特点和需要，列出该项目中应遵循的最低要求或取值范围以及应达到的功能特性，如技术要求、测试方法、检验规则等。

3.补充部分

一般补充部分由附录和条文说明组成。

附录有标准的附录和提示的附录两种。标准的附录实质上相当于技术内容或管理内容的一个组成部分，只是该部分内容过多，以附录形式编写便于阅读和查阅。提示的附录主要内容是某些重要规定的依据和专门技术问题较系统的介绍，标准中有关条文的参考性资料或推荐方法以及如何正确使用标准的说明等。

条文说明是对标准文本中的条文进行深化解释，注明用词程度、是非含义等事项。

2.1.2　工程建设标准的制定与实施

1.工程建设标准的制定原则

（1）遵守国家的有关法律、法规及相关方针、政策，密切结合自然条件和实际情况，合理利用资源，充分考虑使用、维修的要求和后期运行的情况，做到安全适用、技术先进、经济合理。

（2）积极开展科学实验或测试验证。设立有关项目科研小组，并应纳入主管部门的科研计划，认真组织实施，写出成果报告。

（3）积极采用新技术、新工艺、新设备、新材料。经有关主管部门或受托单位鉴定，有完整的技术文件，且经实践检验的，应纳入标准。

（4）积极采用国际标准和国外先进标准。凡是认真分析论证或测试验证，并符合我国国情的国外和国际先进标准，应纳入我国的标准体系中。

（5）标准条文规定严谨明确、文句简练，不得模棱两可。内容深度、术语、符号、计量单位等应前后一致，不得相互矛盾。

（6）注意与现行标准协调。要遵守现行的工程建设标准，确有需要更改的，必须经过审批。工程建设标准中，不得规定产品标准内容。

（7）发扬民主、充分讨论。对有关政策问题应认真研究，统一认识；对有争议的技术性

问题,应在调查研究、实验验证或专题讨论的基础上,充分协商,再做结论。

2.工程建设标准的审批、发布

国家标准由国务院建设行政主管部门审查批准,由国务院标准化行政主管部门统一编号,由国务院建设行政主管部门和标准化行政主管部门联合颁布实施。

工程建设行业标准由国务院有关行政主管部门审批、编号和发布,报国务院建设行政主管部门备案。

工程建设地方标准的制定、审批、发布方法,由省、自治区、直辖市人民政府制定,但标准发布后应报国务院建设行政主管部门和标准化行政主管部门备案。

工程建设企业标准由企业组织制定,并按省、自治区、直辖市人民政府的规定备案。

3.工程建设标准的实施

工程建设标准的实施,不仅关系到建设工程的经济、社会、环境效益,而且直接关系到工程建设者、所有者和使用者的人身安全及国家、集体、公民的财产安全。因此,必须严格执行,认真监督。

各级行政主管部门在制定有关工程建设的规定时,不得擅自更改国家及行业的强制性标准;从事工程建设活动的部门、单位和个人,都必须执行强制性标准;对于不符合强制性标准的工程勘察成果和规划、设计文件,不得批准使用;不按标准施工,质量达不到合格标准的工程,不得验收。

工程质量监督机构和安全监督机构,应根据现行的强制性标准,对工程建设的质量和安全进行监督,当监督机构与被监督单位对适用的强制标准发生争议时,由该标准的批准部门进行裁决。

各级行政主管部门应对勘察、设计、规划、施工单位及建设单位执行强制性标准的情况进行监督检查。国家机关、社会团体、企事业单位及全体公民均有权检举、揭发违反强制性标准的行为。

对于工程建设推荐性标准,国家鼓励自愿采用。采用何种推荐性标准,当事人在工程合同中予以确认。

2.1.3 工程建设标准的特点与作用

现代建筑业向着高、新、特等尖端方向发展,这就要求它不仅要有复杂的机械设备和与之相配套的系统,而且要在建筑材料、技术性能、设计方法等方面进行更新。作为建筑产品的工程,从项目论证、勘察设计到施工竣工等各个环节都应具有高度的科学性和技术性。由此,作为贯穿科研、设计、材料流通、施工和使用各个环节的纽带和桥梁的工程建设标准显得十分必要。

1.工程建设标准的特点

工程建设标准的特点有:综合性强、政策性强、受自然环境影响大。

(1)综合性强

1)工程建设标准的内容多数是综合性的。

2)制定工程建设标准需要考虑的因素是综合性的。这些因素包括技术条件、经济条件和管理水平。

(2)政策性强

1)工程建设投资量大,因此各项技术标准的制定要十分谨慎,要适应相应阶段国家的经济条件。

2)工程建设消耗资源大,直接影响环境保护、生态平衡和国民经济的可持续发展,因此,标准的制定要适度,不允许任意地、不恰当地提高标准,要考虑经济上的合理性和可行性。

3)工程建设直接关系到人民生命财产的安全,关系到人体健康和公共利益。

4)工程建设标准化的效益,尤其是强制性标准的效益,不能单纯着眼于经济效益,还必须考虑社会效益。

5)工程建设要考虑百年大计。工程建设设计技术标准的质量、设计的基准等方面,需要考虑这一因素,并提出相应的措施或技术要求。

(3)受自然环境影响大

工程建设标准是科学技术和实践经验的综合成果,必须结合国情来制定,必须符合具体的自然环境条件和现阶段的经济实力、科学技术水平。

2.工程建设标准的作用

(1)工程建设标准是衡量工程质量的尺度

应用于生产实践的标准都是根据人们在长期的生产、建设活动中积累的实践经验和科研成果,经过归纳总结、分析、加工、提炼,进而按照统一、简化、协调、择优的原则编制而成的。整个工程建设过程所需要的判断和控制工程质量的原则和技术指标正是由这些标准提供的。因此,执行这些标准的严格程度,在一定程度上反映了工程质量的实际状况。

(2)工程建设标准是保证工程质量的基础

在工程建设领域,从事工程建设的单位的水平差别很大,即使同一企业内部,技术人员的水平也存在差异。一个项目的完成水平,往往取决于承担任务的人员的水平。但工程建设是不允许在质量和安全问题上出现大的偏差的,否则将影响工程的使用功能,造成投资浪费,甚至导致安全事故的发生。工程建设标准作为统一的技术要求,为工程质量和安全提供了基本的衡量尺度,只要从事工程建设活动的人员认真执行这些标准,工程的质量和安全就能有保证。

(3)提高劳动生产率,加快建设速度

标准化的目的是通过制定、发布和实施标准达到统一,以获得最佳生产顺序和社会最佳效益。采用工程建设标准进行工程建设在提高劳动生产率和加快建设速度方面的作用是十分显著的。如有了各种建筑结构设计规范,设计单位就可以采用相应的设计手册、计算图表,或者标准设计图集,从而大大加快设计步伐,减少重复劳动,缩短设计周期,同时也可提高生产力,降低设计成本,加快建设速度。

(4)推广先进经验,促进技术进步

任何一项新技术、新材料、新形式、新方法,开始总是在小范围内试点,一旦技术成熟便纳入标准。此时,这一科技成果也就具有了权威性,且能够较迅速地在全国范围乃至全球范围内推广,使科技成果能很快地转化为社会生产力,有效地促进技术进步。

2.2 工程建设标准的种类

对于工程建设标准的分类,人们出发的角度不同,分类就会有所不同,常用的分类方法主要有:约束性划分法、内容划分法、属性划分法。

2.2.1 根据标准的约束性划分

我国标准化法规定,国家标准和行业标准分为强制性标准和推荐性标准。保障人体健康、人身财产安全的标准和法律、行政法规规定强制执行的标准是强制性标准,其他标准是推荐性标准。省、自治区、直辖市标准化行政主管部门制定的工业产品的安全、卫生要求的地方标准在本行政区域内是强制性标准。

因此,从标准的约束性来说,将标准划分强制性标准和推荐性标准。强制性标准必须严格执行。对工程建设业来说,下列标准属于强制性标准:

(1)工程建设勘察、规划、设计、施工(包括安装)及验收等通用的综合标准和重要的通用的质量标准。

(2)通用的有关安全、卫生和环境保护的标准。

(3)重要的术语、符号、代号、量与单位、建筑模数和制图方法标准。

(4)工程建设重要的通用试验、检验和评定等标准。

(5)工程建设重要的通用的信息技术标准。

(6)国家需要控制的其他工程建设通用的标准。

推荐性标准是指当事人自愿采用的标准,凡是强制性标准以外的标准皆为推荐性标准。国家鼓励企业采用推荐性标准,推行标准化设计。标准设计分为国家、部、省(自治区、直辖市)三级。对于标准化设计,《基本建设设计工作管理暂行办法》规定:"标准设计一经颁发,建设单位和设计单位要因地制宜地积极采用,凡无特殊理由的不得另行设计。"

案例 2-1

2007 年 5 月 15 日,施工方某建筑工程有限责任公司(以下简称施工方)承包了某开发公司(以下简称建设方)的商务楼工程施工,同年 5 月 21 日双方签订了建设工程施工合同。2008 年 5 月该工程封顶时,建设方发现该商务楼的顶层 17 层和 15 层、16 层的混凝土凝固较慢。于是,建设方认为施工方使用的混凝土强度不够,要求施工方采取措施,对该三层重新施工。施工方则认为,混凝土强度符合相关的技术规范,不同意重新施工或者采取其他措施。双方协商未果,建设方将施工方起诉至某区人民法院,要求施工方对混凝土强度不够的三层重新施工或采取其他措施,并赔偿建设方的相应损失。

根据双方的请求,受诉法院委托某建筑工程质量检查中心按照两种建设规范对该工程结构混凝土实体强度进行检测,检测结果如下。

根据原告即建设方的要求,检测中心按照行业协会推荐性标准《钻芯法检测混凝土强度技术规范》(CDCS 03:2007)的检测结果是:第 15 层、第 16 层、第 17 层的结构混凝土实体强度达不到该技术规范的要求。其他各层的结构混凝土实体均达到该技术规范的要求。

根据被告即施工方的请求,检测中心按照地方推荐性标准《结构混凝土实体检测技术规程》(DB/T 29—148—2005)的检测结果是:第 15 层、第 16 层、第 17 层及其他各层结构混凝土实体强度均达到该规范的要求。

问题:

(1)本案中的检测中心按照两个推荐性标准分别进行了检测,受诉法院应以哪个标准作为判断的依据?

(2)当事人若在合同中约定了推荐性标准,对国家强制性标准是否仍须执行?

案例评析:

(1)本案中的协会标准、地方标准均为推荐性标准,且建设方、施工方未在合同中约定采用哪个标准。《中华人民共和国标准化法》(以下简称《标准化法》)中规定:"国家鼓励采用推荐性标准。"在没有国家强制性标准的情况下,施工方有权自主选择采用地方标准。

(2)依据《标准化法》的规定,"强制性标准必须执行。"因此,如果有国家强制性标准,即使双方当事人在合同中约定了采用某项推荐性标准,也必须执行国家强制性标准。

据此,受诉法院经过庭审作出如下判决:①驳回原告即建设方的诉讼请求;②案件受理费和检测费由原告建设方承担。

法院判决的主要理由是:目前尚无此方面的国家强制性标准,只有协会标准、地方标准,双方应当通过合同来约定施工过程中所要适用的技术规范。本案中的双方并没有在施工合同中具体规定适用哪个规范,因此施工方有权选择适用地方标准《结构混凝土实体检测技术规范》(DB/T 29—148—2005)。

2.2.2　根据内容划分

按标准内容分,工程建设标准可分为设计标准、施工及验收标准和建设定额三类。

1.设计标准

工程建设设计标准是从事工程设计中必须遵守的标准,设计标准又分为:

(1)建筑设计基础标准,如房屋建筑术语、建筑统一模数、建筑物等级划分等。

(2)建筑设计通用标准,如建筑采光、照明、防火、节能、防爆、防腐、隔声、环保、卫生等方面的设计标准规范。

(3)建筑结构设计通用标准,如建筑荷载、地基基础设计规范,建筑结构抗震设计规范,各类建设结构(钢结构、木结构、砖石结构、钢筋混凝土结构)设计规范,特种结构(塔架、烟囱、水池、筒仓、人防地下室)设计规范等。

(4)建筑工程设计专用标准,如旅馆、住宅设计规范,无粘结预应力钢筋混凝土设计规程等。

（5）相关专业设计标准，如给水排水、采暖与通风、电气、弱电、设备等方面的标准规范。

2.施工及验收标准

施工标准是指施工操作程序及其技术要求的标准。施工标准一般分为建筑工程施工标准和安装工程施工标准两大类。验收标准是指检验、接受竣工工程项目的规程、办法与标准。主要有：

（1）施工规程与技术规程，如网架结构、液压滑模施工规程。

（2）施工验收标准，如混凝土施工及验收规范、砌体工程施工及验收规范。

（3）材料试验方法标准，如钢筋焊接接头试验方法、回弹法评定混凝土强度方法。

同时对上述施工验收规范的主要项目，规定了质量指标，包括主控项目、一般项目和允许偏差项目。主控项目是指关键项目，是影响工程质量和安全的项目，它必须达到某一指标。一般项目是指次关键项目，影响表面质量、观感等的项目，它也必须达到某一指标。允许偏差项目是指不太关键、不主要的项目，可以有一定的偏差。有的质量指标规定了正负允许偏差，如轴线、标高和截面尺寸等；有的仅规定了正允许偏差，如地脚孔螺栓深度等；也有的仅规定了负偏差，如混凝土柱和牛腿上的表面标高；还有的规定了允许偏差，不规定正负，如位置、垂直度、平整度等。

3.建设定额

建设定额是指国家规定的消耗在单位建筑产品上活劳动和物化劳动的数量标准，以及用货币表现的某些必要费用的额度。

2.2.3　根据属性划分

属性分类法是按照每一项工程建设标准的法律属性，将其划分为不同法律属性标准的分类法，按照标准的基本属性划分为技术标准、管理标准和工作标准三大类。

1.技术标准

技术标准是指对标准化领域中需要协调统一的技术事项所制定的标准。一般来说，技术标准是指对标准化对象的技术特征加以规定的标准，它是从事生产建设及商品流通中的一种共同遵守的技术依据。

2.管理标准

管理标准是指对标准化领域中需要协调统一的管理事项所制定的标准。管理事项主要指在营销、设计、采购、工艺、生产、检验、能源、安全、卫生环境等管理中与实施技术标准有关的重复性事物和概念。

3.工作标准

工作标准是指对标准化领域中需要协调统一的工作事项所制定的标准。工作事项主要指在执行相应管理标准和技术标准时与工作岗位的职责、岗位人员基本技能、工作内容、要求与方法、检查与考核等有关的重复性事物和概念。

2.2.4　我国标准的分级

根据《标准化法》的规定,我国的标准分为四级:国家标准、行业标准、地方标准、企业标准。

1.国家标准

国家标准是对需要在全国范围内统一的技术要求制定的标准,如通用的质量标准,通用的术语、符号、代号、建筑模数等。国家标准由国务院标准化行政主管部门编制计划,协调项目分工,组织制定、修订、统一编审、编号、发布。工程建设国家标准由建设行政主管部门审批,国务院标准化行政主管部门统一编号,由工程建设行政主管部门和标准化行政主管部门联合发布。

2.行业标准

行业标准是对没有国家标准而又需要在全国某个行业范围内统一的技术要求所制定的标准,如行业专用的质量标准,专用的术语、符号、代号,专用的实验、检验、评定方法等。行业标准不得与国家标准相抵触。有关行业标准之间保持协调、统一,不得重复。行业标准在相应的国家标准公布后立即废止。行业标准也分为强制性标准和推荐性标准。行业标准是由国务院该行业行政主管部门组织制定的,并由该部门统一审批、编号、发布,送国务院标准化行政主管部门备案。

3.地方标准

地方标准是对没有国家和行业标准而又需要在该地区范围内统一的技术要求所制定的标准(含标准样品的制作)。地方标准的制定应结合当地的气候、地质、资源、环境等条件。地方标准不得违反有关法律、法规和国家、行业的强制性标准。地方标准由省、自治区、直辖市标准化行政主管部门统一编制计划、组织审定、编号和发布。地方标准发布后,应由省、自治区、直辖市标准化行政主管部门向国务院标准化行政主管部门和有关行政主管部门备案。

4.企业标准

企业标准是对企业范围内需要协调、统一的技术要求、管理事项和工作事项所制定的标准。企业标准是企业组织生产、经营活动的依据。企业标准不得违反有关法律、法规和国家、行业的强制性标准,它是上级标准的补充,是企业依据自身特点的具体化标准。在同一企业内,企业标准之间应协调一致。企业标准由企业制定,由法人代表或法人代表授权的主管领导批准、发布。企业标准一般应由企业按企业的隶属关系报当地政府标准化行政主管部门备案。国家标准、行业标准和地方标准的强制性标准,企业必须严格执行。推荐性标准企业一经采用也具有了强制的性质,因此应严格执行。企业对于已经备案的企业标准也应严格执行。国家鼓励企业制定优于国家标准、行业标准或地方标准的企业标准。

2.3 工程建设强制性标准

2.3.1 《工程建设标准强制性条文》实施的意义

1.《工程建设标准强制性条文》是贯彻《建设工程质量管理条例》的一项重大举措

国务院发布的《建设工程质量管理条例》,对于加强工程质量管理的一系列重大问题作出了明确规定,其中一个重要的内容就是对执行工程建设强制性标准作出了严格的规定。《建设工程质量管理条例》是以现行的强制性国家标准和行业标准为基础,编制了包括城乡规划、城市建设、房屋建筑、工业建筑、水利工程、电力工程、信息工程、水运工程、公路工程、铁道工程、石油和化工建设工程、矿山工程、人防工程、广播电影电视工程和民航机场工程在内的15部分内容。《工程建设标准强制性条文》的贯彻实施,必将推动《建设工程质量管理条例》的全面落实。

2.《工程建设标准强制性条文》是推进工程建设标准体制改革的关键

我国现行的工程建设标准体制是强制性和推荐性相结合的标准体制。这一体制的确立,是《标准化法》所规定的。工程建设标准是国家、行业有关部门和地方政府从技术控制的角度,为建筑市场提供运行规则的一项基础性工作,对引导和规范建筑市场行为具有重要的作用,因此尽快建立起适应市场经济要求的工程建设标准管理体制,势在必行。

《工程建设标准强制性条文》推动了工程建设标准体制的改革,是工程建设标准体制改革从研究、探索到具体实施所迈出的关键一步,随着《工程建设标准强制性条文》内容的不断完善,我国将逐步形成与国际惯例接轨的工程建设技术法规基本体系。

3.贯彻《工程建设标准强制性条文》是保证和提高工程质量的重要环节

原建设部在发布《工程建设标准强制性条文》的通知中,明确规定了《工程建设标准强制性条文》的地位和作用。关键内容有两点:一是明确了《工程建设标准强制性条文》是参与建设活动各方执行工程建设强制性标准和政府对执行情况实施监督的依据;二是明确了列入《工程建设标准强制性条文》的所有条款都必须严格执行,也就是说,有一个条文不执行就要处罚,如造成工程质量事故,就必须要追究相应的责任。

2.3.2 《工程建设标准强制性条文》的组成

(1)《工程建设标准强制性条文》共分15个部分,各部分统一定名为《工程建设标准强制性条文》×××部分,如房屋建筑部分。

(2)各部分由批准发布通知、前言、目录、正文四部分内容构成。

(3)正文按照篇、章、节、条、款、项层次划分。被摘录的条文首先列出被摘录标准的编号,经过局部修订的条文同时列出公告号,然后列出被摘录条文原编号和条款内容。条文摘录遵照下列规定:

1)各篇之间内容不得重复和矛盾。

2)同一篇中,条文内容不得重复和矛盾。

3）摘录条文内容一致或相近时,择优选一摘录。

4）摘录条文内容中有文字错误时可以修改。

2.3.3　工程建设强制性标准的监督管理

国务院建设行政主管部门负责实施全国工程建设强制性标准的监督管理工作。国务院有关行政主管部门按照国务院的职能分工负责实施工程建设强制性标准的监督管理工作。县级以上地方人民政府建设行政主管部门负责本行政区内实施工程建设强制性标准的监督管理工作。

工程建设中拟采用的新技术、新工艺、新材料,不符合现行强制性标准规定的,应当由拟采用单位提请建设单位组织专题技术论证,报批准标准的建设行政管理部门或者国务院有关主管部门审定。工程建设中采用国际标准或国外标准,现行强制性标准未作规定的,建设单位应当向国务院建设行政主管部门或国务院有关行政主管部门备案。

建设项目规划审查机构应当对工程建设规划阶段执行强制性标准的情况实施监督。

施工图设计文件审查单位应当对工程建设勘察、设计阶段执行强制性标准的情况实施监督。

建筑安全监督管理机构应当对工程建设施工阶段执行强制性标准的情况实施监督。

工程质量监督机构应当对工程建设施工、监理、验收等阶段执行强制性标准的情况实施监督。

建设项目规划审查机关、施工图设计文件审查单位、建筑安全监督管理机构、工程质量监督机构的技术人员必须熟悉、掌握工程建设强制性标准。

工程建设标准部门应当定期对建设项目规划审查机关、施工图设计文件审查单位、建筑安全监督管理机构、工程质量监督机构实施强制性标准的监督进行检查,对监督不力的单位和个人,给予通报批评,建议有关部门处理。

2.3.4　工程建设强制性标准执法检查

工程建设标准批准部门应当对工程项目执行强制性标准情况进行监督检查,监督检查可以采取的方式有:重点检查、抽查和专项检查。

强制性标准监督检查的内容包括:有关工程技术人员是否熟悉、掌握强制性标准;工程项目的规划、勘察、设计、施工、验收等是否符合强制性标准的规定;工程项目采用的材料、设备是否符合强制性标准的规定;工程项目的安全、质量是否符合强制性标准规定;工程中采用的导则、指南、手册、计算机软件的内容是否符合强制性标准规定。工程技术人员应当参加有关工程建设强制性标准的培训,并可以计入继续教育学时。任何单位和个人对违反工程建设强制性标准的行为有权向建设行政主管部门或者有关部门检举、控告、投诉。

2.3.5　违反工程建设强制性标准的法律责任

(1)建设单位有下列行为之一时,责令改正,并处以 20 万元以上 50 万元以下的罚款:明示或暗示施工单位使用不合格的建筑材料、建筑构配件和设备的;明示或暗示设计单位

或者施工单位违反工程建设强制性标准,降低工程质量的。

(2)勘察、设计单位违反工程建设强制性标准进行勘察、设计的,责令改正,并处以 10 万元以上 30 万元以下的罚款。有前款行为,造成工程质量事故的,责令停业整顿,降低资质等级;情节严重的,吊销资质证书;造成损失的,依法承担赔偿责任。

(3)施工单位违反工程建设强制性标准的,责令改正,并处工程合同价款 2% 以上 4% 以下的罚款;造成建设工程质量不符合规定的质量标准的,负责返工、修理,并赔偿因此造成的损失;情节严重的,责令停业整顿,降低资质等级或吊销资质证书。

(4)工程监理单位违反工程建设强制性标准规定,将不合格的建设工程以及建筑材料、建筑构配件和设备按照合格签字的,责令改正,并处以 50 万元以上 100 万元以下的罚款,降低资质等级或吊销资质证书;有违法所得的,予以没收;造成损失的,承担连带赔偿责任。违反工程建设强制性标准造成工程质量、安全隐患或者工程事故的,按照《建设工程质量管理条例》有关规定,对事故责任单位和责任人进行处罚。

 学习检测

本章测试

第3章

建设工程勘察设计法律制度

本章课件

✉️**案例引导**

　　某区建设行政主管部门宋某私自安排无证设计人员设计某项目的建筑施工图纸,并使用本应当是市建委统一管理发放的施工图出图专用章,并且以某设计院分院的名义设计。该项目的开发单位在未验明设计单位资质的情况下,将该项目的工程设计发包给事实上是个人的宋某,并将无证人员设计的施工图交给施工单位使用。在施工过程中,施工图纸存在严重的质量问题,双方向法院提起行政诉讼。

　　案例评析:

　　宋某未经注册,以注册执业人员的名义从事建设工程勘察设计活动,且私刻用章,以其他单位的名义从事建设工程勘察设计任务;开发单位将建设工程发包给不具有相应资质等级的勘察设计单位。两者均违反了有关法律法规的强制性规定。

✏️**学习目标**

　　本章阐述了建设工程勘察设计法律制度,要求学生了解建设工程勘察设计的相关程序,了解建设工程设计文件审查的相关程序。

3.1　概述

3.1.1　建设工程勘察设计的概念

　　建设工程勘察是指依据建设工程的要求,查明、分析、评价建设场地的地质地理环境特征和岩土工程条件,编制建设工程勘察文件的活动。

　　建设工程设计是指根据建设工程的要求,对建设工程所需的技术、经济、资源、环境等条件进行综合分析、论证,编制建设工程设计文件的活动。

　　在工程建设的各环节中,勘察应先行,设计是灵魂,它们对工程的质量和安全都起着至关重要的作用。建设工程勘察设计还应当与社会、经济发展水平相适应,做到经济效益、社会效益和环境效益相统一。

3.1.2　工程勘察设计法规的调整对象

工程勘察设计法规是建设法规的一部分,它也是以一定社会关系作为其调整对象的。其调整范围主要体现在四个方面:

(1)行政管理关系。勘察设计主管部门对从事勘察设计活动实施许可证制度。

(2)审批关系。勘察设计主管部门与建设单位和勘察设计单位之间,因编制、审批、执行勘察设计文件、资料而产生审批关系。

(3)经济合同关系。因工程建设的实施,建设单位与勘察设计单位之间产生经济合同关系。

(4)内部管理关系。依据各种技术规定、条例和操作规程,在勘察设计单位内部形成计划管理、技术管理、质量管理及各种形式的经济责任制等内部管理关系。

3.1.3　建设工程勘察设计法规的基本原则

建设工程是一个复杂的、多环节的综合活动,涉及多个不同性质的单位,产生的影响会长期存在。有时不合适的建筑物一旦建成,再进行修改就十分困难。在整个建筑活动中,坚持按客观规律办事,坚持以勘察为基础,以设计为灵魂,在多个环节上加强管理,避免不合格、不成熟的建筑出现,是非常必要的。加强建设工程勘察设计过程的管理,是从源头上避免不合适建筑产生的关键。

(1)市场准入制原则。建设工程勘察设计是一项技术性和政策性都很强的活动。为了保证建设工程勘察设计的质量,国家对从事建设工程勘察设计活动的单位实行资质管理制度,并对从事建设工程勘察设计活动的专业技术人员实行执业资格注册管理制度。任何单位和个人都必须在法律允许的范围内从事建设工程勘察设计活动。

(2)科学设计的原则。必须坚持先勘察、后设计、再施工的原则,同时坚持经济效益、社会效益和环境效益相结合。鼓励在勘察设计活动中采用先进技术、先进工艺、先进设备、新型材料和现代管理方法。

(3)依法设计的原则。建设工程勘察设计单位和个人必须依法进行建设工程勘察、设计,严格执行工程建设强制性标准,并对建设工程勘察设计的质量负责。

3.1.4　工程建设勘察设计的发包与承包

1.直接发包的工程建设勘察设计项目

《中华人民共和国招标投标法》《建设工程勘察设计管理条例》规定,可以直接发包的工程建设勘察设计项目有:

建设工程勘察
设计管理条例

(1)采用特定的专利或者专有技术的。

(2)建筑艺术造型有特殊要求的。

(3)国务院规定的其他工程建设的勘察设计。

其他工程均应采用招标发包方式。

2.建设工程勘察设计的一般要求

发包方可将整个建设工程勘察设计发包给一家勘察设计单位,也可分别发包给几个勘察设计单位。建设工程勘察设计单位可以经发包书面同意,将除建设工程主体部分外的其他部分的勘察设计分包给具有相应资质等级的其他勘察设计单位。但是,工程建设勘察设计单位不得将承包的建设工程勘察设计进行转包。

3.1.5 建设工程勘察设计法规概况

建设工程勘察设计法规是指调整工程勘察设计活动中所产生的各种社会关系的法律规范的总称。其法律规范涉及面广、内容多,不仅包括工程勘察设计的专门法律、法规,也包括了其他法律、法规中有关工程勘察设计方面的内容。我国目前现行的法规主要有:1978 年颁布的《设计文件的编制和审批办法》,1980 年颁布的《工程建设标准规范管理办法》,1992 年颁布的《成立中外合营工程设计机构审批管理的规定》《工程建设国家标准管理办法》《工程建设行业标准管理办法》,1999 年颁布的《工程建设标准设计管理规定》,2000 年颁布的《建设工程勘察设计管理条例》,2011 年颁布的《全国优秀工程勘察设计奖评选办法》等。

3.2 设计文件的编制

3.2.1 建设工程设计的原则和依据

为了更好地把握建设工程的要求,使工程设计达到预期的经济效益和社会效益,建设工程设计就必须遵循一定的原则。另外,建设工程在立项前必须进行各种调查和研究,得出工程建设目的和条件,这也就是要求建设工程设计必须有据可依。

1.建设工程设计原则

建设工程设计是工程建设的主导环节,对工程建设的质量、投资效益起着决定性的作用。为了保证工程设计水平和设计质量,真正做到经济效益、社会效益和环境效益的统一,根据相关法规规定,工程设计必须遵循以下主要原则:

(1)贯彻经济、社会发展规划,城乡规划和产业政策。经济、社会发展规划及产业政策,是国家某一时期的建设目标和指导方针,工程设计必须贯彻其精神;城市规划、村庄和集镇规划一经批准公布,即成为工程建设必须遵守的规定,工程设计活动也必须符合其要求。

(2)综合利用资源,满足环境要求。工程设计中,要充分考虑矿产、能源、水、农、林、牧、渔等资源的综合利用。要因地制宜,提高土地利用率。要尽量利用荒地、劣地,不占或少占耕地。工业项目中要选用耗能少的生产工艺和设备;民用项目中,要采取节约能源的措施,提倡区域集中供热,重视余热利用。城市的新建、扩建和改建项目,应配套建设节约用水设施。在工程设计时,还应积极改进工艺,采取行之有效的技术措施,防止粉尘、毒物、废水、废气、废渣、噪声、放射性物质及其他有害因素对环境的污染,要进行综合治理和利用,使设计符合国家环保标准。

(3)遵守工程建设技术标准。工程建设中有关安全、卫生和环境保护等方面的标准都

是强制性标准,工程设计时必须严格遵守。如《工程建设标准强制性条文》的各个部分。

(4)采用新技术、新工艺、新材料、新设备。工程设计应当广泛吸收国内外先进的科研和技术成果,结合我国的国情和工程实际情况,积极采用新技术、新工艺、新材料和新设备,以保证建设工程的先进性和可靠性。

(5)重视技术和经济效益的结合。采用先进的技术,可提高生产效率、增加产量,但往往会增加建设成本和建设工期。因此,要注意技术和经济效益的结合,从总体上全面考虑工程的经济效益、社会效益和环境效益。在具体工程上,有时这些新的要求会增加一次性投入成本,但在后期的使用过程中会体现出优势来。这种情况需要相关部门有力的扶持和帮助,使我国的建设水平得以提高,使整个社会效益得以提高。

(6)公共建筑和住宅要注意美观、适用和协调。建筑既要有使用功能,又要能美化城市,给人们提供精神享受。公共建筑和住宅设计应巧于构思、精于设计,既要造型新颖,独具特色,又要与周围环境相协调,保护自然景观。同时建筑设计还要满足功能适用、结构合理的要求。在公共建筑方面,特别强调"以人为本"的设计思想,对老、弱、病、残等弱势群体的照顾是必需的,要体现在具体的设计中。

2.工程设计的依据

《建设工程勘察设计管理条例》规定,编制建设工程勘察设计文件,应当以下列规定为依据:

(1)项目批准文件;

(2)城乡规划;

(3)工程建设强制性标准;

(4)国家规定的建设工程勘察设计深度要求。

铁路、交通、水利等专业建设工程,还应以专业规划的要求为依据。

设计单位还应积极参加项目建议书的编制、建设地址的选择、建设规划及试验研究等设计前期工作。对大型水利枢纽、水电站、大型矿山、大型工厂等重点项目,在项目建议书批准前,可根据长远规划的要求进行必要的资源调查、工程地质和水文勘察、经济调查和多种方案的技术经济比较等方面的工作,以便从中了解和掌握有关情况,收集必要的设计基础资料,为编制设计文件做好准备。

其中,项目建议书是非常重要的一个指导性文本,它的完善性往往影响整个建设项目的构成和水平,编制项目建议书需要有充足的调查和研究,并对今后的社会需求、技术发展、环境影响等有正确的判断,使得项目建议书真正成为设计的正确依据。在以往的工作中,特别是在中小项目,建设工程勘察设计单位和个人如果对项目建议书缺乏足够的认识,听从某领导的一面之词,工程盲目上马,往往就会由于一念之差造成整个项目建成后效果不理想,浪费国家资源。

3.2.2 设计阶段的内容和深度

1.设计阶段

根据《基本建设设计工作管理暂行办法》的规定,设计阶段可根据建设项目的复杂程度而定。一般可以将项目分为如下几个阶段：

（1）一般建设项目。一般建设项目的设计阶段可按初步设计和施工图设计两个阶段进行，如需要可先进行方案设计，再进行初步设计和施工图设计。

（2）技术复杂建设项目。技术上复杂的建设项目，可增加技术设计阶段，即按初步设计、技术设计和施工图设计三个设计阶段进行。

（3）存在总体部署问题的建设项目。一些牵涉面广的建设项目，如大型矿区、油田、林区、垦区、联合企业等，存在总体开发部署等重大问题，这时，在进行一般设计前还可进行总体规划设计或总体设计。

2.勘察设计文件的要求

勘察设计文件是工程建设最直接、最重要的依据，它直接关系到工程建设的质量和安全，《建设工程勘察设计管理条例》规定，勘察设计文件必须满足下述要求：

（1）勘察文件。要求真实、准确，满足建设工程规划、选址、设计、岩土治理和施工的需要。

（2）设计文件。要求方案设计文件应满足编制初步设计和控制概算的需要，初步设计文件应满足编制施工招标文件、主要设备材料订货和编制施工图设计文件的需要，施工图设计文件应满足设备材料采购、非标准设备制作和施工的需要，并注明建设工程合理使用年限。

（3）材料、设备的选用。设计文件中选用的材料、构配件和设备，应注明其规格、型号、性能等技术指标，其质量要求符合国家规定的标准。

勘察设计文件中规定采用的新技术、新材料，可能影响建设工程的质量和安全，没有国家技术标准的，应当由国家认可的检测机构进行试验、论证，出具检测报告，并经国务院有关部门或省、自治区、直辖市人民政府有关部门组织的建设工程技术专家委员会审定后，方可使用。

3.各设计阶段的内容和相应深度

（1）总体设计。总体设计一般由文字说明和图样两部分组成。其内容包括：建设规模、产品方案、原料来源、工艺流程概况、主要设备配备、主要建筑物及构筑物、公用和辅助工程、"三废"质量及环境保护方案、占地面积估计、总图布置及运输方案、生活区规划、生产组织和劳动定员估计、工程进度和配合要求、投资估算等。

总体设计的深度应满足下述要求：进行初步设计，满足主要大型设备、材料的预安排，土地征用谈判的需要。

（2）初步设计。初步设计一般应包括以下有关文字说明和图样：设计依据、设计指导思想、产品方案、各类资源的用量和来源、工艺流程、主要设备选型及配置、总图运输、主要建筑物和构筑物、公用及辅助设施、新技术采用情况、主要材料用量、外部协作条件、占地面积和土地利用情况、综合利用和"三废"治理、生活区建设、抗震和人防措施、生产组织和劳动定员、各项技术经济指标、建设顺序和期限、总概算等。

初步设计的深度应满足以下要求：设计方案的比选和确定，主要设备材料订货，土地征用、基建投资的控制，施工图设计的编制，施工组织设计的编制，施工准备和生产准

备等。

（3）技术设计。技术设计的内容由有关部门根据工程的特点和需要，自行制定。技术设计深度要求工程应能满足确定设计方案中重大技术问题和有关实验、设备制造等方面的要求。

（4）施工图设计。施工图设计内容应根据已获批准的初步设计进行，在此基础上进一步完善，最终完成施工所需的各种施工图和设计文件。施工图设计深度要求工程应能满足设备材料的安排和非标准设备的制作、施工图预算的编制、施工要求等。

3.2.3 勘察设计文件的审批和修改

1.设计文件的审批

我国建设项目设计文件的审批实行分级管理、分级审批的原则。根据《基本建设设计工作管理暂行办法》，对设计文件具体审批权限规定如下：

（1）大中型建设项目的初步设计和总概算及技术设计，按隶属关系，由国务院主管部门或省、自治区、直辖市审批。

（2）小型建设项目的初步设计的审批权限，由主管部门或省、自治区、直辖市自行规定。

（3）总体规划设计（或总体设计）的审批权限与初步设计的审批权限相同。

（4）各部直接代管的下放项目的初步设计，由国务院主管部门为主，会同有关省、自治区、直辖市审查或批准。

（5）施工图设计的审批要按有关规定进行审查。

2.勘察设计文件的修改

设计文件是工程建设的主要依据，经批准后，就具有一定的严肃性，不得任意修改和变更，如必须修改，则须经有关部门批准。其批准权限，可根据修改的内容所涉及的范围而定。根据《基本建设设计工作管理暂行办法》，修改设计文件应遵循以下规定：

（1）设计文件是工程建设的主要依据，经批准后不得任意修改。

（2）凡涉及计划任务书的主要内容，如建设规模、产品方案、建设地点、主要协作关系等方面的修改，须经原计划任务书审批机关批准。

（3）凡涉及初步设计主要内容，如总平面布置、主要工艺流程、主要设备、建设面积、建设标准、总定员、总概算等方面的修改，须经原设计审批机关批准。修改工作须由原设计单位负责进行。

（4）施工图的修改，须经原设计单位同意。建设单位、施工单位和监理单位都无权修改建设工程勘察设计文件。确实需要修改的，应由原勘察设计单位修改，或经原勘察设计单位书面同意，建设单位也可委托其他具有相应资质的建设工程勘察设计单位修改，并由修改单位对修改的勘察设计文件承担相应责任。

若施工单位或监理单位发现建设工程勘察设计文件不符合工程建设强制性标准或合同约定的质量要求的，应当报告建设单位，建设单位有权要求建设工程勘察设计单位对建设工程勘察设计文件进行补充、修改。建设工程勘察设计文件内容需要做重大修改的，建设单位应当报经原审批机关批准。

总之,施工图的修改是一件十分严肃的事情,如果考虑不周全,很容易发生工程事故。所以,对施工图的修改必须谨慎和严格,应该把它的重要性提到与施工图设计同等高度上,甚至要更加严格地审核。

例题 3-1

建设单位拟装修其办公楼,其中涉及承重结构变动。则下列表述正确的有(　　)。

A. 建设单位将装修方案报有关主管部门审批后,方可施工
B. 建设单位在委托原设计单位提出设计方案后,方可施工
C. 建设单位在委托相应资质等级设计单位提出设计方案后,方可施工
D. 建设单位提出装修方案后,即可要求承包单位施工
E. 建设单位可直接将装修任务发包给劳务公司

答案:BC。施工图的修改,须经原设计单位同意。建设单位、施工单位和监理单位都无权修改建设工程勘察设计文件。确实需要修改的,应由原勘察设计单位修改,或经原勘察设计单位书面同意,建设单位也可委托其他具有相应资质的建设工程勘察设计单位修改,并由修改单位对修改的勘察设计文件承担相应责任。

3.2.4　建设工程抗震设计与加固

1.建设工程抗震概念

地震是自然界最可怕的现象之一。我们通常觉得脚下的地面"坚如磐石",但地震,特别是大地震,会在顷刻间粉碎这种想法,会给地面上建筑物带来毁灭性的灾难。根据国内外有关研究资料,特别是对 2008 年"5·12"四川汶川特大地震的统计表明,95%以上人员伤亡是由建筑物倒塌引起的,也就是说地震造成人员伤亡和财产损失,主要是由建筑物被震坏而造成的。因此,进行建设工程抗震设计,提高建设工程的抗震能力是减轻地震灾害的根本途径。

建设工程抗震是建设工程抵御地震灾害的简称,是指通过编制、实施抗震防灾规划,对建设工程进行抗震设计和加固,最大限度地防御和抵抗地震灾害的活动。建设抗震工程与地震预报、震后救灾构成减轻地震灾害的三环节。

2.抗震设计

(1)抗震设防。防震减灾工作,实行预防为主、防御与救助相结合的方针,使建筑经抗震设防后,减轻建筑的地震破坏,避免人员伤亡,减少经济损失。

地震烈度为 6 度及 6 度以上地区和今后有可能发生破坏性地震地区所有新建、改建、扩建工程都必须进行抗震设防。

抗震设防地区村镇建设中的公共建筑、统建的住宅及乡镇企业的生产、办公用房,必须进行抗震设防,其他建设工程应根据当地经济发展水平,按因地制宜、就地取材的原则,

采取抗震措施,提高村镇房屋的抗震能力。国家对需要抗震设防的农村村民住宅和乡村公共设施给予必要支持。

(2)抗震设计。工程勘察设计单位应当按照抗震设防要求和工程建设强制性标准进行抗震设计,并对抗震设计的质量以及出具的施工图设计文件的准确性负责。工程项目的设计文件应有抗震设防的内容,包括设防依据、设防标准、方案论证等。

工程项目抗震设计质量由建设行政主管部门会同有关部门进行审查、监督。

新建工程采用新技术、新材料和新结构体系,均应通过相应级别的抗震性能鉴定,符合抗震要求,方可采用。

施工单位应当按照施工图设计文件和工程建设强制性标准进行施工,并对施工质量负责。

建设单位、施工单位应当选用符合施工图设计文件和国家有关标准规定的材料、构配件和设备。

工程监理单位应当按照施工图设计文件和工程建设强制性标准实施监理,并对施工质量承担监理责任。

建设项目竣工验收时,应对抗震设防的设计要求、构造措施进行检查验收。

3.抗震加固

(1)抗震鉴定。抗震鉴定工作是一项技术性和综合性很强的工作,必须由有相应资质的设计或工程咨询单位承担。不是对所有的建设工程都需进行抗震鉴定,只有出现下列情况才必须进行抗震鉴定:

1)未经抗震设防或抗震加固的建设工程;

2)虽经抗震设防或加固,但未经正式设计就进行了改建、大规模装修、安装了大型设备的建设工程;

3)在使用过程中经历过破坏性地震、洪水、风暴等自然灾害,承重结构出现局部倒塌、裂缝、其抗震能力严重受损的建设工程。

抗震鉴定应在对工程场地、原设计、施工情况及工程现状进行全面调查的基础上,分析缺陷原因,提出书面鉴定意见。

(2)抗震加固。抗震加固必须严格按照抗震鉴定、加固设计、设计审查、加固施工、竣工验收的程序进行。经鉴定应予加固的现有建设工程,应当按加固技术规程进行设计和施工。

《中华人民共和国防震减灾法》规定,已经建成的下列建设工程,未采取抗震设防措施或者抗震设防措施未达到抗震设防要求的,应当按照国家有关规定进行抗震性能鉴定,并采取必要的抗震加固措施:

1)重大建设工程;

2)可能发生严重次生灾害的建设工程;

3)具有重大历史、科学、艺术价值或者重要纪念意义的建设工程;

4)学校、医院等人员密集场所的建设工程;

5)地震重点监视防御区内的建设工程。

中华人民共和国
防震减灾法

抗震加固应与城市改造计划、单位和个人的房屋维修、大修计划及企业的技术改造相结合。除有短期地震预报外，对列入城市近期改建、企业改造计划的房屋、工程设施和设备可不进行抗震加固。对临时性建筑不进行抗震加固。

应当加固的房屋、工程设施和设备均由产权所有者负责进行抗震加固，由其提出加固计划，并按建设行政主管部门批准的计划期限完成。

3.3　施工图设计文件审查

3.3.1　施工图设计文件审查的概念

施工图设计文件审查是指国务院建设行政主管部门和省、自治区、直辖市人民政府建设行政主管部门依法认定的设计审查机构，根据国家的法律、法规、技术标准与规范，对施工图设计文件在结构安全和强制性标准、规范执行情况等方面进行的独立审查。它是政府主管部门对建设工程勘察设计质量监督管理的重要环节，是基本建设必不可少的程序，工程建设各方必须认真贯彻执行。

建设工程质量与社会公共利益和广大人民生命财产安全息息相关，因此，监督管理好工程质量是政府不可推卸的职责。而工程设计是整个工程建设的灵魂，对建设工程质量有着至关重要的作用。因此，世界上主要发达国家和地区都建立有工程设计施工图审查制度，这是保证工程质量的必要条件。

当前，我国工程建设项目投资主体多元化，勘察设计单位的企业化等一系列改革使工程设计质量管理工作面临着新情况，而工程设计质量也出现了一些新问题：一些业主及勘察设计单位片面追求自身利益最大化，而忽略社会公共利益和国家利益，使得工程设计质量下降；还有些设计单位和业主片面理解和运用国家规范，使得工程项目侵占了其他项目、个人或社会的利益，造成整个社会资源的浪费。因此，在我国建立施工图审查制度是十分必要的。

3.3.2　施工图审查的范围及内容

1.施工图审查的范围

《建筑工程施工图设计文件审查暂行办法》规定：凡属建筑工程设计等级分级标准的各类新建、改建、扩建的建设工程项目均须进行施工图审查。各地的具体审查范围，由各省、自治区、直辖市人民政府建设行政主管部门确定。

2.施工图审查的内容

(1)施工图审查的主要内容

2013年《房屋建筑和市政基础设施工程施工图设计文件审查管理办法》规定，施工图审查的主要内容为：

1)是否符合工程建设强制性标准。

2)地基基础和主体结构的安全性。

3)是否符合民用建筑节能强制性标准,对执行绿色建筑标准的项目,还应当审查是否符合绿色建筑标准。

4)勘察设计企业和注册执业人员以及相关人员是否按规定在施工图上加盖相应的图章和签字。

5)法律、法规、规章规定必须审查的其他内容。

(2)施工图审查与设计咨询的关系

施工图审查的目的是维护社会公共利益、保护社会公众的生命财产安全,因此,施工图审查主要涉及社会公众利益、公众安全方面的问题。至于设计方案在经济上是否合理、技术上是否保守、设计方案是否可以改进等这些主要只涉及业主利益的问题,是属于设计咨询范畴的内容,不属于施工图审查的范围。当然,在施工图审查中如发现这方面的问题,也可提出建议,由业主自行决定是否进行修改,如业主另行委托,施工图审查机构也可进行这方面的审查。

3.3.3 施工图审查机构

1.施工图审查机构应具备的条件

施工图审查是一项专业性和技术性都非常强的工作,是一般政府公务员难以独立完成的,所以必须由政府主管部门审定批准的审查机构来承担。它是具有独立法人资格的公益性中介组织。根据 2013 年《房屋建筑和市政基础设施工程施工图设计文件审查管理办法》将施工图审查按承接业务范围分为两类:一类审查机构承接房屋建筑、市政基础设施工程施工图审查,业务范围不受限制;二类审查机构可以承接中型及以下房屋建筑、市政基础设施工程的施工图审查。

2.施工图审查机构的审批

凡符合上述条件的直辖市、计划单列市、省会城市的设计审查机构,由省、自治区、直辖市建设行政主管部门初审后,报国务院住房和城乡建设主管部门审批,并颁发施工图设计审查许可证;其他城市设计审查机构由省级住房和城乡建设主管部门审批,并颁发施工图设计审查许可证。施工图审查单位是一个独立的法人单位,它必须承担相关的责任。随着市场化进程的加快,多个审查单位同时存在,共同竞争是发展趋势,国家行政管理和行业管理部门逐渐放弃指定审查单位的做法,采用市场竞争的方式来发展审查行业是一个必然的过程。同时,审查单位不是一个单纯的企业单位,它还肩负着对国家法规、规范、标准的修正和反馈的义务,因此对审查单位资质的管理有一定的复杂性,今后还需要认真对待和研究,以使我国的建设工程施工图审查制度越来越完善。

3.3.4 施工图审查的程序

1.施工图审查的报送

设计单位在施工图完成后,建设单位应将施工图连同该项目批准立项的文件或初步设计批准文件及主要的初步设计文件一起报送建设行政主管部门,由建设行政主管部门委托有关审查机构进行审查。

施工图审查是建设程序的审批环节,绝非业主的市场行为。所以,只能向有审批权的政府主管部门报批,再由主管部门交由审查机构审查,而不能由业主自行委托审查机构审查。当然,最合理的做法应是政府认定一批有资格、成熟可靠的审查机构后,由业主自主委托审查机构审查,政府依据审查结果再行审批。这样,可以增强审查机构的服务意识,也减少政府权力寻租的机会。

施工图审查内容包括消防、环保、抗震等专项审查项目,这涉及不同行政主管部门的业务范围。为简化手续,提高办事效率,《建设工程施工图设计文件审查暂行办法》规定,凡需进行消防、环保、抗震等专项审查的项目,应当逐步做到有关专业审查与结构安全性审查统一报送,统一受理,通过专项审查后,由建设行政主管部门统一颁发施工图审查批准书。

2.施工图审查的要求

(1)审查机构在收到审查材料后,应在规定的期限范围内完成审查工作,并提出工作报告。当前规定的具体审查期限为:①大型房屋建筑工程、市政基础设施工程为15个工作日,中型及以下房屋建筑工程、市政基础设施工程为10个工作日;②工程勘察文件、甲级项目为7个工作日,乙级及以下项目为5个工作日。并且该期限不包括施工图修改时间和审查机构的复审时间。建设单位不得明示或者暗示审查机构违反法律法规和工程建设强制性标准进行施工图审查,不得压缩合理审查周期、压低合理审查费用。

(2)审查机构在审查结束后,审查机构应向建设行政主管部门提交书面的施工图审查报告,并应有审查人员签名和审查机构盖章。

(3)对于审查合格的项目,建设行政主管部门收到审查报告后,应及时向建设单位通报审查结果,并颁发施工图审查批准书。对于审查不合格的项目,审查机构应提出书面意见,并将施工图退回建设单位,交由原设计单位修改后,重新报送。

(4)施工图一经审查通过,不得擅自进行修改。如遇特殊情况需要进行涉及审查主要内容的修改时,必须重新报请原审批部门委托审查机构审查,并经批准后,方可实施。

(5)施工图审查所需经费,由施工图审查机构向建设单位收取。

例题 3-2

具有房屋建筑设计丙级资质的某油田勘探开发公司欲新建专家公寓,该工程地下一层,地上九层,预制钢筋混凝土桩基础,钢筋混凝土框架结构。由甲设计院设计,施工图经乙审图中心审查通过。经公开招标,由某施工单位承建,包工包料,某监理公司负责工程的监理。施工过程中,建设单位要求更换外墙保温材料,则建设单位更换保温材料,应当由( )后方可施工。

A.原设计院出设计变更,报当地审图机构审查

B.当地具有相应资质的设计单位出设计变更,报当地审图机构审查

C.原设计院出设计变更,报原审图机构审查

D.建设单位设计院出设计变更,报原审图机构审查

答案:C。施工图一经审查通过,不得擅自进行修改。如遇特殊情况需要进

行涉及审查主要内容的修改时,必须重新报请原审批部门委托审查机构审查,并经批准后,方可实施。

3.争议的解决

当建设单位或设计单位对审查机构作出的审查报告有重大分歧时,可由建设单位或设计单位向所在省、自治区、直辖市人民政府建设行政主管部门提出复查申请,省、自治区、直辖市人民政府建设行政三管部门组织专家论证并给出复查结果。

3.3.5 施工图审查各方的责任

1.勘察设计单位的责任

为了加强对建设工程质量的管理,保证建设工程质量,保护人民生命和财产安全,根据《中华人民共和国建筑法》,国务院制定了《建设工程质量管理条例》。凡在中华人民共和国境内从事建设工程的新建、扩建、改建等有关活动及实施对建设工程质量监督管理的,必须遵守《建设工程质量管理条例》。

建设工程质量
管理条例

(1)从事建设工程勘察、设计的单位应当依法取得相应等级的资质证书,并在其资质等级许可的范围内承揽工程。禁止勘察设计单位超越其资质等级许可的范围或者以其他勘察设计单位的名义承揽工程。禁止勘察设计单位允许其他单位或者个人以本单位的名义承揽工程。勘察设计单位不得转包或者违法分包所承揽的工程。

(2)勘察设计单位必须按照工程建设强制性标准进行勘察、设计,并对其勘察、设计的质量负责。注册建筑师、注册结构工程师等注册执业人员应当在设计文件上签字,对设计文件负责。

(3)勘察单位提供的地质、测量、水文等勘察成果必须真实、准确。

(4)设计单位应当根据勘察成果文件进行建设工程设计。设计文件应当符合国家规定的设计深度要求,注明工程合理使用年限。

(5)设计单位在设计文件中选用的建筑材料、建筑构配件和设备,应当注明规格、型号、性能等技术指标,其质量要求必须符合国家规定的标准。除有特殊要求的建筑材料、专用设备、工艺生产线等外,设计单位不得指定生产厂、供应商。

(6)设计单位应当就审查合格的施工图设计文件向施工单位作出详细说明。

(7)设计单位应当参与建设工程质量事故分析,并对因设计造成的质量事故,提出相应的技术处理方案。

例题 3-3

下列关于设计单位质量责任和义务的说法,正确的有(　　　)。

A.为了保证工程质量,设计单位必须在设计文件中指定建筑设备的生产厂家

B.为保证设计进度,设计单位将部分任务转包给其他设计单位

C.设计单位在设计文件中选用的建筑设备,应当注明规格、型号,并推荐生产厂家

D.有特殊要求的设备,设计单位可以指定生产厂家

E.设计单位应当就审查合格的施工图向施工单位说明

答案:DE。除有特殊要求的建筑材料、专用设备、工艺生产线等外,设计单位不得指定生产厂、供应商。设计单位应当就审查合格的施工图设计文件向施工单位作出详细说明。

2.审查机构及审查人员的责任

(1)设计文件质量责任。在设计文件质量上,审查单位和审查人员只负间接的监督责任,因设计质量问题造成的损失,业主只能向设计单位和设计人员追责,审查机构和审查人员在法律上并不承担赔偿责任。

(2)审查机构及审查人员的工作责任。审查机构和审查人员在设计质量问题上的免责并不意味着审查机构和审查人员就不用承担任何责任。对自己的失职行为,审查机构和审查人员必须承担直接责任,这些责任可分为经济责任、行政责任和刑事责任,它将依据具体事实和相关情节依法认定。

《建筑工程施工图设计文件审查暂行办法》规定:施工图审查机构和审查人员应当依据国家法律和法规与地方技术标准认真履行审查职责。对玩忽职守、徇私舞弊、贪污受贿的审查人员和机构,由建设行政主管部门依法给予暂停或吊销其审查资格,并处以相应的经济处罚。构成犯罪的,依法追究其刑事责任。

3.政府主管部门的责任

依据相关法律规定,政府各级建设行政主管部门在施工图审查中享有行政审批权,主要负责行政监督管理和程序性审批工作。对设计文件的质量不承担直接责任,但对其审查工作质量,负有不可推卸的责任。具体表现为行政责任和刑事责任。

《建设工程勘察设计管理条例》明确规定:国家机关工作人员在建设工程勘察设计活动的监督管理工作中玩忽职守、滥用职权、徇私舞弊、贪污受贿,构成犯罪的,依法追究其刑事责任;尚不构成犯罪的,依法给予行政处分。

3.4　建设工程勘察设计监督管理

3.4.1　建设工程勘察设计的监督管理

1.监督管理机构

《建设工程勘察设计管理条例》规定:国家建设行政主管部门对全国的建设工程勘察、设计活动实施统一监督管理。国务院铁路、交通、水利等有关部门按照国务院规定的职责分工,负责全国的有关专业建设工程勘察、设计活动的监督管理。

县级以上建设行政主管部门负责本行政区域内的建设工程勘察、设计活动监督管理,且交通、水利等有关部门在各自的职责范围内,负责本行政区域的有关专业建设工程勘察、设计活动的监督管理。

任何单位和个人对建设工程勘察、设计活动中的违法行为都有权检举、控告、投诉。

2.监督管理的内容

县级以上人民政府建设行政主管部门或交通、水利等有关部门应对施工图设计文件中涉及公共利益、公共安全、工程建设强制性标准的内容进行审查。未经审查批准的施工图不得使用。

建设工程勘察设计单位在其勘察、设计资质证书的业务范围内跨部门、跨地区承揽勘察设计任务的,有关地方人民政府及其所属部门不得设置障碍,不得违反国家规定收取任何费用。

3.4.2 违法责任

1.建设单位的违法责任

违反《建设工程质量管理条例》的行为,必须受到相应的处罚,造成重大安全事故的,还要追究其刑事责任。

发包方将建设工程勘察、设计业务发包给不具备相应资质等级的建设工程勘察设计单位的,责令改正,处50万元以上100万元以下的罚款。

施工图设计文件未经审查或审查不合格,建设单位却擅自施工的,将处20万元以上50万元以下的罚款。

2.勘察设计单位的违法责任

(1)非法承揽业务的责任。建设工程勘察设计单位未取得资质证书承揽勘察设计任务的,予以取缔;以欺骗手段取得资质证书承揽勘察设计任务的,吊销其资质证书;对于超越资质等级许可的范围,或以其他勘察设计单位的名义承揽勘察设计任务,或允许其他单位或个人以本单位名义承揽建设工程勘察设计任务的建设工程勘察设计单位,可责令其停业整顿,降低资质等级;情节严重的,吊销资质证书。

对于有上述各种行为的勘察设计单位,还应处合同约定的勘察、设计费1倍以上2倍以下的罚款,并没收其违法所得。

(2)非法转包的责任。建设工程勘察设计单位将所承揽的工程进行转包的,责令改正,没收其违法所得,处以合同约定勘察费、设计费25%以上50%以下的罚款,还可责令其停业整顿、降低资质等级;情节严重的,吊销其资质证书。

(3)不按规定进行设计的责任。对于不按工程强制性标准进行勘察设计的勘察设计单位,不按勘察成果文件进行设计,或指定建筑材料、建筑构配件生产厂、供应商的设计单位,责令其改正,并处10万元以上30万元以下的罚款。

因上述行为造成工程事故的,责令停业整顿,降低资质等级;情节严重的,吊销资质证书;造成损失的,依法赔偿损失。

3.勘察设计执业人员的违法责任

个人未经注册,擅自以注册建设工程勘察设计人员的名义从事建设工程勘察设计活动的,责令停止违法行为;已注册的执业人员和其他专业技术人员未受聘于一个建设工程勘察设计单位或同时受聘于两个以上建设工程勘察设计单位,从事有关业务活动的,情节严重时,可责令停止执行业务或吊销资格证书;对于上述人员,还要没收非法所得,并处非法所得的 2 倍以上 5 倍以下的罚款,给他人造成损失的,依法承担赔偿责任。

4.国家机关工作人员的违法责任

国家机关工作人员在勘察设计监督管理中玩忽职守、滥用职权、徇私舞弊,构成犯罪的,依法追究其刑事责任;尚不构成犯罪的,依法给予行政处罚。

案例 3-1

　　某市粮食公司(甲公司)欲建粮仓,与某设计公司(乙公司)签订了设计合同,设计费用为 8 万元。工程竣工交付后,粮仓在刚投入使用且未达到设计容量时即出现墙体外拱,致使该库房部分报废,部分需整体加固。甲公司遂申请法院进行鉴定,结论为:粮仓出现的墙体、混凝土构件变形开裂是乙公司的设计出现重大失误造成的;且经计算所需的加固费为 138.85 万元。甲公司实际支出的费用为 235 万元。二审法院认为工程加固所需费用应按鉴定书确认的 138.85 万元为依据进行赔偿,并返还全部设计费用。

　　案例评析:

　　《合同法》第二百八十条规定,勘察设计的质量不符合要求,设计人应当继续完善勘察设计,减收或者免收勘察设计费并赔偿损失。本案中设计费为 8 万元,但由于设计单位的设计图纸不合格、存在严重质量问题给甲方造成严重损失。法院判令设计单位不但要返还全部设计费,还要赔偿甲方 138.85 万元损失。由此可见,赔偿损失的金额并不会因合同约定的设计费用而受到限制。

学习检测

本章测试

第4章 ▶
建筑法律制度

本章课件

我国于 1997 年 11 月 1 日颁布的《中华人民共和国建筑法》(以下简称《建筑法》)标志着我国工程建设领域走上了法制轨道。工程建设活动是一个复杂的、系统化的过程,包括前期的策划和可行性研究、建设准备和建设实施等一系列程序,其中建设实施又分为勘察设计和施工两个阶段。需要注意的是,《建筑法》仅仅调整工程建设实施过程中的施工阶段的各种社会关系。因此《建筑法》主要针对工程施工许可、施工单位和人员的从业资格、建筑工程发包与承包、安全生产、监理及建筑工程质量等工程施工环节进行规定。

　　本章以讲述《建筑法》为主干,同时介绍了《招标投标法》《建设工程质量管理条例》《建设工程监理规范》和《建设工程安全生产管理条例》等相关法律法规。

✉ **案例引导**

　　某房地产公司要开发建设一个大型多功能商业广场,以 EPC 模式发包给某建设集团,并于 2010 年 3 月 20 日申领到施工许可证。在按期开工后因故于 2010 年 10 月 15 日中止施工,直到 2012 年 3 月 1 日拟恢复施工。

　　问题:

　　(1)该商业广场项目应当由谁申领施工许可证?

　　(2)该商业广场项目中止施工后,最迟应当在何时向发证机关报告?

　　(3)2012 年 3 月 1 日后恢复施工时应该履行哪些程序?

　　案例评析:

　　(1)根据《建筑法》第七条规定,申领施工许可证的主体应当为该商业广场项目的建设单位,即该房地产公司。

　　(2)根据《建筑法》第十条规定,该房地产公司向发证机关报告的最迟期限应为 2010 年 11 月 15 日。

　　(3)根据《建筑法》第十条规定,该房地产公司在恢复施工前应当向发证机关报告恢复施工的有关情况,并应当报发证机关核验施工许可证。

✏ **学习目标**

　　本章阐述了建筑法律制度,并以《建筑法》为主线,主要讲述了建筑许可、建筑工程发包与承包、建筑工程监理、建筑工程质量和安全等内容。学生应重点掌握施工许可证、招投标及建筑工程质量和安全的相关规定,并能将其熟练应用于案例分析中。

4.1　概述

4.1.1　建筑法的概念和调整对象

1.建筑法的概念

把建筑作为一个动态过程的话,其是指建筑活动,即从勘察设计到施工活动的全过程。建筑活动是指各类房屋及其附属设施的建造和与其配套的线路、管道、设备的安装

活动。

建筑法有广义和狭义之分。狭义的建筑法,即形式意义的建筑法,是指国家立法机关制定的统一调整建设单位、建筑从业单位及从业者、建设行政机关在建筑活动中的市场准入、工程发包与承包、勘察、设计、施工、竣工验收直至交付使用等各个环节所发生的各种社会关系的基本法律,即于1998年3月1日起施行的《中华人民共和国建筑法》。该法共八章八十五条,它是调整我国建筑活动的基本法律。该法以规范建筑市场行为为出发点,以建筑工程质量和安全为主线,对建筑许可、建筑工程发包与承包、建筑工程监理等建筑活动全过程中的技术、经济和管理活动进行了全方位的规范和约束。

广义的建筑法,即实质意义的建筑法,是指以在建筑活动中和建筑管理活动中形成的社会关系为调整对象的法律规范体系,是包括《建筑法》在内的各种法律、行政法规、部门规章、地方立法和司法解释等组成的有机整体。

2.建筑法的调整对象

建筑法律规范调整的对象是人们在建筑领域从事建筑活动中所形成的人与人之间的权利和义务关系,这种关系是人们在动态活动过程中形成的。建筑活动中主要有两种社会关系:一是从事建筑活动过程中所形成的社会关系;二是在实施建筑活动管理过程中所形成的社会关系。

(1)建筑经济协作关系

参加建筑活动的各部门、各单位、各行业在建筑活动协作过程中发生的以具有物质利益为中心的社会关系,主要表现在建设工程合同的签订与履行中。它是各主体根据自愿、平等、互利的原则建立的,这些关系一般与国家计划、产业规划、国际竞争密切关联,影响着整个建筑市场的整体运行状况和全局利益,因此这种关系是建筑法调整的主要对象。

(2)建筑行政、经济管理关系

这是指在建筑活动过程中建设行政管理部门与建筑活动参加者之间发生的管理与被管理的纵向社会关系。其具体规范了工程项目建设程序、招标投标、工程投资等内容。在这种关系中,参与者各方的地位是不平等的,且处于不同层次,相互间表现出管理与被管理、领导与被领导、监督与被监督的关系。

4.1.2 建筑法的立法目的和适用范围

1.建筑法的立法目的

《建筑法》第一条:"为了加强对建筑活动的监督管理,维护建筑市场秩序,保证建筑工程的质量和安全,促进建筑业健康发展,制定本法。"即规定了立法的目的。

中华人民共和
国建筑法

(1)加强对建筑活动的监督管理

建筑业是国民经济的基础产业之一,它的健康发展在为其他各项建设事业的发展和人民群众生活水平的提高提供必要的物质条件的同时,也带动了其他相关产业的发展,成为我国国民经济的支柱产业。改革开放以来,随着国民经济和社会的发展,我国建筑业也有了很大的发展。我国有组织的建筑施工队伍由新中国成立初期的20多万人,增长到

2018 年的建筑业的从业人员 4400 万人左右。但在我国建筑业的发展过程中,也存在一些不容忽视的问题:建筑市场中主体行为不规范;在工程承发包活动中存在行贿受贿行为;一批不具备从事建筑活动所应有的资质条件的包工队通过"挂靠"或其他违法手段承包工程;等等,这些问题严重破坏了建筑市场的正常秩序,必须予以高度重视,采取有效措施切实加以解决。

(2)维护建筑市场秩序

建筑市场是我国社会主义市场经济的组成部分,需要形成与社会主义市场经济相适应的市场管理体系。改革开放以来,建筑业成为较早进入市场经济的行业,在新管理体制转轨时期,由于原有的建筑业管理体制、管理手段等已远不能适应改革开放和市场发展的需要,而新的管理模式又未能有效地建立起来,建筑市场出现了一些混乱现象,危及了建筑工程的质量和安全,影响了建筑业的健康发展。制定建筑法的目的就是在于,确立建筑市场运行必须遵守的基本规则,对违反建筑市场法定规则的行为依法追究法律责任。这对于建立建筑市场竞争有序的市场秩序,保证建筑业在市场经济的条件下健康发展,是非常必要的。

(3)保证建筑工程的质量和安全

建筑工程具有造价高、使用周期长的特点,与其他产品相比,其质量问题显得更为重要,建筑工程一旦发生质量问题,将造成重大的人身伤亡和财产损失。因此,质量和安全是建筑工程的生命和根本,是百年大计的根本。建筑法以质量和安全为主线作出了若干重要规定,要求建筑活动必须符合国家的建筑工程安全标准和国家关于建筑工程的质量管理条例,这对保证建筑工程的质量和安全具有重大意义。

(4)促进建筑业健康发展

法律作为上层建筑,是为经济基础服务,为促进社会生产力发展服务的。制定建筑法,确立从事建筑活动必须遵守的基本规范,依法加强对建筑活动的监督管理,其最终目的,是为了促进建筑业的健康发展,以适应社会主义现代化建设的需要。

2.建筑法的适用范围

《建筑法》第二条规定,在中华人民共和国境内从事建筑活动,实施对建筑活动的监督管理,应当受《建筑法》制约。

(1)适用的地域范围,是中华人民共和国境内。但不适用于我国已恢复行使主权的我国香港特别行政区和澳门特别行政区。中国香港和澳门的建筑立法,应由这两个特别行政区的立法机关自行制定。

(2)建筑法适用的主体范围包括一切从事建筑活动的主体和各级依法负有对建筑活动实施监督管理责任的政府机关。第一,一切从事建筑活动的主体,包括从事建筑工程的勘察、设计、施工、监理等活动的国有企业事业单位、集体所有制的企业事业单位、中外合资经营企业、中外合作经营企业、外资企业、合伙企业、私营企业及依法可以从事建筑活动的个人,不论其经济性质如何、规模大小,只要从事建筑法所规定的建筑活动,都应遵守各项规定。第二,各级依法负有对建筑活动实施监督管理责任的政府机关,包括建设行政主管部门和其他有关主管部门,都应当依照建筑法的规定,对建筑活动实施监督管理。

4.2　建筑许可

建筑许可是指建设行政主管部门或者其他有关行政主管部门准许、变更和终止公民、法人和其他组织从事建筑活动的具体行政行为。实行建筑许可制度有利于国家对基本建设进行宏观调控和对从事建筑活动的单位和人员进行总量控制，有利于规范建筑市场，保证建筑工程质量和建筑安全生产，也有利于保护从事建筑活动的单位和个人的合法权益。

《建筑法》的第二部分共 8 条，规定了建筑许可制度，包括建筑工程施工许可和从业资格两部分。

4.2.1　建筑工程施工许可

1. 施工许可的规范

《建筑法》第七条规定："建筑工程开工前，建设单位应当按照国家有关规定向工程所在地县级以上人民政府建设行政主管部门申请领取施工许可证；但是，国务院建设行政主管部门确定的限额以下的小型工程除外。按照国务院规定的权限和程序批准开工报告的建筑工程，不再领取施工许可证。"

对于新建、扩建、改建的建筑工程，建设单位必须在开工前向建设行政主管部门或其授权的部门申请建设工程施工许可证。未领取施工许可证的，不得开工；已开工的，必须立即停工，办理施工许可证手续。否则由此引起的经济损失由建设单位承担责任，并视违法情节，对建设单位作出相应处罚。

我国对有关建筑工程实行施工许可证制度，有利于保证开工建设的工程符合法定条件，在开工后能够顺利进行，同时也便于有关行政主管部门全面掌握和了解其管辖范围内有关建筑工程的数量、规模、施工队伍等基本情况，及时对各个建筑工程依法进行监督和指导，保证建筑活动依法进行。

2. 申请领取施工许可证的条件

施工许可证的申请条件，是指申请领取施工许可证应当达到的要求。《建筑法》第八条规定申请领取施工许可证，应当具备下列条件：

（1）已经办理该建筑工程用地批准手续。办理用地批准手续是建筑工程依法取得土地使用权的必经程序，只有依法取得土地使用权，建筑工程才能开工。根据《城市房地产管理法》《土地管理法》的规定，建设单位从国家手中取得建筑工程用地土地使用权，可以通过出让和划拨两种方式。建设单位取得由县级以上人民政府颁发的土地使用权证书表明已经办理了该建筑工程用地批准手续。

（2）依法应当办理建设工程规划许可证的，已经取得建设工程规划许可证。这是在城市规划区内的建筑工程开工建设的前提条件。根据《城乡规划法》的规定，在城市规划区内的建筑工程，建设单位在依法办理用地批准手续之前，还必须先取得该工程的建设用地规划许可证。这不仅可以确保该项工程的土地利用符合城市规划，而且还可以使建设单位按照规划使用土地的合法权益不被侵犯。

（3）需要拆迁的，其拆迁进度符合施工要求。拆迁是指为了新建工程的需要，将该建筑工程区域内的原有建筑物、构筑物及其他附着物拆除和迁移。对于在城市旧区进行建筑工程的新建、改建、扩建，拆迁是施工准备的一项重要任务。对成片进行综合开发的建筑工程，应根据建筑工程建设计划，在满足施工要求的前提下，分期分批进行拆迁。拆迁的进度必须符合工程开工的要求，这是保证该建筑工程正常施工的基本条件。

（4）已经确定建筑施工企业。建筑施工企业是具体负责实施建筑施工作业的单位，按照规定，在工程开工前，建设单位必须通过招标发包或直接发包的方式依法确定具备同该工程建设规模和技术要求等相适应的资质条件的建筑施工企业，并签订施工合同。

（5）有满足施工需要的资金安排、施工图纸及技术资料。在建筑工程施工过程中必须拥有足够的建设资金，这是保证施工顺利进行的重要物质保障。施工图和技术资料是进行工程施工作业的技术依据，是在施工过程中保证建筑工程质量的重要因素。因此，为了保证工程质量，在开工前必须有满足施工需要并通过审查的施工图和技术资料。

（6）有保证工程质量和安全的具体措施。保证工程质量和安全的具体措施是施工组织设计的一项重要内容。施工组织设计的编制是施工准备工作的中心环节，其编制的好坏直接影响建筑工程质量和建筑安全生产，影响组织施工能否顺利进行。因此，施工组织设计必须在建筑工程开工前编制完毕。

建设行政主管部门应当在收到申请之日起七日内，对符合条件的申请颁发施工许可证。

案例 4-1

　　2008 年，某市一企业为扩大生产规模需要建设一栋综合楼，10 层框架结构，建筑面积为 2 万平方米。通过工程监理招标，该市某建设监理有限公司中标并与该企业于 2008 年 7 月 16 日签订了委托监理合同，合同价款 34 万元；通过施工招标，该市某建筑公司中标，并与该企业于 2008 年 8 月 16 日签订了建设工程施工合同，合同价款 4200 万元。合同签订后，建筑公司进入现场施工。在施工过程中，该企业发现建筑公司工程进度拖延并出现质量问题，为此双方出现纠纷，该企业将建筑公司告到当地政府主管部门。当地政府主管部门在了解情况时，发现该企业的综合楼工程项目未办理规划许可、施工许可手续。

　　问题：

　　本案中该企业有何违法行为，应该如何处理？

　　案例评析：

　　该企业未办理综合楼工程项目的规划许可、施工许可手续，属于违法建设项目。根据《建筑法》第七条规定，"建筑工程开工前，建设单位应当按照国家有关规定向工程所在地县级以上人民政府建设行政主管部门申请领取施工许可证"，该企业未申请领取施工许可证就让建筑公司开工建设，属于违法擅自施工。

　　该企业不具备申请领取施工许可证的条件。根据《建筑法》第八条规定，该企业未办理该项工程的规划许可证，不具备申请领取施工许可证的条件。所以，

该企业即使申请也不可能获得施工许可证。

该企业应承担的法律责任是:根据《建筑法》结合本案情况,对该工程应该责令停止施工,限期改正,对建设单位处以罚款,其额度在42万元到84万元之间。

对该企业违法不办理规划许可的问题由城乡规划主管部门根据《城乡规划法》给予相应的处罚。至于施工进度、质量等纠纷,应当依据合同的约定,选择和解、调解、仲裁或诉讼等法律途径解决。

3. 施工许可证的有效期限

《建筑法》第九条规定:建设单位应当自领取施工许可证之日起三个月内开工。因故不能按期开工的,应当向发证机关申请延期;延期以两次为限,每次不超过三个月。既不开工又不申请延期或者超过延期时限的,施工许可证自行废止。

4. 中止施工和恢复施工

《建筑法》第十条规定:在建的建筑工程因故中止施工的,建设单位应当自中止施工之日起一个月内,向发证机关报告,并按照规定做好建设工程的维护管理工作。建筑工程恢复施工时,应当向发证机关报告;中止施工满一年的工程恢复施工前,建设单位应当报发证机关核验施工许可证。

5. 建筑工程开工报告

开工报告制度是我国建设领域长期实施的一项制度。根据《建筑法》第十一条规定:按照国务院有关规定批准开工报告的建筑工程,因故不能按期开工或者中止施工的,应当及时向批准机关报告情况。因故不能按期开工超过六个月的,应当重新办理开工报告的批准手续。

案例 4-2

某学校由于在校学生的增加,决定建设一座学生宿舍楼。通过招标,该学校选择了 A 施工单位,签订了施工合同,并委托某监理单位实施施工阶段的监理任务,也签订了委托监理合同。2009 年 3 月 15 日,监理单位按国家有关规定向本市建设行政主管部门申请领取施工许可证。建设行政主管部门于 2009 年 3 月 16 日收到了申请书,认为符合条件,于 2009 年 4 月 10 日颁发了施工许可证。因施工图设计出现了问题,A 施工单位一直未开工,于是办理了延期开工申请,直到 2009 年 8 月 10 日才开工。施工中 A 施工单位将部分工程分包给 B 施工单位。施工现场存在许多电力管线,监理单位向建设单位提出要办理有关申请批准手续。

问题:

(1)根据《建筑法》规定,具备哪些条件才可申请领取施工许可证?

(2)施工许可证的申请和颁发过程中有何不妥之处?请说明理由。2009 年 8 月 10 日开工是否需要重新办理施工许可证?为什么?

(3)根据《建筑法》对建筑安全生产管理的有关规定,简述建设单位在什么情况下需要按国家有关规定办理申请批准手续。

案例评析：

（1）《建筑法》规定，申请领取施工许可证应当具备的条件是：已经办理该建筑工程用地批准手续；依法应当办理建设工程规划许可证的，已经取得建设工程规划许可证；需要拆迁的，其拆迁进度符合施工要求；已经确定建筑施工企业；有满足施工需要的资金安排、施工图纸及技术资料；有保证工程质量和安全的具体措施。

（2）施工许可证的申请和颁发过程中的不妥之处是：

①监理单位向建设行政主管部门申请领取施工许可证。

理由：应由建设单位申请领取施工许可证。

②2009 年 4 月 10 日颁发施工许可证。

理由：建设行政主管部门应当自收到申请之日起 15 日内，对符合条件的申请颁发施工许可证。

③2009 年 8 月 10 日开工不需重新办理施工许可证。

理由：《建筑法》规定，因故不能按期开工超过 6 个月的，应重新办理开工报告的批准手续，本案例中的延迟开工未超过 6 个月。

（3）有下列情形之一的，建设单位应当按照国家有关规定办理申请批准手续：

①需要临时占用规划批准范围以外场地的；

②可能损坏道路、管线、电力、邮电通信等公共设施的；

③需要临时停水、停电、中断道路交通的；

④需要进行爆破作业的；

⑤法律、法规规定需要办理报批手续的其他情形。

4.2.2　工程建设从业资格许可制度

建筑活动从业资格许可制度包括从事建筑活动的企业或单位的从业资格许可制度和从事建筑工程活动的个人的执业资格许可制度。

1. 工程建设从业单位资质管理

从业单位资质管理是通过对企业的人员素质、管理水平、资金数量、业务能力等进行审查，以确定其承担任务的范围，并发给相应的资质证书的一种制度。相关法律有《建筑企业资质等级标准》《建筑工程监理单位资质管理施行办法》《建筑业企业资质管理办法》等。《建筑法》第十二条规定，从事建筑活动的建筑施工企业、勘察单位、设计单位和工程监理单位，应当具备下列条件：

（1）有符合国家规定的注册资本。

（2）有与其从事的建筑活动相适应的具有法定执业资格的专业技术人员。

（3）有从事相关建筑活动所应有的技术装备。

（4）法律、行政法规规定的其他条件。

从事建筑活动的建筑施工企业、勘察单位、设计单位和工程监理单位，按照其拥有的注册资本、专业技术人员、技术装备和已完成的建筑工程业绩等资质条件，划分为不同的资质等级，经资质审查合格，取得相应等级的资质证书后，方可在其资质等级许可的范围

内从事建筑活动。目前我国相关法律、法规规定：

（1）房地产开发企业按照企业条件分为一、二、三、四共四个资质等级。

（2）工程总承包企业按照企业条件分为一、二、三共三个资质等级。

（3）工程勘察综合资质只设甲级；工程勘察专业资质根据工程性质和技术特点设立类别和级别，原则上设甲、乙两个级别。

（4）工程设计综合资质只设甲级；工程设计行业资质设甲、乙、丙三个级别；工程设计专项资质一般设为甲、乙两个级别。

（5）各类施工总承包企业资质等级的划分不尽相同，其中大多数划分为特、一、二、三共四级；桥梁工程、隧道工程各分为一、二两级。

（6）工程监理企业分为甲、乙、丙共三级。

2. 工程建设专业技术人员执业资格管理

工程建设从业人员执业资格制度，是指建设行政主管部门及有关部门对从事建筑活动的专业技术人员，依法进行考试和注册，并颁发执业资格证书的一种制度。

《建筑法》第十四条规定：从事建筑活动的专业技术人员，应当依法取得相应的执业资格证书，并在执业资格证书许可的范围内从事建筑活动。

建筑行业除实行注册建筑师、注册结构工程师、注册监理工程师、注册造价工程师、注册规划师、注册建造师制度等外，还有注册咨询工程师、注册土木工程师（岩土）、注册土木工程师（港口与航道工程）等注册工程师制度。

为规范建筑工程从业人员的执业资格管理，国务院相关主管部门制定了具有可操作性的相关法规，如《中华人民共和国注册建筑师条例》《中华人民共和国注册建筑师条例实施细则》《注册结构工程师执业资格制度暂行规定》等。

4.3　建筑工程发包与承包

4.3.1　概述

1. 建筑工程发包与承包的概念

工程建设项目一般需进行招标投标，这里工程建设项目是指工程及与工程建设有关的货物、服务。所谓工程，是指建设工程，包括建筑物和构筑物的新建、改建、扩建及其相关的装修、拆除、修缮等；所谓与工程建设有关的货物，是指构成工程不可分割的组成部分，且为实现工程基本功能所必需的设备、材料等；所谓与工程建设有关的服务，是指为完成工程所需的勘察、设计、监理等服务。

建筑工程的发包，是指建筑工程的建设单位（或总承包单位）将建筑工程任务（勘察、设计、施工等）的全部或一部分通过招标或其他方式，交付给具有从事建筑活动的法定从业资格的单位完成，并按约定支付报酬的行为。

建筑工程的承包，即与建筑工程发包相对应，是指具有从事建筑活动的法定从业资格的单位，通过投标或其他方式，承揽建筑工程任务，并按约定取得报酬的行为。

　　建筑工程发包和承包的内容涉及工程建设的全过程,包括可行性研究的承发包、工程勘察设计的承发包、材料及设备采购承发包、工程施工的承发包、工程劳务的承发包、工程项目监理的承发包、工程项目管理的承发包等。但在实践中,建筑工程承发包的内容较多的是指建筑工程勘察设计、施工的承发包。

　　2.我国对工程承发包约束的法律规范

　　《建筑法》第三部分共十五条,对我国建筑工程发包与承包活动的基本原则以及发包与承包活动应遵守的具体行为规范做了规定。除此之外,1999 年 8 月 30 日第九届全国人大常委会第十一次会议上通过了《中华人民共和国招标投标法》(以下简称《招标投标法》),并于 2000 年 1 月 1 日开始实施,这标志着工程建设招标投标活动进入法制轨道,真正做到有法可依。2017 年 12 月 27 日第十二届全国人民代表大会常务委员会第三十一次会议根据《关于修改〈中华人民共和国招标投标法〉的决定》对《招标投标法》进行了修正。此外还颁布了《建筑工程设计招标投标管理办法》(自 2017 年 5 月 1 日起施行)、《工程建设项目招标代理机构资格认定办法》《工程建设项目施工招标投标办法》(2013 年 4 月修订,2013 年 5 月 1 日起施行)、《工程建设项目招标范围和规模标准规定》《中华人民共和国招标投标法实施条例》(简称《招标投标法实施条例》,2019 年 3 月 2 日第三次修订后施行)和《必须招标的工程项目规定》(经国务院批准的国家发展和改革委员会第 16 号令,自 2018 年 6 月 1 日起施行)。

　　3.建筑工程发包与承包的方式

　　《建筑法》第十九条规定:"建筑工程依法实行招标发包,对不适于招标发包的可以直接发包。"也就是说建筑工程的发包方式有两种,即招标发包和直接发包,招标又分为公开招标和邀请招标。

中华人民共和国
招标投标法

　　建筑工程直接发包是发包方与承包方直接进行协商,以约定工程建设的价格、工期和其他条件的交易方式。《招标投标法实施条例》第九条规定,除招标投标法第六十六条规定的可以不进行招标的特殊情况外,有下列情形之一的,可以不进行招标:

　　(1)需要采用不可替代的专利或者专有技术。

　　(2)采购人依法能够自行建设、生产或者提供。

　　(3)已通过招标方式选定的特许经营项目投资人依法能够自行建设、生产或者提供。

中华人民共和国
招标投标法
实施条例

　　(4)需要向原中标人采购工程、货物或者服务,否则将影响施工或者功能配套要求。

　　(5)国家规定的其他特殊情形。

　　根据《招标投标法》第十一条规定,国务院发展计划部门确定的国家重点项目和省、自治区、直辖市人民政府确定的地方重点项目不适宜公开招标的,经国务院发展计划部门或者省、自治区、直辖市人民政府批准,可以进行邀请招标。

　　《招标投标法实施条例》第八条规定:国有资金占控股或者主导地位的依法必须进行招标的项目,应当公开招标;但有下列情形之一的,可以邀请招标。

　　(1)技术复杂、有特殊要求或者受自然环境限制,只有少量潜在投标人可供选择。

（2）采用公开招标方式的费用占项目合同金额的比例过大。由项目审批、核准部门在审批、核准项目时作出认定。

其他项目由招标人申请有关行政监督部门作出认定。

需注意，涉及国家安全项目分两种情况，即不适宜招标和适宜招标但不适宜公开招标，前者经批准可以不招标而直接分包，后者则经批准后需要邀请招标。

案例 4-3

国防部根据国防需要，须在北部地区建设一火箭产品生产厂。原拟在与其合作过的施工单位中通过招标选择一家，可是由于合作单位多达 20 家，国防部为达到保密要求，再次决定在这 20 家施工单位内选择 3 家军工单位投标。

问题：

（1）上述招标人的做法是否符合《招标投标法》的规定？

（2）在何种情形下，经批准可以进行邀请招标？

案例评析：

符合《招标投标法》的规定。由于本工程涉及国家机密，不宜进行公开招标，可以采用邀请招标的方式选择施工单位。

建设工程招标与投标是发包方事先标明其拟建工程的内容和要求，有愿意承包的单位递送标书，明确其承包工程的价格、工期和质量等条件，再由发包方从中择优选择工程承包方的交易方式。这是我国的基本发包方式。

《招标投标法》第三条规定：在中华人民共和国境内进行下列工程建设项目包括项目的勘察、设计、施工、监理以及与工程建设有关的重要设备、材料等的采购，必须进行招标。

（1）大型基础设施、公用事业等关系社会公共利益、公众安全的项目。

（2）全部或者部分使用国有资金投资或者国家融资的项目。

（3）使用国际组织或者外国政府贷款、援助资金的项目。

前款所列项目的具体范围和规模标准，由国务院发展改革部门会同国务院有关部门制订，报国务院批准。

2018 年 6 月 1 日起施行的《必须招标的工程项目规定》（国家发改委第 16 号令）规定：

（1）全部或者部分使用国有资金投资或者国家融资的项目包括：

1）使用预算资金 200 万元人民币以上，并且该资金占投资额 10% 以上的项目；

2）使用国有企业事业单位资金，并且该资金占控股或者主导地位的项目。

（2）使用国际组织或者外国政府贷款、援助资金的项目包括：

1）使用世界银行、亚洲开发银行等国际组织贷款、援助资金的项目；

2）使用外国政府及其机构贷款、援助资金的项目。

上述规定范围内的项目，其勘察、设计、施工、监理以及与工程建设有关的重要设备、材料等的采购达到下列标准之一的，必须招标：

1）施工单项合同估算价在 400 万元人民币以上；

2）重要设备、材料等货物的采购，单项合同估算价在 200 万元人民币以上；

3）勘察、设计、监理等服务的采购，单项合同估算价在 100 万元人民币以上。

同一项目中可以合并进行的勘察、设计、施工、监理以及与工程建设有关的重要设备、材料等的采购,合同估算价合计达到前款规定标准的,必须招标。

例题 4-1

下列工程项目中,属于依法必须招标范围的项目的有(　　)。

A. 某高速公路工程　　　　　B. 使用国有资金对国家博物馆的修缮工程

C. 某涉及国家秘密的工程　　　D. 某施工单位自建用房

答案:AB。A属于关系社会公共利益、公众安全的基础设施项目,B属于使用国有资金投资项目,A、B均属于国家相关法律、法规明确规定必须实行招标的项目范围,因此都属于正确答案。C是例外情形,根据《招标投标法》第六十六条规定:涉及国家安全、国家秘密、抢险救灾或者属于利用扶贫资金实行以工代赈、需要使用农民工等特殊情况,不适宜进行招标的项目,按照国家有关规定可以不进行招标。因此,C项不属于必须招标的范围。D这个选项《招标投标法》对此并没有明确规定,因此也不属于必须招标的范围。

例题 4-2

在《必须招标的工程项目规定》中规定达到下列标准之一的,必须进行招标的有(　　)。

A. 勘察、设计服务单项合同估算价 100 万元以上

B. 施工单项合同估算价达到 200 万元

C. 重要货物采购单项合同估算价 100 万元

D. 监理服务单项合同估算价 50 万元

答案:A。B选项施工单项合同估算价应达到 400 万元以上;C选项重要货物采购单项合同估算价应在 200 万元以上;D选项监理服务单项合同估算价应大于 100 万元。

案例 4-4

某中外合资鞋业公司,投资 1600 万元兴建厂房。有关部门以厂房涉及公众安全为由,要求项目进行招投标。鞋业公司认为,该项目不是《招标投标法》第三条所规定的关系公众安全项目,不属于强制招标项目,因而决定不予招标,并下令开工。有关部门发现后,以应当招标而未招标为由,欲对其作出行政处罚,并会同供电部门对其采取了停电措施。后经政府协调,事情得到了妥善的处理。

问题:

该项目是否属于强制招标的范围?

案例评析:本案中的厂房不属于基础设施项目,也不属于公用事业项目,且不使用国有资金,因而不是强制招标项目。因此本案中有关部门的做法是违法的。《招标投标法实施条例》第三条规定:依法必须进行招标的工程建设项目的具体范围和

规模标准,由国务院发展改革部门会同国务院有关部门制订,报国务院批准后公布施行。

由此也就再没有授权省级人民政府可根据实际情况规定本行政区域必须进行招标的工程建设项目具体范围和规模标准。

4.建筑工程发包与承包的一般规定

(1)建筑工程发包与承包合同必须采用书面形式

建设工程承发包合同必须采用书面形式,其他形式合同不符合法律规定而无效。

(2)建筑工程承发包中,禁止行贿受贿

发包单位及其工作人员在建筑工程发包中不得收受贿赂、回扣或者索取其他好处。承包单位及其工作人员不得利用向发包单位及其工作人员行贿、提供回扣或者给予其他好处等不正当手段承揽工程。

(3)承包单位必须具有相应资格

工程建设活动都实行执业资格制度。承包建筑工程的勘察、设计、施工、监理等单位应当持有依法取得的资质证书,并在其资质等级许可的业务范围内承揽工程。

(4)提倡总承包、禁止肢解分包和转包

肢解分包是指建设单位将应当由一个承包单位完成的建筑工程肢解成若干部分发包给不同承包单位的行为。建筑工程的发包单位可以将建筑工程的勘察、设计、施工、设备采购一并发包给一个工程总承包单位,也可以将建筑工程勘察、设计、施工、设备采购的一项或者多项发包给一个工程总承包单位,但是,不得将应当由一个承包单位完成的建筑工程肢解成若干部分发包给几个承包单位。

大型建筑工程或者结构复杂的建筑工程,可以由两个或两个以上的承包单位联合共同承包。共同承包的各方对承包合同的履行承担连带责任。两个以上不同资质等级的单位实行联合共同承包的,应当按照资质等级低的单位的业务许可范围承揽工程。

例题 4-3

两个以上不同资质等级的单位实行联合承包的,应当按照(　　)的业务许可范围承揽工程。

A.资质等级较高的单位　　　　B.资质等级较低的单位

C.联合各方的平均资质等级　　D.联合各方中任何一方的资质

答案:B。

建筑工程总承包单位可以将承包工程中的部分工程发包给具有相应资质条件的分包单位。但是,除总承包合同中约定的分包外,其他分包工程必须经建设单位认可。施工总承包的,建筑工程主体结构的施工必须由总承包单位自行完成。建筑工程总承包单位按照总承包合同的约定对建设单位负责,分包单位按照分包合同的约定对总承包单位负责。总承包单位和分包单位就分包工程对建设单位承担连带责任。

案例 4-5

某公司中标了某大型二程建设项目。经建设单位认可,总承包公司将部分工程发包给具有相应资质条件的分包单位。现在关于分包工程发生质量、安全、进度等问题给建设单位造成损失的责任承担有不同说法：

（1）建设单位只能向给其造成损失的分包单位主张权利；

（2）建设单位与分包单位无合同关系，无权向分包单位主张权利；

（3）总承包单位承担的责任超过其应承担份额的，有权向分包单位追偿；

（4）分包单位只对总承包单位负责。

问题：

以上责任分担说法中符合法规要求的是第几种？

案例评析：

符合法规要求的是（3）。

首先，总承包单位、分包单位就分包工程对建设单位负有连带责任。因此，若分包工程发生质量、安全、进度等问题，建设单位有权向总承包单位或分包单位追偿，总承包单位和分包单位不得拒绝。

其次，总承包单位和分包单位之间的责任划分，应当根据双方的合同约定或者各自过错大小确定。当一方向建设单位承担的责任超过其应承担份额的，有权向另一方追偿。

案例 4-6

A 公司牵头联合 B、C 公司组成联合体中标了一栋商业楼工程，三家公司约定出现问题时 A 负 40％责任，B 负 30％责任，C 负 30％责任。施工过程中因甲施工的工程质量问题而出现赔偿 100 万元。

行为 1：建设单位可向 A、B、C 任何一家公司追偿 100 万元。

行为 2：建设单位只能向 A 公司追偿 40 万元，B 公司 30 万元，C 公司 30 万元。

行为 3：建设单位只能向 A 公司追偿 100 万元。

行为 4：建设单位如向 B 或 C 公司要求赔偿，B 或 C 公司有权拒绝。

行为 5：建设单位可以向 A 公司追偿 100 万元，A 公司赔偿后可按约定向 B、C 公司各追偿 30 万元。

问题：

行为 1—5 中成立的有哪些？

案例评析：

（1）A、B、C 三家公司就中标项目对建设单位负有连带责任，则建设单位可以向 A、B、C 三家公司中的任何一家要求赔偿 100 万元，且 A、B、C 三家公司不得拒绝。行为 1 成立；行为 2、3、4 不成立。

（2）至于联合体各方内部应当承担的责任，按照联合体内部签订的约定进行。因此，A、B、C 三家公司根据内部约定承担应付赔偿金。行为 5 成立。

转包是指承包单位承包建设工程后，不履行合同的责任与义务，将其承包的建筑工程全部转包给他人。禁止承包单位将其承包的全部建筑工程肢解以后以分包的名义分别转

包给他人;禁止总承包单位将工程分包给不具备相应资质条件的单位;禁止分包单位将其承包的工程再分包。

案例 4-7

某建设单位要建一栋 18 层的办公楼,在招标发包时将主体工程的土建部分按楼层分为 3 个标段(每 6 层为 1 个标段)进行招标,并将该办公楼的空调设备、电梯设备和消防设备的安装也分别进行招标发包。为此,部分投标单位认为是肢解发包,并向政府主管部门作了反映。

问题:

(1)该建设单位将主体工程的土建部分按楼层分为 3 个标段进行招标,是否算肢解发包?

(2)该建设单位能否将该办公楼的空调设备、电梯设备和消防设备的安装分别招标发包?

案例评析:

(1)依据《建设工程质量管理条例》的规定,肢解发包是指建设单位将应当由一个承包单位完成的建设工程分解成若干部分,发包给不同的承包单位的行为。本案中,该办公楼主体工程的土建部分应当由一个承包单位完成,以保障其结构整体性、稳定性和安全性,建设单位将其分为 3 个标段,应当定性为肢解发包。

(2)对于该办公楼的空调设备、电梯设备和消防设备安装,尽管也属于同一建筑的设备安装,但因其各有较强的专业性,为保证安装质量,建设单位可以将其作为专业工程分别发包给不同的专业承包单位。

案例 4-8

A 公司中标了某建设单位开发建设的某高架桥桩基础施工任务。A 公司承建该桩基工程后,又将该桩基工程全部转交给另一具有相应资质的桩基施工单位 B 公司施工,并收取 50 万元的管理费。A、B 两公司签订《桩基工程施工协议》一份,对桩基工程合同单价、暂定总价、付款方式、工期、质量、结算方式以及违约责任等进行了明确约定。合同签订后,B 公司按照协议约定独立进行施工,并按期按质完成全部桩基工程的施工任务,该工程顺利通过验收。

问题:

上述工程活动中是否存在违法行为?

案例评析:

A 公司中标工程后将全部工程转让给 B 公司,并收取 50 万元费用,A 公司的行为构成了违法转包。

4.3.2 招标投标的一般程序

招标投标活动应遵从的一般程序如图 4-1 所示。

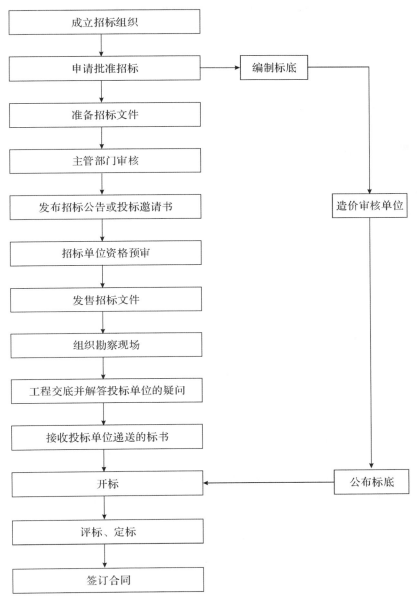

图 4-1　招标投标的一般程序

4.3.3　建筑工程招标

1.建筑工程招标投标的基本原则

《招标投标法》第五条规定:招标投标活动应当遵循公开、公正、公平、诚实信用的原则。

国家鼓励利用信息网络进行电子招标投标。数据电文形式与纸质形式的招标投标活动具有同等法律效力。

所谓公开,即要求招投标活动具有较高的透明度,实行招标信息、招标程序公开。招投标当事人发布招标公告、公开开标、公开中标结果时,应使每个投标人获得同等的信息量。

所谓公平,即要求给予投标人平等的机会,使其享有同等的权利并履行相应的义务。

所谓公正,即要求评标时安事先公布的标准对待所有的投标人。

诚实信用是民事活动的基本原则之一,招投标当事人应以诚实、善意的态度行使权利,履行义务,以维持双方的利益平衡,以及自身利益与社会利益的平衡。

此外,招标投标活动应当遵循不得进行部门、地方保护和不得非法干涉的原则。

2. 工程招标的条件

(1)实行招标的工程应具备的条件

《招标投标法》第九条规定:招标项目按照国家有关规定需要履行项目审批手续的,应当先履行审批手续,取得批准。

《工程建设项目施工招标投标办法》第八条明确规定,依法必须招标的工程建设项目,应当具备下列条件才能进行施工招标:

1)招标人已经依法成立。

2)初步设计及概算应当履行审批手续的,已经批准。

3)有相应资金或资金来源已经落实。

4)有招标所需的设计图纸及技术资料。

这样在一定程度上可以遏制建设领域承包单位垫资承包、建设单位虚假出资、扰乱建设秩序和建设市场、拖欠工人工资现象的出现。

(2)招标单位及招标代理机构

根据《招标投标法》第七条规定,招标人是依照《招标投标法》规定提出招标项目、进行招标的法人或其他组织。建筑工程招标发包的招标人,通常为该建筑工程的投资人即项目业主或建设单位。不具备自行招标条件的建设单位,可委托招标代理机构进行招标。

《工程建设项目自行招标试行办法》规定,招标人自行办理招标事宜的,应当具有编制招标文件和组织评标的能力,具体包括:

1)具有项目法人资格(或者法人资格)。

2)具有与招标项目规模和复杂程度相适应的工程技术、概预算、财务和工程管理方面专业技术力量。

3)具有从事同类工程建设项目招标经验。

4)拥有 3 名以上取得招标职业资格的专职招标业务人员。

5)熟悉和掌握招标投标法及有关法规规章。

不具备以上条件的建设单位,必须委托有资格的招标代理机构办理招标。

招标代理机构是依法设立、从事招标代理业务并提供相关服务的社会中介组织。它可以接受招标人委托编制工程招标方案、招标文件、工程标的、组织招标过程和草拟工程合同等。招标代理机构应当具备下列基本条件:

1)有从事招标代理业务的营业场所和相应资金。

2)有能够编制招标文件和组织评标的相应专业力量。

招标代理机构与行政机关和其他国家机关不得存在隶属关系或者其他利益关系。

3.建筑工程招标的方式

《招标投标法》第十条规定:招标分为公开招标和邀请招标。

(1)公开招标

公开招标又称为无限竞争性招标,是指招标人以招标公告的方式邀请不特定的法人或者其他组织投标。这种招标方式的优点是:所有承包商平等竞争,杜绝暗箱操作,减少经济、职务犯罪;业主有较大的选择余地,可以选择到信誉好、技术高、造价合理的施工单位,降低工程造价,提高工程质量和缩短工期。但其也具有招标工作量大、投标人前期风险增大的缺点。

《工程建设项目施工招标投标办法》第十条规定:按照国家有关规定需要履行项目审批、核准手续的依法必须进行施工招标的工程建设项目,其招标范围、招标方式、招标组织形式应当报项目审批部门审批、核准。项目审批、核准部门应当及时将审批、核准确定的招标内容通报有关行政监督部门。

(2)邀请招标

邀请招标又称有限竞争性招标,是指招标人以投标邀请书的方式邀请特定的法人或者其他组织招标。招标人经过调研,确定不少于3家承包商,并邀请其参加投标竞争。这种招标方式缩短了招标时间,但限制了充分竞争,因此,一般尽量采用公开招标。《工程建设项目施工招标投标办法》第十一条规定了可以进行邀请招标的情况。

4.招标的一般工作

(1)提出招标申请

建设工程项目只有在具备了如前所述的满足申请招标必备的条件后,才能进行招标。招标申请书的主要内容有:招标工程具备的条件;建设单位具备的资质;拟采用的招标方式;对投标企业的资质要求等。经招标投标管理中心审查批准后,进行招标登记,领取有关招标投标用表。

(2)发布招标公告或投标邀请书

《招标投标法》第十六条规定:"招标人采用公开招标方式的,应当发布招标公告。依法必须进行招标的项目的招标公告,应当通过国家指定的报刊、信息网络或者其他媒介发布。"

《招标投标法》第十七条规定:"招标人采用邀请招标方式的,应当向三个以上具备承担招标项目的能力、资信良好的特定的法人或者其他组织发出投标邀请书。"

招标公告或投标邀请书应当载明招标人的名称和地址、招标项目的性质、数量、实施地点和时间以及获取招标文件的办法等事项。

(3)编制招标文件

招标文件是招标人向投标人发出的,旨在向投标人提供为编写投标文件所需要的资料,并向其通报招标投标将依据的规则和程序等项内容的书面文件。

《招标投标法》第十九条规定:招标人应当根据招标项目的特点和需要编制招标文件。招标文件应当包括招标项目的技术要求、对招标人资格审查的标准、投标报价要求和评标

标准等所有实质性要求和条件，以及拟签订合同的主要条款。国家对招标项目的技术、标准有规定的，招标人应当按照其规定在招标文件中提出相应要求。招标项目需要划分标段、确定工期的，招标人应当合理划分标段、确定工期，并在招标文件中载明。

标底是招标工程的预期价格。它的作用是使建设单位预先明确自己在拟建工程上应承担的财务义务，给上级主管部门提供核实建设规模的依据，作为衡量投标单位标价的准绳。招标人可根据项目特点决定是否编制标底，编制标底的，编制过程和标底必须保密；招标项目可不设标底，进行无标底招标。

对技术复杂或者无法精确拟定技术规格的项目，招标人可以分两阶段进行招标。

第一阶段，投标人按照招标公告或者投标邀请书的要求提交不带报价的技术建议，招标人根据投标人提交的技术建议确定技术标准和要求，编制招标文件。

第二阶段，招标人向在第一阶段提交技术建议的投标人提供招标文件，投标人按照招标文件的要求提交包括最终技术方案和投标报价的投标文件。

招标人要求投标人提交投标保证金的，应当在第二阶段提出。

（4）对投标人的资格审查

《招标投标法》第十八条及《工程建设项目施工招标投标办法》第十六条、十七条和《招标投标法实施条例》第十五条，对资格预审的有关事项进行了规定：招标人可以根据招标工程的需要，对投标申请人进行资格预审，也可以委托工程招标代理机构对投标申请人进行资格预审。招标人采用资格预审办法对潜在投标人进行资格审查的，应当发布资格预审公告、编制资格预审文件。依法必须进行招标的项目的资格预审公告和招标公告，应当在国务院发展改革部门依法指定的媒介发布。在不同媒介发布的同一招标项目的资格预审公告或者招标公告的内容应当一致。指定媒介发布依法必须进行招标的项目的境内资格预审公告、招标公告，不得收取费用。

招标公告或者投标邀请书中应载明资格预审的条件和获取资格预审文件的办法。资格预审文件或者招标文件的发售期不得少于五日。依法必须进行招标的项目提交资格预审申请文件的时间，为自资格预审文件停止发售之日起不得少于五日。资格预审结束后，招标人应当及时向资格预审申请人发出资格预审结果通知书。未通过资格预审的申请人不具有投标资格。通过资格预审的申请人少于三个的，应当重新招标。

招标人采用资格后审办法对投标人进行资格审查的，应当在开标后由评标委员会按照招标文件规定的标准和方法对投标人的资格进行审查。

招标人可以对已发出的资格预审文件进行必要的澄清或者修改。澄清或者修改的内容可能影响资格预审申请文件，招标人应当在提交资格预审申请文件截止时间至少三日前，以书面形式通知所有获取资格预审文件或者招标文件的潜在投标人。若不足三日，招标人应当顺延提交资格预审申请文件。

潜在投标人或者其他利害关系人对资格预审文件有异议的，应当在提交资格预审申请文件截止时间两日前提出，招标人应当自收到异议之日起三日内作出答复，作出答复前，应当暂停招标投标活动。

审查内容包括：企业注册手续和营业执照；企业资质等级证书；投标单位的资产负债情况、技术能力（包括人员、设备）、施工经验（近三年业绩）；商业信誉（质量、奖罚、履行）。

一般采用评分法,对总成绩未达到预定及格线的及单项未达到要求的予以淘汰。

当资格预审合格的投标申请人过多时,可以由投标人从中随机抽选不少于7家投标申请人参与投标。

《招标投标法实施条例》第三十二条规定:招标人不得以不合理的条件限制、排斥潜在投标人。招标人有下列行为之一的,属于以不合理条件限制、排斥潜在投标人或者投标人:

1)就同一招标项目向潜在投标人或者投标人提供有差别的项目信息。

2)设定的资格、技术、商务条件与招标项目的具体特点和实际需要不相适应或者与合同履行无关。

3)依法必须进行招标的项目以特定行政区域或者特定行业的业绩、奖项作为加分条件或者中标条件。

4)对潜在投标人或者投标人采取不同的资格审查或者评标标准。

5)限定或者指定特定的专利、商标、品牌、原产地或者供应商。

6)依法必须进行招标的项目非法限定潜在投标人或者投标人的所有制形式或者组织形式。

7)以其他不合理条件限制、排斥潜在投标人或者投标人。

(5)发售招标文件

对于最终确定的投标人,招标人应当向其发售招标文件。招标文件收取的费用应当限于补偿印刷、邮寄的成本支出,不得以营利为目的。对于图样押金,招标投标完成后,招标文件不须退回,投标人使用的图样完好的可退回并领取押金。

《招标投标法实施条例》第二十五条规定:"招标人应当在招标文件中载明投标有效期。投标有效期从提交投标文件的截止之日起算。"《招标投标法实施条例》第二十一条规定:"招标人可以对已发出的资格预审文件或者招标文件进行必要的澄清或者修改。澄清或者修改的内容可能影响投标文件编制的,招标人应当在提交资格预审申请文件截止时间至少3日前,或者投标截止时间至少15日前,以书面形式通知所有获取资格预审申请文件或者招标文件的潜在投标人;不足3日或15日的,招标人应当顺延提交资格预审申请文件或者投标文件的截止时间。"该澄清或者修改的内容为招标文件的组成部分。但是,不属于必须招标的项目可以除外。不属于必须招标项目仅需满足投标人编制投标文件所需的合理时间就可以了。

潜在投标人或者其他利害关系人对招标文件有异议的,应当在投标截止时间10日前提出。招标人应当自收到异议之日起3日内作出答复;作出答复前,应当暂停招标投标活动。

招标文件的内容违反法律、行政法规的强制性规定,违反公开、公平、公正和诚实信用原则,影响资格预审结果或者潜在投标人投标的,依法必须进行招标的项目的招标人应当修改招标文件后重新招标。

(6)组织现场考察

招标人按招标文件中的投标须知规定的时间,组织投标人自费进行现场考察。设置此程序的目的,一方面让投标人了解工程项目的现场情况、自然条件、施工条件及周围环

境条件,以便于编制投标书;另一方面要求投标人通过自己的实地考察确定投标的原则和策略,避免合同履行过程中投标人以不了解现场情况为理由推卸应承担的合同责任。但是,招标人不得组织单个或者部分潜在投标人踏勘项目现场。

(7)召开招标答疑会议

投标人研究招标文件和现场考察后会以书面形式提出某些质疑问题,招标人可以及时给予书面解答,也可以组织招标答疑会议进行解答。招标答疑会议的记录和各种问题的统一解释或答复,常被视为招标文件的组成部分,均应整理成书面文件分发给每一位投标人。

案例 4-9

某市越江隧道工程全部由政府投资。该项目为该市建设规划的重要项目之一,且已列入地方年度固定资产投资计划,征地工作已全部完成,概算已经主管部门批准,施工图及有关技术资料齐全。根据《国务院关于投资体制改革的决定》,该项目拟采用 BOT 方式建设,市政府正在与有意向的 BOT 项目公司洽谈。现决定对该项目进行施工招标。因估计除本市施工企业参加投标外,还可能有外省市施工企业参加投标,故招标人委托咨询单位编制了两个标底,准备分别用于对本市和外省市施工企业投标价的评定。招标人对投标人就招标文件所提出的所有问题统一做了书面答复,并以备忘录的形式分发给各投标人,为简明起见,采用表格形式见表 4-1。

表 4-1　书面答复格式

序号	问题	提问单位	提问时间	答复
1				
……				
n				

在书面答复投标人的提问后,招标人组织各投标人进行了施工现场踏勘。在投标截止日期前 10 天,招标人以书面形式通知各投标人,由于市政府有关部门已从当天开始取消所有市内交通项目的收费,因此决定将收费站工程从原招标范围内删除。

问题:

该项目施工招标在哪些方面存在问题或不当之处?请逐一说明。

案例评析:

该项目施工招标存在 5 个方面问题(或不当之处),分述如下。

(1)本项目尚处在与 BOT 项目公司谈判阶段,说明资金尚未落实,不具备施工招标的必要条件,因而尚不能进行施工招标。

(2)不应编制两个标底。因为根据规定,一个工程只能编制一个标底,不能对不同的投标单位采用不同的标底进行评标。

（3）招标人对投标人的提问只能针对具体问题作出明确答复，但不应提及具体的提问单位（投标人），也不必提及提问的时间，因为按《招标投标法》规定，招标人不得向他人透露已获取招标文件的潜在投标人的名称、数量以及可能影响公平竞争的有关招标投标的其他情况。

（4）根据《招标投标法》的规定，若招标人需改变招标范围或变更招标文件，应在投标截止日期至少 15 天（而不是 10 天）前以书面形式通知所有招标文件收受人。若迟于这一时限发出变更招标文件的通知，则应将原定的投标截止日期适当延长，以便投标单位有足够的时间充分考虑这种变更对报价的影响，并将其在投标文件中反映出来。本案例背景资料未说明投标截止日期已相应延长。

（5）现场踏勘应安排在书面答复投标单位提问之前，因为投标人对施工现场条件也可能提出问题。

4.3.4 建筑工程投标

1.投标文件

《招标投标法》第二十七条规定："投标人应当按照招标文件的要求编制投标文件。投标文件应当对招标文件提出的实质性要求和条件作出响应。招标项目属于建设施工的，投标文件的内容应当包括拟派出的项目负责人与主要技术人员的简历、业绩和拟用于完成招标项目的机械设备等。"实质性要求和条件，是指招标项目的价格、项目进度计划、技术规范、合同的主要条款等，投标文件必须对之作出响应，不得遗漏、回避，更不能对招标文件进行修改或提出任何附带条件。投标人拟在中标后将中标项目的部分非主体、非关键性工作进行分包的，应当在投标文件中载明。施工投标文件的内容包括：

（1）投标函。

（2）施工组织设计或施工方案。

（3）投标报价。

（4）招标文件要求提供的其他材料（商务标）。

根据上述规定结合工程具体实践，投标文件要求提供的其他材料一般包括：

（1）投标保证书或投标保证金。

（2）法定代表人资格证明书或授权委托书。

（3）拟派项目负责人、主要工程管理人员和工程技术人员的简历。

（4）拟分包的工程和分包商的情况。

（5）投标文件要求提供的其他资料。

投标人应当在招标文件要求提交投标文件的截止时间前，将投标文件送达投标地点。招标人收到投标文件后，应当签收保存，不得开启。投标人少于 3 家的，招标人应当重新招标。在招标文件要求提交投标文件的截止时间后送达的投标文件，招标人应当拒收。

2.投标担保

投标担保是为防止投标人不审慎进行投标活动而设定的一种担保形式。有的投标人随意退出投标或中标后反悔不签合同，这样会给招标人带来损失，而投标担保是约束投标

人保护招标人的方法。《招标投标法实施条例》第二十六条规定："招标人在招标文件中要求投标人提交投标保证金的,投标保证金不得超过招标项目估算价的 2%。投标保证金有效期应当与投标有效期一致。"投标担保可以采用投标保函或投标保证金的形式,保证金可以使用现金、支票等,以现金或者支票形式提交的投标保证金应当从其基本账户转出。

投标人撤回已提交的投标文件,应当在投标截止时间前书面通知招标人。招标人已收取投标保证金的,应当自收到投标人书面撤回通知之日起 5 日内退还。

下列几种情形,投标保证金将被没收:

(1)投标截止后投标人撤销投标文件的,招标人可以不退还投标保证金。

(2)中标人未能在规定期限内提交履约保证金,或与建设单位签署合同协议。

3.投标文件的补充、修改和撤回

《招标投标法》第二十九条规定："投标人在招标文件要求提交投标文件的截止时间前,可以补充、修改或者撤回已提交的投标文件,并书面通知招标人。补充、修改的内容为投标文件的组成部分。"

4.联合投标

《招标投标法实施条例》第三十七条规定："招标人应当在资格预审公告、招标公告或者投标邀请书中载明是否接受联合体投标。招标人接受联合体投标并进行资格预审的,联合体应当在提交资格预审申请文件前组成。资格预审后联合体增减、更换成员的,其投标无效。"联合体各方签订共同投标协议后,不得再以自己名义单独投标,也不得组成新的联合体或参加其他联合体在同一项目中投标。

联合投标可实现不同投标人优势互补,根据《招标投标法》第三十一条规定,联合投标是指两个以上法人或者其他组织可以组成一个联合体,以一个投标人的身份共同投标。联合体各方均应当具备承担招标项目的相应能力;国家有关规定或者招标文件对投标人资格条件有规定的,联合体各方均应当具备规定的相应资格条件。由同一专业的单位组成的联合体,按照资质等级较低的单位确定资质等级。联合体各方应当签订共同投标协议,明确约定各方拟承担的工作和责任,并将共同投标协议连同投标文件一并提交招标人。联合体中标的,联合体各方应当共同与招标人签订合同,就中标项目向招标人承担连带责任。即如果联合体中的一个成员单位没能按照合同约定履行义务,招标人可以要求联合体中任何一个成员单位承担不超过总债务的任何比例的债务,而该单位不得拒绝。该成员单位承担了被要求的责任后,有权向其他成员单位追偿其按照共同投标协议不应当承担的债务。

5.串通投标的认定

投标人不得相互串通投标报价,不得排挤其他投标人的公平竞争,损害招标人或者其他投标人的合法权益。若投标人相互串通投标或者与招标人串通投标的,投标人向招标人或者评标委员会成员行贿谋取中标的,中标无效,构成犯罪的,依法追究刑事责任,尚不构成犯罪的,要给予行政处分。

（1）禁止投标人相互串通投标

有下列情形之一的，属于投标人相互串通投标：

1）投标人之间协商投标报价等投标文件的实质性内容。

2）投标人之间约定中标人。

3）投标人之间约定部分投标人放弃投标或者中标。

4）属于同一集团、协会、商会等组织成员的投标人按照该组织要求协同投标。

5）投标人之间为谋取中标或者排斥特定投标人而采取的其他联合行动。

有下列情形之一的，视为投标人相互串通投标：

1）不同投标人的投标文件由同一单位或者个人编制。

2）不同投标人的投标文件载明的项目管理成员为同一人。

3）不同投标人的投标文件异常一致或者投标报价呈规律性差异。

4）不同投标人的投标文件相互混装。

5）不同投标人的投标保证金从同一单位或者个人的账户转出。

（2）禁止招标人与投标人串通投标

有下列情形之一的，属于招标人与投标人串通投标：

1）招标人在开标前开启投标文件并将有关信息泄露给其他投标人。

2）招标人直接或者间接向投标人泄露标底、评标委员会成员等信息。

3）招标人明示或者暗示投标人压低或者抬高投标报价。

4）招标人授意投标人撤换、修改投标文件。

5）招标人明示或者暗示投标人为特定投标人中标提供方便。

6）招标人与投标人为谋求特定投标人中标而采取的其他串通行为。

4.3.5　建筑工程开标、评标、中标

1. 开标

（1）开标的时间、地点和参加人

《招标投标法》第三十四条规定：“开标应当在招标文件确定的提交投标文件截止时间的同一时间公开进行；开标地点应当为招标文件中预先确定的地点。”这就是说，提交投标文件截止之时（如某年某月某日几时几分），即是开标之时（也是某年某月某日几时几分）。这样做主要是为了防止投标截止时间之后与开标之前仍有一段时间间隔，这也许会给不端行为造成可乘之机（如在指定开标时间之前泄露投标文件中的内容，尤其是投标报价）。但是，若投标人对开标有异议的，应当在开标现场提出，招标人应当当场作出答复，并制作记录。

《招标投标法》第三十五条规定：“开标由招标人主持，邀请所有投标人参加。”开标时，还可邀请招标主管部门、评标委员会、监察部门的有关人员参加，也可委托公证部门对整个开标过程依法进行公证。

案例 4-10

某省重点工程项目计划于 2010 年 11 月 28 日开工,由于工程复杂,技术难度高,一般施工队伍难以胜任,业主自行决定采取邀请招标方式,于 2010 年 8 月 8 日向通过资格预审的 A、B、C、D、E 五家施工承包企业发出了投标邀请书。该五家企业均接受了邀请,并于规定时间 8 月 20—24 日购买了招标文件。招标文件中规定,9 月 15 日下午 3 时是招标文件规定的投标截止时间,10 月 10 日发出中标通知书。在投标截止时间之前,A、B、D、E 四家企业提交了投标文件,但 C 企业于 9 月 15 日下午 5 时才送达,原因是中途堵车。9 月 15 日下午进行了公开开标,评标委员会于 9 月 25 日提出了评标报告。最终,10 月 10 日招标人向 A 企业发出了中标通知书。

问题:

(1)企业自行决定采取邀请招标方式的做法是否妥当?说明理由。

(2)C 企业投标文件是否有效?说明理由。

案例评析:

(1)《招标投标法》第十一条规定,省、自治区、直辖市人民政府确定的地方重点项目中不适宜公开招标的项目,要经过省、自治区、直辖市人民政府批准,方可进行邀请招标。因此,本案例中业主自行对省重点工程项目决定采取邀请招标方式的做法是不妥的。

(2)C 企业投标文件无效。根据《招标投标法》第二十八条规定,在招标文件要求提交投标文件的截止时间后送达的投标文件,招标人应当拒收。本案例中 C 企业的投标文件送达时间迟于投标截止时间,因此,该投标文件应被拒收。

(2)开标的法律程序

1)检查投标文件的密封情况。开标时,由投标人或者其推选的代表检查投标文件的密封情况,也可以由招标人委托的公证机构检查并公证。

2)拆封、宣读投标文件并记录备查。由工作人员当众拆封,唱标人按投标人报送投标文件的先后逆序或抽签的顺序宣读投标人名称、投标价格和投标文件的其他主要内容。招标人在招标文件要求提交投标文件的截止时间前收到的所有投标文件,开标时都应当当众予以拆封、宣读。开标过程应当记录,并存档备查。

开标时,投标文件无效的几种情形:

1)未按照招标文件要求密封的。

2)投标文件的投标函未加盖投标单位及法定代表人印章的。

3)投标文件的关键内容字迹模糊、无法辨认的。

4)未按照要求提交保函或投标保证金的。

5)联合体投标未附联合体各方共同投标协议的。

2．评标

（1）评标方法

评标办法依据《招标投标法》和《房屋建筑和市政基础设施工程施工招标投标管理办法》制定，并经招标管理机构审查后编入招标文件。招标文件没有规定的标准和方法不得作为评标的依据。评标办法不得含有倾向或排斥潜在投标人的内容，不得妨碍或限制投标人之间的竞争。评定方法有：综合评估法，由商务、报价、技术标组成，按约定的权重和评标办法计分，总分最高为中标人；最低投标价法等。但是若招标项目设有标底，标底只能作为评标的参考，不得以投标报价是否接近标底作为中标条件，也不得以投标报价超过标底上下浮动范围作为否决投标的条件。

（2）评标委员会

评标委员会应依据《评标委员会和评标方法暂行规定》组成，评标委员会由招标人代表和有关技术、经济等方面的专家组成，成员人数为 5 人以上奇数，技术、经济方面的专家不得少于总数的三分之二，评标专家为在相关领域工作满 8 年并具有高级职称或具有同等专业水平，由招标人从评标专家库内相关专业的专家名单中以随机抽取方式确定，任何单位和个人不得以明示、暗示等任何方式指定或者变相指定参加评标委员会的专家成员，没有特殊事由不得更换依法确定的评标委员会成员。但是，评标委员会成员与投标人有利害关系的，应当主动回避。

案例 4-11

某办公楼的招标人委托招标代理机构面向社会进行公开招标。评标委员会委员由招标人直接确定，共由 7 人组成，其中招标人代表 2 人，本系统技术专家 2 人、经济专家 1 人，外系统技术专家 1 人、经济专家 1 人。

问题：

此招标代理机构评标委员会人员组成是否合理？

案例评析：

评标委员会应由与招标项目类型、要求相关的中级及以上专业技术人员组成，招标人可以委派代表参加评标委员会。同时，该案例中评标委员会成员有 7 名，经济技术专家有 5 人，超过评标委员会的三分之二。故该评标委员会人员组成满足要求。

招标人应当向评标委员会提供评标所必需的信息，但不得明示或者暗示其倾向或者排斥特定投标人。另外，招标人应当根据项目规模和技术复杂程度等因素合理确定评标时间。超过三分之一的评标委员会成员认为评标时间不够的，招标人应当适当延长。

评标过程中，评标委员会成员有回避事由、擅离职守或者因健康等原因不能继续评标的，应当及时更换。被更换的评标委员会成员作出的评审结论无效，由更换后的评标委员会成员重新进行评审。

评标委员会成员应当依照《招标投标法》和《招标投标法实施条例》的规定，按照招标文件规定的评标标准和方法，客观、公正地对投标文件提出评审意见。招标文件没有规定

的评标标准和方法不得作为评标的依据。

评标委员会成员不得私下接触投标人,不得收受投标人给予的财物或者其他好处,不得向招标人征询确定中标人的意向,不得接受任何单位或者个人明示或者暗示提出的倾向或者排斥特定投标人的要求,不得有其他不客观、不公正履行职务的行为。

(3)废标、重大偏差和细微偏差

在评标过程中,如出现以下情况,评标委员会应按废标处理:

1)评标委员会发现投标人以他人的名义投标,串通投标,以行贿手段谋取中标或者以其他弄虚作假方式投标的,该投标人的投标应按废标处理。

2)投标报价低于成本或者高于招标文件设定的最高投标限价,例如,评标委员会发现投标人的报价明显低于项目成本价,或者在设有标底时明显低于标底,使得其投标报价可能低于其成本的,应当要求该投标人作出书面说明并提供相关证明材料。投标人不能合理说明或者不能提供相关证明材料的,由评标委员会认定该投标人以低于成本报价竞标,其投标应作废标处理。

3)评标委员会应当审查每一投标文件是否对招标文件提出的所有实质性要求和条件作出响应。未能在实质上响应的投标,例如,同一投标人提交两个以上不同的投标文件或者投标报价(招标文件要求提交备选投标的除外),应作废标处理。

4)投标人不符合国家或者招标文件规定的资格条件。

评标委员会应当根据招标文件,审查并逐项列出投标文件的全部投标偏差。投标偏差分为重大偏差和细微偏差。

下列情况属于重大偏差:

1)没有按照招标文件要求提供投标担保或者所提供的投标担保有瑕疵。

2)投标文件没有投标人授权代表签字和加盖公章,没有按照招标文件的规定提供授权代理人授权书。

3)投标文件载明的招标项目完成期限超过招标文件规定的期限。

4)明显不符合技术规格、技术标准的要求。

5)投标文件载明的货物包装方式、检验标准和方法等不符合招标文件的要求。

6)投标文件附有招标人不能接受的条件。

7)以联合体投标时,没有提交联合体投标协议。

8)未按招标文件要求编写或字迹模糊导致无法确认关键技术方案、关键工期、关键工程质量保证措施、投标价格等内容。

9)不符合招标文件中规定的其他实质性要求。

投标文件有上述情形之一的,为未能对招标文件作出实质性响应,并按规定作废标处理。招标文件对重大偏差另有规定的,从其规定。

细微偏差是指投标文件在实质上响应招标文件要求,但在个别地方存在漏项或者提供了不完整的技术信息和数据等情况,并且补正这些遗漏或不完整不会对其他投标人造成不公平的结果。细微偏差不影响投标文件的有效性。评标委员会通常会书面要求存在细微偏差的投标人在评标结束前予以补正。拒不补正的,在详细评审时可以对细微偏差作不利于该投标人的量化,量化标准应当在招标文件中规定。

案例 4-12

　　某大型工程建设项目招标评标过程中,评标委员会对投标报价的评审有不同的做法:

　　A.投标文件中的大写金额和小写金额不一致的,以大写金额为准

　　B.投标文件中的总价金额与单价金额不一致的,以总价金额为准

　　C.对不同文字文本投标文件的解释发生异议的,以中文文本为准

　　D.发现投标人的报价明显低于其他投标报价的,作废标处理

　　E.投标文件中的投标报价低于标底合理幅度的,作废标处理

　　问题:

　　以上评审做法是否正确?

　　案例评析:

　　A、C做法正确。评标委员会可以书面方式要求投标人对投标文件中含义不明确、对同类问题表述不一致或者有明显文字和计算错误的内容作必要的澄清、说明或者补正。澄清、说明或者补正应以书面方式进行并不得超出投标文件的范围或者改变投标文件的实质性内容。

　　投标文件中的大写金额和小写金额不一致的,以大写金额为准,故 A 正确;总价金额与单价金额不一致的,以单价金额为准,但单价金额小数点有明显错误的除外,故 B 错误;对不同文字文本投标文件的解释发生异议的,以中文文本为准,C 正确。在评标过程中,评标委员会发现投标人的报价明显低于其他投标报价或者在设有标底时明显低于标底,使得其投标报价可能低于其个别成本的,应当要求该投标人作出书面说明并提供相关证明材料,而不是直接做废标处理。根据《房屋建筑和市政基础设施工程施工招标投标管理办法》的规定,有下列情形之一的,评标委员会可以要求投标人作出书面说明并提供相关材料:(1)设有标底的,投标报价低于标底合理幅度的;(2)不设标底的,投标报价明显低于其他投标报价,有可能低于其企业成本的。D、E 错误。

案例 4-13

　　某建设工程委托招标代理机构进行招标。招标机构后组织评标委员会进行评标。评标委员会发现了以下标书:

　　A 公司投标报价高于招标文件设定的最高限价;

　　B 公司投标报价低于成本;

　　C 公司投标文件载明的招标项目完成期限短于招标文件规定的期限;

　　D 公司有串通投标行为;

　　E 公司提交了两份不同的投标文件;

　　F 公司没有投标人授权代表签字和加盖公章;

　　G 投标人主动提出对投标文件的澄清和修改。

问题：

评标委员会应当否决哪些公司投标？

案例评析：

评标委员会应当否决 A、B、D、E、F 公司的标书。C 公司标书提前完成项目是属于合理内容。根据《招标投标法实施条例》第五十二条规定：投标文件中有含义不明确的内容、明显文字或者计算错误，评标委员会认为需要投标人作出必要澄清、说明的，应当书面通知该投标人。投标人的澄清、说明应当采用书面形式，并不得超出投标文件的范围或者改变投标文件的实质性内容。评标委员会不得暗示或者诱导投标人作出澄清、说明，不得接受投标人主动提出的澄清、说明。但是也不会因此否决 G 公司标书。

投标人资格条件不符合国家有关规定和招标文件要求的，或者拒不按照要求对投标文件进行澄清、说明或者补正的，评标委员会可以否决其投标。评标委员会根据规定否决不合格投标或者界定为废标后，因有效投标不足 3 家使得投标明显缺乏竞争的，评标委员会可以否决全部投标。有效投标人少于 3 家或者所有投标被否决的，招标人应当依法重新招标。

评标完成后，评标委员会应当向招标人提交书面评标报告和中标候选人名单。中标候选人应当不超过 3 个，并标明排序。

评标报告应当由评标委员会全体成员签字。对评标结果有不同意见的评标委员会成员应当以书面形式说明其不同意见和理由，评标报告应当注明该不同意见。评标委员会成员拒绝在评标报告上签字又不书面说明其不同意见和理由的，视为同意评标结果。

依法必须进行招标的项目，招标人应当自收到评标报告之日起 3 日内公示中标候选人，公示期不得少于 3 日。

投标人或者其他利害关系人对依法必须进行招标的项目的评标结果有异议的，应当在中标候选人公示期间提出。招标人应当自收到异议之日起 3 日内作出答复，作出答复前，应当暂停招标投标活动。

案例 4-14

某重点工程项目 2012 年 9 月 1 日开工，委托招标代理机构公开招标选择承包企业。招标文件中规定，7 月 15 日下午 3 时是投标截止时间，8 月 10 日发出中标通知书。经过发布招标公告和资格预审，投标结束后 A、B、C、D、E 五家施工承包企业通过了资格预审。7 月 18 日下午由当地招投标监督管理办公室主持进行了公开开标。评标委员会成员共由 7 人组成，其中当地招投标监督管理办公室 1 人、公证处 1 人、招标人 1 人、技术经济方面专家 4 人。

问题：

（1）请指出开标工作的不妥之处，说明理由。

（2）请指出评标委员会成员组成的不妥之处，说明理由。

案例评析：

（1）开标时间和主持人不妥。开标应当在招标文件确定的提交投标文件的截止时间公开进行。本案招标文件规定的投标截止时间是 7 月 15 日下午 3 时，应当在 7 月 15 日当天开标，而不应迟至 7 月 18 日下午才开标。

根据《招标投标法》第三十五条规定，开标应由招标人主持，本案例由属于行政监督部门的当地招投标监督管理办公室主持，亦不妥。

（2）评标委员会人员构成的身份和数量有不妥。当地招投标监督管理办公室人员不应担任评标委员会评委。根据《招标投标法》和《评标委员会和评标方法暂行规定》，评标委员会由招标人或其委托的招标代理机构熟悉相关业务的代表，以及有关技术、经济等方面的专家组成。并规定，项目主管部门或者行政监督部门的人员不得担任评标委员会委员。一般而言，公证处人员并不熟悉工程项目相关业务，当地招投标监督管理办公室属于行政监督部门，显然招投标监督管理办公室人员和公证处人员担任评标委员会成员是不妥的。

《招标投标法》还规定评标委员会技术、经济等方面的专家不得少于成员总数的 2/3。而本案例中技术经济方面专家比例为 4/7，低于 2/3 的比例要求。

3. 定标

（1）中标通知书

中标人的投标应当符合下列条件之一：

1）能够最大限度地满足招标文件中规定的各项综合评价标准；

2）能够满足招标文件的实质性要求，并且经评审的投标价格最低；但是投标价格低于成本的除外。

上述第二项中标条件适用于具有通用技术、性能标准或者招标人对其技术、性能没有特殊要求的招标项目。

招标人根据评标委员会提出的书面评标报告和推荐的中标候选人确定中标人。招标人也可以授权评标委员会直接确定中标人，或者在招标文件中规定排名第一的中标候选人为中标人，并明确排名第一的中标候选人不能作为中标人的情形和相关处理规则。依法必须进行招标的项目，招标人根据评标委员会提出的书面评标报告和推荐的中标候选人自行确定中标人的，应当在向有关行政监督部门提交的招标投标情况书面报告中，说明其确定中标人的理由。若中标候选人的经营、财务状况发生较大变化或者存在违法行为，招标人认为可能影响其履约能力的，则应当在发出中标通知书前由原评标委员会按照招标文件规定的标准和方法审查确认。

《招标投标法》第四十五条规定："中标人确定后，招标人应当向中标人发出中标通知书，并同时将中标结果通知所有未中标的投标人。中标通知书对招标人和中标人具有法律效力。中标通知书发出后，招标人改变中标结果的，或者中标人放弃中标项目的，应当依法承担法律责任。"

（2）签订工程承包协议或合同

《招标投标法》第四十六条规定："招标人和中标人应当自中标通知书发出之日起三十日内，按照招标文件和中标人的投标文件签订书面合同。招标人和中标人不得再行订立背离合同实质性内容的其他协议。"

案例 4-15

某建设工程委托招标代理机构进行招标。招标代理机构后组织评标委员会进行评标，评标委员会于 9 月 10 日提出了书面评标报告。M、N 企业分列综合得分第一、第二名。由于 M 企业投标报价高于 N 企业，9 月 20 日招标人向 N 企业发出了中标通知书，并于 10 月 25 日签订了书面合同。

问题：

（1）招标人确定 N 企业为中标人是否违规？说明理由。

（2）合同签订的日期是否违规？说明理由。

案例评析：

（1）根据《招标投标法》第四十一条规定，能够最大限度地满足招标文件中规定的各项综合评价标准的中标人的投标应当中标。因此中标人应当是综合评分最高或评标价最低的投标人。本案例中 M 企业综合得分是第一名，本应当中标。但是，依法必须进行招标的项目，招标人根据评标委员会提出的书面评标报告和推荐的中标候选人可以自行确定中标人，并应当在向有关行政监督部门提交的招标投标情况书面报告中，说明其确定中标人的理由。因此，让 N 企业中标不违规。

（2）《招标投标法》第四十六条规定，招标人和中标人应当自中标通知书发出之日起三十日内，按照招标文件和中标人的投标文件订立书面合同。案例中 9 月 20 日发出中标通知书，应当在 10 月 20 日之前签订书面合同，而不应迟至 10 月 25 日才签订书面合同。

招标文件要求中标人提交履约保证金的，中标人应当提交。履约保证金不得超过中标合同金额的 10％。招标人最迟应当在书面合同签订后 5 日内向中标人和未中标的投标人退还投标保证金及银行同期存款利息。

中标人应当按照合同约定履行义务，完成中标项目。中标人不得向他人转让中标项目，也不得将中标项目肢解后分别向他人转让。

中标人按照合同约定或者经招标人同意，可以将中标项目的部分非主体、非关键性工作分包给他人完成。接受分包的人应当具备相应的资格条件，并不得再次分包。

中标人应当就分包项目向招标人负责，接受分包的人就分包项目承担连带责任。

依法必须进行招标的项目，招标人和中标人应当公布合同履行情况。

案例 4-16

某大型工程采取公开招标的方式，招标工作从 2014 年 8 月 2 日开始，到 9 月 30 日结束，历时 60 天。招标工作的具体步骤如下：

（1）成立招标组织机构。

（2）发布招标公告和资格预审通告。

（3）进行资格预审。8 月 16 日至 20 日出售资格预审文件，10 家省内外施工企业购买了资格预审文件,其中的9家于8月22日递交了资格预审文件。经招标工作委员会审定后,8家单位通过了资格预审。

(4)编制招标文件。

(5)编制标底。

(6)组织投标。8月28日,招标单位向上述8家单位发出资格预审合格通知书。8月30日,向各投标人发出招标文件。9月5日,召开标前会。9月8日组织投标人踏勘现场,解答投标人提出的问题。9月20日,各投标人递交投标书。9月21日,在公证员出席的情况下,当众开标。

(7)组织评标。评标小组按事先确定的评标办法进行评标,对合格的投标人进行评分,推荐中标单位和后备单位,写出评标报告。9月22日,招标工作委员会听取评标小组汇报,决定了中标单位,发出中标通知。

(8)9月30日招标人与中标单位签订合同。

问题:

上述招标工作先后顺序是否妥当? 如果不妥,请确定合理的顺序。

案例评析:

不妥当。招标工作合理的顺序应该是:成立招标组织机构;编制招标文件;编制标底;发售招标公告和资格预审通告;进行资格预审;发售招标文件;组织现场踏勘;召开标前会;接收投标文件;开标;评标;确定中标单位;发出中标通知书;签订承发包合同。

案例 4-17

2010年,湖南省某木材公司启动了一项工程,为员工建设住宅楼。根据法律规定,木材公司以公开招标的方式寻求承包人。当时,木材公司向主管部门递送招标申请的时间是2010年5月25日,未等批准,当天就将招标文件发放出去了,各投标单位的投标截止日是2010年5月30日,但5月31日才正式开标。该次评标委员会是由木材公司直接确定的,共由7人组成,其中招标人3人,本系统技术专家1名、经济专家1名,外系统技术专家1名、经济专家1名。

从表面上看,这次招标很公平,然而仔细分析,却可以发现这次招标的程序上有很多违反《招标投标法》的地方。请列出这一招标过程违反了《招标投标法》的哪些条款。

案例评析:

(1)招标申请时间是2010年5月25日,文件发放时间也是2010年5月25日,违反《招标投标法》第九条规定:"招标项目按照国家有关规定需要履行项目审批手续的,应当先履行审批手续,取得批准。"

(2)施工招标中,招标文件的发放时间是2010年5月25日,投标文件的截止时间是2010年5月30日,不足20日。此举违反《招标投标法》第二十四条:"依法必须进行招标的项目,自招标文件开始发出之日起至投标人提交投标文件截止之日止,最短不得少于二十日。"

（3）投标文件的截止时间是 2010 年 5 月 30 日，开标 5 月 31 日，不是同一时间进行，违反《招标投标法》第三十四条："开标应当在招标文件确定的提交投标文件截止时间的同一时间公开进行。"

（4）评委成员的专家应当从专家库中随机抽取。

（5）评标委员会的人员构成违反了《招标投标法》第三十七条规定："技术、经济等方面的专家不得少于成员总数的三分之二。"

案例 4-18

某医院决定投资一亿余元，兴建一幢现代化的住院综合楼。其中土建工程采用公开招标的方式选定施工单位，但招标文件对省内的投标人与省外的投标人提出了不同的要求，也明确了投标保证金的数额。该院委托某建筑事务所为该项工程编制标底。2013 年 10 月 6 日招标公告发出后，共有 A、B、C、D、E、F 等6 家省内的建筑单位参加了投标。投标文件规定 2013 年 10 月 30 日为提交投标文件的截止时间，2013 年 11 月 13 日举行开标会。开标会由该省建委主持。结果，其所编制的标底高达 6200 多万元，其中的 A、B、C、D 等 4 个投标人的投标报价均在 5200 万元以下，与标底相差 1000 万余元，引起了投标人的异议。这 4 家投标单位向该省建委投诉，称某建筑事务所擅自更改招标文件中的有关规定，多处漏算多项材料价格。为此，该院请求省建委对原标底进行复核。被指定进行标底复核的省建设工程造价总站（以下简称总站）复核后，证明某建筑事务所在编制标底的过程中确实存在这 4 家投标单位所提出的问题，复核标底额与原标底额相差近 1000 万元。由于问题久拖不决，导致中标书在开标 3 个月后一直未能发出。为了能早日开工，该院在获得了省建委的同意后，更改了中标金额和工程结算方式，确定某省公司 G 为中标单位。

问题：

上述招标程序中，有哪些不妥之处？请说明理由。

案例评析：

《招标投标法》第五条规定："招标投标活动应当遵循公开、公正、公平和诚实信用的原则。"招标文件对省内的投标人与省外的投标人提出了不同的要求，违反了这一原则。

投标文件规定 2013 年 10 月 30 日为提交投标文件的截止时间，2013 年 11 月 13 日举行开标会，不是同一时间进行，违反了《招标投标法》第三十四条："开标应当在招标文件确定的提交投标文件截止时间的同一时间公开进行。"

开标会由该省建委主持。《招标投标法》第三十五条规定："开标由招标人主持，邀请所有投标人参加。"开标时，还可邀请招标主管部门、评标委员会、监察部门的有关人员参加，也可委托公证部门对整个开标过程依法进行公证。因此开标会不应由该省建委主持。

该院在获得了省建委的同意后，更改了中标金额和工程结算方式，确定某省公司 G 为中标单位。这样做是不妥的。招标人因为标底出现重大偏差，可以要求重新招标,但原参与投标的投标人,应可以继续参与投标,不得以任何理由拒绝原投标人投标,原投标人因其他事宜放弃者除外。若原6个投标人中愿意继续参加投标的投标人少于3个,招标人需重新发布公告重新招标。因此,不能另行确定G公司为中标单位。

4.3.6　招标投标的管理与监督

《招标投标法》第七条规定:"招标投标活动及其当事人应当接受依法实施的监督。有关行政监督部门依法对招标投标活动实施监督,依法查处招标投标活动中的违法行为。对招标投标活动的行政监督及有关部门的具体职权划分,由国务院规定。"

《招标投标法》第四十七条规定:"依法必须进行招标的项目,招标人应当自确定中标人之日起十五日内,向有关行政监督部门提交招标投标情况的书面报告。"报告内容有:

(1)招标范围。

(2)招标方式和发布招标公告的媒介。

(3)招标文件中投标人须知、技术条款、评标标准和方法、合同主要条款等内容。

(4)评标委员会的组成和评标报告。

(5)中标结果。

4.4　建设工程监理

4.4.1　建设工程监理制度概述

1.建设工程监理的概念

建设工程监理,是指具有相应资质的监理单位受工程项目业主的委托,依据国家有关法律、法规,经建设主管部门批准的工程项目建设文件,建设工程合同和建设工程委托监理合同,对工程建设实施的专业化监督和管理。

20世纪80年代后期,建设工程监理行业在我国出现,原建设部于1988年7月25日发出《关于开展建设监理工作的通知》,标志着我国建设监理制度的起步,并在北京、上海、天津、哈尔滨、深圳等城市和能源部的水利系统、交通部的公路系统进行试点。

《建筑法》第三十条规定:"国家推行建筑工程监理制度。国务院可以规定实行强制监理的建筑工程的范围。"第三十一条规定:"实行监理的建筑工程,由建设单位委托具有相应资质条件的工程监理单位监理。建设单位与其委托的工程监理单位应当订立书面委托监理合同。"2000年1月30日国务院颁发的《建设工程质量管理条例》中,对工程监理的范围和责任也做了相应的规定。除此之外,原建设部及其他部委也制定了部门规章和规范性文件对工程监理活动作出了具体规定。

2.建设工程监理的作用

(1)有利于提高建设工程投资决策科学化水平

工程监理企业可协助建设单位选择适当的工程咨询机构,管理工程咨询合同的实施,

并对咨询结果进行评估,且提出有价值的修改意见和建议。或者工程监理企业可以直接从事工程咨询工作,并为建设单位提供建设方案。

(2)有利于规范工程建设参与各方的建设行为

工程监理企业采用事前、事中和事后控制相结合的方式实施监督管理:可以有效地规范各承建单位的建设行为,最大限度地避免不当建设行为的发生;还可以向建设单位提出适当的建议,避免建设单位的不当建设行为,这对规范建设单位的建设行为也可起到一定的约束作用。当然,工程监理企业首先必须规范自己的行为,并接受政府的监督管理。

(3)有利于促进承建单位保证建设质量和使用安全

在加强承建单位自身对工程质量管理的基础上,由工程监理企业介入建设工程生产过程的管理,对保证建设工程质量和使用安全有着重要作用。

(4)有利于实现建设单位工程投资效益最大化

建设工程投资效益最大化有以下三种不同表现:一是在满足建设工程预定功能和质量标准的前提下,建设投资额最少;二是在满足建设工程预定功能和质量标准的前提下,建设工程寿命周期费用(或全寿命费用)最少;三是建设工程本身的投资效益与环境、社会效益的综合效益最大化。

3.建设工程监理的原则

《建筑法》第三十二条规定:"建筑工程监理应当依照法律、行政法规及有关的技术标准、设计文件和建筑工程承包合同,对承包单位在施工质量、建设工期和建设资金使用等方面,代表建设单位实施监督。"由此可见,依法监理、科学公正是建设工程监理的原则。具体为:

(1)公正、独立、自主原则。

(2)权责一致的原则。监理工程师的监理职权,除了应体现在业主与监理单位之间签订的委托合同主体,还应作为业主与承建单位之间建设工程合同的合同条件。

(3)总监理工程师负责制的原则。总监理工程师负责制的内涵包括:总监理工程师是工程监理的责任主体,是向业主和监理单位所负责任的承担者;总监理工程师是工程监理的权利主体,全面领导建设工程的监理工作。

(4)严格管理、热情服务的原则。监理工程师应对承建单位在工程建设中的建设行为进行严格的监理。监理工程师还应为业主提供热情的服务。

(5)综合效益的原则。监理工程师应既对业主负责,谋求最大的经济效益,又要对国家和社会负责,取得最佳的综合效益。

此外,工程监理企业从事建设工程监理活动,应当遵循"守法、诚信、公正、科学"的基本准则。对于工程监理企业来说,企业如果要依法经营,建立健全企业的信用管理制度,在监理活动中就既要维护业主的利益,又不能损害承包商的合法利益,并依据合同公平合理地处理业主与承包商之间的争议。监理过程中企业要依据科学的方案,运用科学的手段,采取科学的方法开展监理工作,同时工程监理工作结束后,还要进行科学的总结。

4.4.2　建设工程监理的性质

1.服务性

监理人员利用自己的知识、技能和经验、信息以及必要的试验、检测手段,为建设单位提供管理服务。工程监理企业不能完全取代建设单位的管理活动。它不具备工程建设重大问题的决策权,它只能在授权范围内代表建设单位进行管理。建设工程监理的服务对象是建设单位。

2.科学性

科学性是由建设工程监理的基本目的决定的。科学性主要表现在:工程监理企业应当由组织管理能力强、工程建设经验丰富的人员担任领导;应当有足够数量的、有丰富的管理经验和应变能力的监理工程师组成的骨干队伍;要有一套健全的管理制度;要有现代化的管理手段;要掌握先进的管理理论、方法和手段;要积累足够的技术、经济资料和数据;要有科学的工作态度和严谨的工作作风,要实事求是、创造性地开展工作。

3.独立性

按照独立性要求,在委托监理的工程中,工程监理单位与承建单位不得有隶属关系和其他利害关系。在开展工程监理的过程中,必须建立自己的组织,独立于建设单位,按照自己的工作计划、程序、流程、方法、手段,根据自己的判断,独立地开展工作。

4.公正性

公正性是社会公认的职业道德准则,也是监理行业能够长期生存和发展的基本职业道德准则。工程监理企业应客观、公正地对待监理的委托单位和项目承建单位,在维护建设单位的合法权益时,不损害承建单位的合法权益。

4.4.3　我国实行强制监理的范围

《建设工程质量管理条例》第十二条对必须实行监理的建设工程作出了原则性规定,为确保工程质量和社会公众的生命财产安全,国家可以规定强制实行监理的建筑工程范围。2001 年颁布的《建设工程监理范围和规模标准规定》明确了必须实行监理的建设工程项目的具体范围和规模。

1.国家重点建设工程

依据《国家重点建设项目管理办法》确定的对国民经济和社会发展有重要影响的骨干项目。

2.大中型公用事业工程

大中型公用事业工程包括总投资在 3000 万元以上的市政工程(如供水、电、热等项目),科技教育文化项目(如学校、图书馆、电视台等项目),卫生和社会福利项目,体育、旅游、商业等项目。

3.成片开发建设的住宅小区工程

成片开发建设的住宅小区工程,包括建筑面积在 5 万平方米以上的住宅必须实行监

理;高层住宅及地基、结构复杂的多层住宅应当实行监理;5万平方米以下的住宅可以实行监理。具体要求由各省、自治区、直辖市的建设行政主管部门规定。

4.利用外国政府或者国际组织贷款、援助资金的工程

这包括使用世界银行、亚洲开发银行等国际组织贷款的项目,使用外国政府及其机构贷款项目;使用国际组织或国外政府援助资金的项目。

5.国家规定必须实行监理的其他工程

这包括项目总投资额在3000万元以上、关系社会公共利益、公共安全的基础设施项目(如电力、石油、铁路、防洪设施等),学校、影剧院、体育场馆项目。

4.4.4 工程监理单位的资质许可制度

《建设工程质量管理条例》第三十四条规定:"工程监理单位应当依法取得相应等级的资质证书,并在其资质等级许可的范围内承担工程监理业务。禁止工程监理单位超越本单位资质等级许可的范围或者以其他工程监理单位的名义承担工程监理业务。禁止工程监理单位允许其他单位或者个人以本单位的名义承担工程监理业务。工程监理单位不得转让工程监理业务。"

工程监理企业的资质按照《工程监理企业资质管理规定》分为甲级、乙级和丙级,按照工程性质和技术特点分为14个专业工程类别,每个专业工程类别按照工程规模或技术复杂程度分为三个等级。

工程监理企业的资质包括主项资质和增项资质。工程监理企业如果申请多项专业工程资质,则其主要选择的一项为主项资质,其余的为增项资质。同时,其注册资金应当达到主项资质标准要求,从事增项专业工程监理业务的注册监理工程师人数应当符合专业要求。增项资质级别不得高于主项资质级别。

另一方面,对于从事监理工作的人员,相关人员须经国家考试认可后方可从事建设工程监理工作。监理工程师注册制度是政府对监理从业人员实行的市场准入控制的有效手段。监理人员经注册,即表明获得了政府对其以监理工程师名义从业的行政许可,因而具有相应工作岗位的责任和权力。仅取得监理工程师资质证书,没有取得监理工程师注册证书的人员,则不具备这些权利,也不承担相应的责任。

4.4.5 监理人员的职责

监理人员的职责按照工程建设阶段和建设工程的情况确定。施工阶段,按照《建设工程监理规范》的规定,项目总监理工程师、总监理工程师代表、专业监理工程师和监理员应分别履行以下职责:

1.总监理工程师职责

(1)确定项目监理机构人员的分工和岗位职责。

(2)主持编写项目监理规划、审批项目监理实施细则,并负责管理项目监理机构的日常工作。

(3)审查分包单位的资质,并提出审查意见。

(4)检查和监督监理人员的工作,根据工程项目的进展情况可进行人员调配,对不称职的人员应当调换其工作。

(5)主持监理工作会议,签发项目监理机构的文件和指令。

(6)审定承包单位提交的开工报告、施工组织设计、技术方案、进度计划。

(7)审核签署承包单位的申请、支付证书和竣工结算。

(8)审查和处理工程变更。

(9)主持或参与工程质量事故的调查。

(10)调解建设单位与承包单位的合同争议、处理索赔、审批工程延期。

(11)组织编写并签发监理月报、监理工程阶段报告、专题报告和项目监理工作总结。

(12)审核签认分部工程和单位工程的质量检验评定资料,审查承包单位的竣工申请,组织监理人员对待验收的工程项目进行质量检查,参与工程项目的竣工验收。

(13)主持整理工程项目的监理资料。

总监理工程师不得将下列工作委托给总监理工程师代表:

(1)主持编写项目监理规划、审批项目监理实施细则。

(2)签发工程开工/复工报审表,工程暂停令、工程款支付证书、工程竣工报验单。

(3)审核签认竣工结算。

(4)调解建设单位与承包单位的合同争议、处理索赔。

(5)根据工程项目的进展情况可进行人员调配,调换不称职的监理人。

2.总监理工程师代表职责

(1)负责总监理工程师指定或交办的监理工作。

(2)按总监理工程师的授权,行使总监理工程师的部分职责和权利。

3.专业监理工程师职责

(1)负责编制本专业的监理实施细则。

(2)负责本专业监理工作的具体实施。

(3)组织、指导、检查和监督本专业监理员的工作,当人员需要调整时,向总监理工程师提出建议。

(4)审查承包单位提交的涉及本专业的计划、方案、申请、变更,并向总监理工程师提出报告。

(5)负责本专业分项工程验收及隐蔽工程验收。

(6)定期向总监理工程师提交本专业监理工作实施情况报告,对重大问题及时向总监理工程师汇报和请示。

(7)根据本专业监理工作实施情况做好监理日记。

(8)负责本专业监理资料的收集、汇总及整理,参与编写监理月报。

(9)核查进场材料、设备、构配件的原始凭证、检测报告等质量证明文件及其质量情况,根据实际情况认为有必要时对进场材料、设备、构配件进行平行检验,合格时予以签认。

(10)负责本专业的工程计量工作,审核工程计量的数据和原始凭证。

4.监理员职责

(1)在专业监理工程师的指导下开展现场监理工作。

(2)检查承包单位投入工程项目的人力、材料、主要设备及其使用、运行状况,并做好检查记录。

(3)复核或从施工现场直接获取工程计量的有关数据并签署原始凭证。

(4)按设计图及有关标准,对承包单位的工艺过程或施工工序进行检查和记录,对加工制作及工序施工质量检查结果进行记录。

(5)担任旁站工作,发现问题及时指出并向专业监理工程师报告。

(6)做好监理日记和有关的监理记录。

案例 4-19

某监理单位承担了一工业项目的施工监理工作。经过招标,建设单位选择了甲、乙施工单位分别承担A、B标段工程的施工,并按照《建设工程施工合同(示范文本)》分别和甲、乙施工单位签订了施工合同。建设单位与乙施工单位在合同中约定,B标段所需的部分设备由建设单位负责采购。乙施工单位按正常的程序将B标段的安装工程分包给丙施工单位。在施工过程中,发生了如下事件:

事件1:建设单位在采购B标段的锅炉设备时,设备生产厂商提出由自己的施工队伍进行安装更能保证质量,建设单位便与设备生产厂商签订了供货和安装合同并通知了监理单位和乙施工单位。

事件2:总监理工程师根据现场反馈信息及质量记录分析,对A标段某部位隐蔽工程的质量有怀疑,随即指令甲施工单位暂停施工,并要求剥离检验。甲施工单位称,该部位隐蔽工程已经专业监理工程师验收,若剥离检验,监理单位需赔偿由此造成的损失并相应延长工期。

事件3:专业监理工程师对B标段进场的配电设备进行检验时,发现由建设单位采购的某设备不合格,建设单位对该设备进行了更换,从而导致丙施工单位停工。因此,丙施工单位致函监理单位,要求补偿其被迫停工所遭受的损失并延长工期。

问题:

(1)在事件1中,建设单位将设备交由厂商安装的做法是否正确?为什么?

(2)在事件1中,若乙施工单位同意由该设备生产厂商的施工队伍安装该设备,监理单位应该如何处理?

(3)在事件2中,总监理工程师的做法是否正确?为什么?试分析剥离检验的可能结果及总监理工程师相应的处理方法。

(4)在事件3中,丙施工单位的索赔要求是否应该向监理单位提出?为什么?对该索赔事件应如何处理?

案例评析：

（1）不正确，因为违反了合同约定。

（2）监理单位应该对厂商的资质进行审查。若符合要求，可以由该厂安装。

如乙施工单位接受该厂作为其分包单位，监理单位应协助建设单位变更与设备厂的合同。如乙施工单位接受厂商直接从建设单位承包，监理单位应该协助建设单位变更与乙施工单位的合同；如不符合要求，监理单位应该拒绝由该厂商施工。

（3）总监理工程师的做法是正确的。无论工程师是否参加了验收，当工程师对某部分的工程质量有怀疑，均可要求承包人对已经隐蔽的工程进行重新检验。

重新检验质量合格，发包人承担由此发生的全部追加合同价款，赔偿施工单位的损失，并相应顺延工期；检验不合格，施工单位承担发生的全部费用，工期不予顺延。

（4）不应该，因为建设单位和丙施工单位没有合同关系。

处理：

1）丙施工单位向乙施工单位提出索赔，乙施工单位向监理单位提出索赔意向书。

2）监理单位收集与索赔有关的资料。

3）监理单位受理乙施工单位提交的索赔意向书。

4）总监工程师对索赔申请进行审查，初步确定费用额度和延期时间，与乙施工单位和建设单位协商。

5）总监理工程师对索赔费用和工程延期作出决定。

案例 4-20

某新建学院综合楼工程，其框架为剪力墙结构，地下 2 层、地上 12 层，由某国有大型施工企业总承包，2015 年 10 月 20 日施工至基础结构±0.000，总包计划 1 个月后组织建设单位、监理单位、设计单位、施工单位四方进行地基与基础验收。

问题：

由总包组织建设单位、监理单位、设计单位、施工单位四方验收是否正确？

案例评析：

由总承包单位组织建设单位、监理单位、设计单位、施工单位四方验收的做法不正确。

地基与基础验收属于分部分项工程验收，分部（子分部）工程验收由总监理工程师或建设单位项目负责人组织，验收人员包括建设单位、勘察单位、设计单位、监理单位工程项目负责人和施工单位技术质量部门负责人。

4.4.6 建设工程监理的类型以及实施程序

1.建设工程监理的类型

根据工程的特点和相关法规,建设单位可以委托一个监理单位承担所有阶段的监理业务,也可以将工程的不同阶段监理任务分别委托几个监理单位承担。

(1)建设前期监理,监理单位主要从事建设项目的可行性研究并参与设计任务书的编制。

(2)设计监理,主要任务是对设计方案的审查、协助业主选定勘察设计单位,监督设计单位的合同实施、审查概(预)算等。

(3)招标监理,监理单位主要代建设单位进行招标工作。

(4)施工监理,主要任务是对施工过程进行"五控制、两管理、一监督、一协调",即对质量、安全、进度、投资、环保进行控制,做好合同和信息管理,监督施工单位施工达标,协调参建各方的关系。

2.建设工程监理实施程序

(1)确定项目总监理工程师,成立项目监理机构。监理单位应根据建设工程的规模、性质、业主对监理的要求,委派项目总监理工程师。总监理工程师是一个建设工程监理工作的总负责人,他对内向监理单位负责、对外向业主负责。总监理工程师必须取得国家注册监理工程师执业资格,并在本公司注册。

总监理工程师在组建项目监理机构时,应根据监理大纲内容和签订的委托监理合同内容组建,并在监理规划和具体实施计划执行中进行及时的调整。

(2)编制建设工程监理规划。

(3)制定各专业监理实施细则。

(4)规范化地开展监理工作。监理工作的规范化体现在:①工作的时序性;②职责分工的严密性;③工作目标的确定性。

(5)参与验收,签署建设工程监理意见。建设工程施工完成以后,监理单位应在正式交验前组织竣工预验收,并应参加业主组织的工程验收,签署监理单位意见。

(6)向业主提交建设工程监理档案资料。监理单位应按照监理委托合同中的约定向业主提交监理档案资料。

(7)监理工作总结。项目监理机构应及时从两方面进行监理工作总结,包括向业主提交的监理工作总结,向监理单位提交的监理工作总结。

案例 4-21

某工程,建设单位与甲施工单位按照《建设工程施工合同(示范文本)》签订了施工合同,经建设单位同意,甲施工单位选择了乙施工单位作为分包单位。在合同履行中,发生了如下事件:

事件 1:在合同约定的工程开工日前,建设单位收到甲施工单位报送的"工程开工报审表"后即予以处理;考虑到施工许可证已获政府主管部门批准,且甲施工单位的施工机械和施工人员已经进场,便审核签发了"工程开工报审表",并通知了项目监理机构。

事件2:在施工过程中,甲施工单位的资金出现困难,无法按分包合同约定向乙施工单位支付工程款。乙施工单位向项目监理机构提出了支付申请,项目监理机构受理并征得建设单位同意后,即向乙施工单位签发了付款凭证。

事件3:专业监理工程师在巡视中发现,乙施工单位施工的某部位存在质量隐患,专业监理工程师随即向甲施工单位签发了整改通知。甲施工单位回函称,建设单位已直接向乙施工单位付款,因而本单位对乙施工单位施工的工程质量不承担责任。

事件4:甲施工单位向建设单位提交了工程竣工验收报告后,建设单位于2011年9月20日组织勘察、设计、施工、监理等单位竣工验收。工程竣工验收通过,各单位分别签署了质量合格文件。建设单位于2012年3月办理了工程竣工备案。因使用需要,建设单位于2011年10月初要求乙施工单位按其示意图在已验收合格的承重墙上开车库门洞,并于2011年10月底正式将该工程投入使用。2013年2月该工程给、排水管道大量漏水,经监理单位组织检查,确认是因开车库门洞施工时破坏了承重结构所致。建设单位认为工程还在保修期,要求甲施工单位无偿修理。建设行政主管部门对责任单位进行了处罚。

问题:

(1)指出事件1中建设单位做法的不妥之处,并说明理由。

(2)指出事件2中项目监理机构做法的不妥之处,并说明理由。

(3)在事件3中甲施工单位的说法是否正确?为什么?

(4)根据《建设工程质量管理条例》,指出事件4中建设单位做法的不妥之处,并说明理由。

(5)根据《建设工程质量管理条例》,建设行政主管部门是否应该对建设单位、监理单位、甲施工单位和乙施工单位进行处罚?并请明理由。

案例评析:

(1)不妥之处:建设单位接受并签发甲施工单位报送的开工报审表。

理由:开工报审表应报项目监理机构,由总监理工程师签发并报建设单位。

(2)不妥之处:项目监理机构受理乙施工单位的支付申请,并签发付款凭证。

理由:乙施工单位和建设单位没有合同关系。

(3)不正确。分包单位的任何违约行为或疏忽影响了工程质量,总承包单位承担连带责任。

(4)1)不妥之处:未按时限备案。

理由:应在验收合格后15日内备案。

2)不妥之处:要求乙施工单位在承重墙上按示意图开车库门洞。

理由:开车库门洞应经原设计单位或具有相应资质等级的设计单位提出设计方案。

(5)1)对建设单位应予处罚。

理由：未按时备案，擅自在承重墙上开车库门洞。

2)对监理单位不应处罚。

理由：监理单位无过错。

3)对甲施工单位不应处罚。

理由：甲施工单位无过错。

4)对乙施工单位应予处罚。

理由：无设计方案施工。

案例 4-22

某业主开发建设一栋24层综合办公写字楼，委托A监理公司进行监理，经过施工招标，业主选择了B建筑公司承担工程施工任务。B建筑公司拟将桩基工程分包给C地基基础工程公司，拟将暖通、水电工程分包给D安装公司。

在总监理工程师组织的现场监理机构工作会议上，总监理工程师要求监理人员在B建筑公司进入施工现场到工程开工这一段时间内，要熟悉有关资料，认真审核施工单位提交的有关文件、资料等。

问题：

(1) 在这段时间内监理工程师应熟悉哪些主要资料？

(2)监理工程师应重点审核施工单位的哪些技术文件与资料？

案例评析：

(1)监理工程师应熟悉的资料包括：

1)工程项目有关批文、报告文件(各种批文、可行性研究报告、勘察报告等)。

2)工程设计文件、图样等。

3)施工规范、验收标准、质量评定标准等。

4)有关法律、法规文件。

5)合同文件(监理合同、承包合同等)。

(2)监理工程师在施工单位进入施工现场到开工这一阶段应重点审查的技术文件与资料：

1)施工单位编制的施工方案和施工组织设计文件。

2)施工单位质量保证体系或质量保证措施文件。

3)分包单位的资质。

4)进场工程材料的合格证、技术说明书、质量保证书、检验试验报告等。

5)主要施工机具、设备的组织配备和技术性能报告。

6)审核拟采用的新材料、新结构、新工艺、新技术的技术鉴定文件。

7)审核施工单位开工报告、检查核实开工应准备的各项条件。

4.5　建设工程质量

　　建设工程质量是指在国家现行的有关法律、法规、技术标准、设计文件和合同中,对工程的安全、适用、经济、美观等特性的综合要求。工程质量是由形成工程实体的工作过程中的每一个环节决定的。因此,对于工程质量的控制和管理不能仅仅停留在事后,而是应在工程质量形成的过程中对参建单位的建设活动进行规范化管理。

　　建设工程的质量优劣直接关系到社会公众的生命财产安全,世界各国历来高度重视对工程质量的管理和控制,形成了政府强制严格监督工程质量的国际惯例。我国建设法规对建设工程质量管理也作出了严格的规定。如《建筑法》第六章、2000 年 1 月 30 日国务颁布的《建设工程质量管理条例》(以下简称《质量管理条例》)及《建设工程勘察质量管理办法》等都对建设工程质量管理作出了相关规定。除此之外,还有大量技术性法规、地方性法规也起到对工程质量严格控制的作用。对建设工程质量管理的有关法规不仅仅规定了工程建设各参与者的责任,还规定了政府对建设工程质量所应承担的职责。

4.5.1　建设工程质量监督管理制度

　　为确保工程使用安全和环境质量,我国实行建设工程质量监督管理制度。该管理制度以保证工程使用安全和环境质量为主要目的,以法律、法规和强制性标准为依据,以地基基础、主体结构、环境质量和与此有关的工程建设各方主体的质量行为为主要内容,以施工许可制度和竣工验收备案制度为主要手段。

　　《质量管理条例》第七章专门规定了政府对建设工程质量的监督管理。主要内容包括:建设工程质量管理职责、范围的划分,质量监督管理的实施机构和有权采取的强制性措施,建设工程竣工验收备案制度,建设工程质量事故报告制度等。

1. 工程质量监督管理职责

　　《质量管理条例》第四十三条规定:国务院建设行政主管部门对全国的建设工程质量实施统一监督管理。国务院铁路、交通、水利等有关部门按照国务院规定的职责分工,负责对全国的有关专业建设工程质量的监督管理。县级以上地方人民政府建设行政主管部门对本行政区域内的建设工程质量实施监督管理。县级以上地方人民政府交通、水利等有关部门在各自的职责范围内,负责对本行政区域内的专业建设工程质量的监督管理。具体如下:

　　(1)国务院建设行政主管部门和国务院铁路、交通、水利等有关部门应当加强对有关建设工程质量的法律、法规和强制性标准执行情况的监督检查。

　　(2)国务院发展计划部门按照国务院规定的职责,组织稽查特派员,对国家出资的重大建设项目实施监督检查。

　　(3)国务院经济贸易主管部门按照国务院规定的职责,对国家重大技术改造项目实施监督检查。

　　(4)建设工程质量监督管理,由建设行政主管部门或者其他有关部门委托的建设工

质量监督机构具体实施。

(5)县级以上地方人民政府建设行政主管部门和其他有关部门应当加强对有关建设工程质量的法律、法规和强制性标准执行情况的监督检查。

县级以上人民政府建设行政主管部门和其他有关部门履行监督检查职责时,有权采取下列措施:

(1)要求被检查的单位提供有关工程质量的文件和资料。

(2)进入被检查单位的施工现场进行检查。

(3)发现有影响工程质量的问题时,责令改正。

2.工程质量监督机构

工程质量监督机构是指经建设行政主管部门或其他有关部门考核,具有法人独立资格的单位。它是受建设行政主管部门或有关专业部门委托,对质量具体监督,对政府负责。《质量管理条例》第四十六条规定:从事房屋建筑工程和市政基础设施工程质量监督的机构,必须按照国家有关规定经国务院建设行政主管部门或者省、自治区、直辖市人民政府建设行政主管部门考核;从事专业建设工程质量监督的机构,必须按照国家有关规定经国务院有关部门或者省、自治区、直辖市人民政府有关部门考核。经考核合格后,方可实施质量监督。

3.建设工程竣工验收备案制度

《质量管理条例》第四十九条规定:建设单位应当自建设工程竣工验收合格之日起15日内,将建设工程竣工验收报告和规划、公安消防、环保等部门出具的认可文件或者准许使用文件报建设行政主管部门或者其他有关部门备案。

建设单位办理工程竣工验收备案应当提交下列文件:

(1)工程竣工验收备案表。

(2)工程竣工验收报告。

(3)法律、行政法规规定应当由规划、公安消防、环保等部门出具的认可文件或者准许使用文件。

(4)施工单位签署的工程质量保修书。

(5)商品住宅还应当提交《住宅质量保修书》和《住宅使用说明书》。

(6)法规、规章规定必须提供的其他文件。

建设行政主管部门或者其他有关部门发现建设单位在竣工验收过程中有违反国家有关建设工程质量管理规定行为的,责令停止使用,重新组织竣工验收。

任何单位和个人对建设工程的质量事故、质量缺陷都有权检举、控告、投诉。

4.5.2 建设单位的质量责任和义务

《质量管理条例》第二章明确了建设单位对工程质量应当承担的责任和义务。

(1)建设单位应当将工程发包给具有相应资质等级的单位。建设单位不得将建设工程肢解发包。从业单位素质的高低直接影响到工程的质量,而企业的资质等级反映了企业从事某项工程的资格和能力,因此从事建设活动的单位必须符合相应的资质条件,这体现了国家对建设市场准入的严格管理。建设单位将建设工程发包给不具有相应资质等级的勘察、设计、施工单位或者委托给不具有相应资质等级的工程监理单位的,会被责令改正,并处 50 万元以上 100 万元以下的罚款。

在我国建设市场中有一些建设单位利用肢解发包的手段规避工程的招标,致使市场中存在一些不正当的交易行为,某些个人从中受益而严重损坏了公共利益、公共安全,因此对建设单位将建设工程肢解发包的,应责令改正,并处工程合同价款 0.5% 以上 1% 以下的罚款。

(2)建设单位应当依法对工程建设项目的勘察、设计、施工、监理及与工程建设有关的重要设备、材料等的采购进行招标。

(3)建设单位必须向有关的勘察、设计、施工、工程监理等单位提供与建设工程有关的原始资料。原始资料必须真实、准确、齐全。

(4)建设单位不得对承包商的建设活动进行不合理干预,包括:

1)建设工程发包单位不得迫使承包方以低于成本的价格竞标。

2)建设单位不得任意压缩合理工期。

3)建设单位不得明示或者暗示设计单位或者施工单位违反法律、行政法规和建筑工程质量、安全标准,降低建设工程质量。建筑设计单位和建筑施工企业对建设单位违反规定提出的降低工程质量的要求,应当予以拒绝。

4)建设单位不得明示或者暗示施工单位使用不合格的建筑材料、建筑构配件和设备。建设单位出现上述行为时应责令改正,并处 20 万元以上 50 万元以下的罚款。

(5)建设单位应当将施工图设计文件报县级以上人民政府建设行政主管部门或者其他有关部门审查。施工图设计文件未经审查批准的,不得使用。

(6)实行监理的建设工程,建设单位应当委托具有相应资质等级的工程监理单位进行监理,也可以委托具有工程监理相应资质等级并与被监理工程的施工承包单位没有隶属关系或者其他利害关系的该工程的设计单位进行监理。

(7)建设单位在领取施工许可证或者开工报告前,应当按照国家有关规定办理工程质量监督手续。

(8)涉及建筑主体和承重结构变动的装修工程,建设单位应当在施工前委托原设计单位或者具有相应资质等级的设计单位提出设计方案,没有设计方案的,不得施工。房屋建筑使用者在装修过程中,不得擅自变动房屋建筑主体和承重结构。

(9)建设单位收到建设工程竣工报告后,应当组织设计、施工、工程监理等有关单位进行竣工验收。

建设工程竣工验收应当具备下列条件:

1)完成建设工程设计和合同约定的各项内容。

2)有完整的技术档案和施工管理资料。

3)有工程使用的主要建筑材料、建筑构配件和设备的进场试验报告。

4)有勘察、设计、施工、工程监理等单位分别签署的质量合格文件。

5)有施工单位签署的工程保修书。

建设工程经验收合格的,方可交付使用。

（10）建设单位应当严格按照国家有关档案管理的规定，及时收集、整理建设项目各环节的文件资料，建立、健全建设项目档案，并在建设工程竣工验收后，及时向建设行政主管部门或者其他有关部门移交建设项目档案。

4.5.3 勘察设计单位的质量责任和义务

《质量管理条例》第三章明确了勘察设计单位对工程质量应当承担的责任和义务。

（1）从事建设工程勘察设计的单位应当依法取得相应等级的资质证书，并在其资质等级许可的范围内承揽工程。勘察设计单位不得超越其资质等级许可的范围或者以其他勘察、设计单位的名义承揽工程，不得允许其他单位或者个人以本单位的名义承揽工程，不得转包或者违法分包所承揽的工程。

（2）勘察设计单位必须按照工程建设强制性标准进行勘察、设计，并对其勘察、设计的质量负责，注册建筑师、注册结构工程师等注册执业人员应当在设计文件上签字，对设计文件负责。

（3）勘察单位提供的地质、测量、水文等勘察成果必须真实、准确。设计单位应当根据勘察成果文件进行建设工程设计，设计文件应当符合国家规定的设计深度要求，注明工程合理使用年限。

（4）设计单位在设计文件中选用的建筑材料、建筑构配件和设备，应当注明规格、型号、性能等技术指标，其质量要求必须符合国家规定的标准。除有特殊要求的建筑材料、专用设备、工艺生产线等外，设计单位不得指定生产厂、供应商。

（5）设计单位应当就审查合格的施工图设计文件向施工单位作出详细说明。设计单位应当参与建设工程质量事故分析，并对因设计造成的质量事故，提出相应的技术处理方案。

案例 4-23

某化工厂在厂区建设第二个大型厂房时，为了节省投资，决定不做勘察，便将 4 年前为第一个大型厂房做的勘察成果提供给设计院作为设计依据，让其设计新厂房。设计院先是不同意，但在该化工厂的一再坚持下最终妥协，同意使用旧的勘察成果。该厂房建成后使用 1 年多就发现墙体多处开裂。该化工厂一纸诉状将施工单位告上法庭，请求判定施工单位承担工程质量责任。

问题：

（1）本案例中的质量责任应当由谁承担？

（2）工程中设计方是否有过错，违反了什么规定？

案例评析：

（1）经检测，墙体开裂系设计中对地基处理不当引起厂房不均匀沉陷所致。《建筑法》第五十四条规定："建设单位不得以任何理由，要求建筑设计单位或者建筑施工企业在工程设计或者施工作业中，违反法律、行政法规和建设工程质量、安全标准，降低工程质量。"本案例中的化工厂为节省投资，坚持不做勘察，只向设计单位提供旧的勘察成果，违法了法律规定，对该工程的质量问题应该承担主要责任。

（2）设计方也有过错。《建筑法》第五十四条还规定，建设设计单位和建筑施工企业对建设单位违反规定提出的降低工程质量的要求，应当予以拒绝。《建设工程质量管理条例》第二十一条规定："设计单位应当根据勘察成果文件进行建设工程设计。"因此，设计单位尽管开始不同意建设单位的做法，但后来没有坚持原则作了妥协，也应该对工程设计承担质量责任。

（3）法庭经审理，认定该工程的质量责任由该化工厂承担主要责任，由设计方承担次要责任。

4.5.4　施工单位的质量责任和义务

《质量管理条例》第四章明确了施工单位对工程质量应当承担的责任和义务。

（1）施工单位应当依法取得相应等级的资质证书，并在其资质等级许可的范围内承揽工程。施工单位不得超越本单位资质等级许可的业务范围或者以其他施工单位的名义承揽工程，不得允许其他单位或者个人以本单位的名义承揽工程，不得转包或者违法分包工程。

（2）施工单位对建设工程的施工质量负责，应当建立质量责任制，确定工程项目的项目经理、技术负责人和施工管理负责人。施工单位不得转包和违法分包所承揽的工程，分包单位应当按照分包合同的约定对其分包工程的质量向总承包单位负责，总承包单位与分包单位对分包工程的质量承担连带责任。

（3）施工单位必须按照工程设计图和施工技术标准施工，不得擅自修改工程设计，不得偷工减料。施工单位在施工过程中发现设计文件和图纸有差错的，应当及时提出意见和建议。

（4）施工单位必须按照工程设计要求、施工技术标准和合同约定，对建筑材料、建筑构配件、设备和商品混凝土进行检验，检验应当有书面记录和专人签字，未经检验或者检验不合格的，不得使用。

（5）施工单位必须建立、健全施工质量的检验制度，严格工序管理，做好隐蔽工程的质量检查和记录。隐蔽工程在隐蔽前，施工单位应当通知建设单位和建设工程质量监督机构。

（6）施工人员对涉及结构安全的试块、试件及有关材料，应当在建设单位或者工程监理单位监督下现场取样，并送具有相应资质等级的质量检测单位进行检测。涉及结构安全的试块、材料进行见证取样送检。

（7）施工单位对施工中出现质量问题的建设工程或者竣工验收不合格的建设工程，应当负责返修。对在合理使用寿命内的建筑物，必须确保地基基础工程和主体结构的质量。建筑工程竣工时，屋顶、墙面不得留有渗漏、开裂等质量缺陷；对已发现的质量缺陷，建筑施工企业应当修复。

（8）建设工程实行质量保修制度。建设工程承包单位在向建设单位提交工程竣工验收报告时，应当向建设单位出具质量保修书。质量保修书中应当明确建设工程的保修范围、保修期限和保修责任等。

案例 4-24

某施工承包单位承接了某市重点工程,该工程为现浇框架结构,地下 2 层,地上 11 层,在该工程地下室顶板施工过程中,钢筋已经送检。施工单位为了在雨季到来之前完成混凝土施工。在钢筋送检没有得到检测结果时,未经监理工程师许可,擅自进行混凝土施工。待地下室顶板混凝土浇筑完毕,钢筋检测结果出来后,发现此批钢筋有一个重要指标不符合规范要求,造成地下室顶板工程返工。

问题:

本案例中的责任是否应该由施工单位来承担?

案例评析:

责任当然由施工单位承担。首先,地下室顶板未进行隐蔽验收,不能进行下一道工序;其次,材料进场后,施工单位应向监理机构提交"工程材料报审表",附钢筋出厂合格证、技术说明书及按规定要求进行送检的检验报告,经监理工程师审查并确认合格后,方可使用。

《质量管理条例》第四十条规定,在正常使用条件下,建设工程的最低保修期限为:

(1)基础设施工程、房屋建筑的地基基础工程和主体结构工程,为设计文件规定的该工程的合理使用年限。

(2)屋面防水工程、有防水要求的卫生间、房间和外墙面的防渗漏,为 5 年。

(3)供热与供冷系统,为 2 个采暖期、供冷期。

(4)电气管线、给水排水管道、设备安装和装修工程,为 2 年。

(5)其他项目的保修期限由发包方与承包方约定。

建设工程的保修期,自竣工验收合格之日起计算。

案例 4-25

某大学为建设学生公寓,与某建筑公司签订了一份施工合同。合同约定:工程采用固定总价合同形式,主体工程和内外墙承重砖使用标准砌块,每层加圈梁。某大学可按比例预付工程款,剩余费用在验收合格后一次付清。交付使用后,如果在 6 个月内发生质量问题,由承包人负责修复等。1 年后,学生公寓如期完工,在某大学和公司共同进行竣工验收时,发现第 3—5 层的内承重墙体出现裂缝,遂要求建筑公司修复后再验收,建筑公司认为不影响使用而拒绝修复。因为新生急需入住,大学接收了宿舍楼。在使用了 8 个月之后,公寓楼 5 层的内承重墙倒塌,致使 1 人死亡,3 人受伤,其中 1 人致残。受害者与某大学要求建筑公司赔偿损失,并修复倒塌工程。建筑公司以使用不当且已过保修期为由拒绝赔偿。无奈之下,受害者与某大学诉至人民法院,请人民法院主持公道。

问题:

本案例中存在哪些违法行为？谁应该对本事件承担主要责任？

案例评析：

《建设工程质量管理条例》第四十条规定,在正常使用条件下,建设工程最低保修期限为:(1)基础设施工程、房屋建筑的地基基础工程和主体结构工程,为设计文件规定的该工程的合理使用年限;(2)屋面防水工程、有防水要求的卫生间、房间和外墙面的防渗漏,为 5 年;(3)供热与供冷系统,为 2 个采暖期、供冷期;(4)电气管线、给排水管道、设备安装和装修工程,为 2 年。(5)其他项目的保修期限由发包方与承包方约定。建设工程的保修期,由竣工验收合格之日起计算。根据上述法律规定,建设工程的保修期不能低于国家规定的最低保修期限。其中,对地基基础工程、主体结构工程实际规定为终身保修。本案例中大学与建筑公司虽然在合同中双方约定保修期限为 6 个月,但这一期限远远低于国家规定的最低期限,尤其是承重墙属于主体结构,其保修期限依法应终身保修,双方的质量期限条款违反了国家强制性规定,因此是无效的。建筑公司应当向受害者承担损害赔偿责任。承包人损害赔偿责任的内容应当包括医疗费、因误工减少的收入、残废者生活补助费等。造成受害人死亡的,还应支付丧葬费、抚恤费、死者生前扶养的人必要的生活费用等。此外,建筑公司在施工中偷工减料,造成质量事故,有关主管部门应当按照《建筑法》第七十四条规定对其进行法律制裁。

4.5.5　工程监理单位的质量责任和义务

《质量管理条例》第五章明确了监理单位对工程质量应当承担的责任和义务。

(1)工程监理单位应当依法取得相应等级的资质证书,并在其资质等级许可的范围内承担工程监理业务,不得超越本单位资质等级许可的范围或者以其他工程监理单位的名义承担工程监理业务,不得允许其他单位或者个人以本单位的名义承担工程监理业务,不得转让工程监理业务。

(2)工程监理单位与被监理工程的施工承包单位以及建筑材料、建筑构配件和设备供应单位有隶属关系或者其他利害关系的,不得承担该项建设工程的监理业务。

(3)工程监理单位应当依照法律、法规以及有关技术标准、设计文件和建设工程承包合同,代表建设单位对施工质量实施监理,并对施工质量承担监理责任。工程监理单位应当选派具备相应资格的总监理工程师和监理工程师进驻施工现场。未经监理工程师签字,建筑材料、建筑构配件和设备不得在工程上使用或者安装,施工单位不得进行下一道工序的施工。未经总监理工程师签字,建设单位不得拨付工程款,并不得进行竣工验收。监理工程师应当按照工程监理规范的要求,采取旁站、巡视和平行检验等形式,对建设工程实施监理。

4.6　建设工程安全

建筑生产活动多为露天、高处作业,具有施工环境、作业条件较差,不安全因素随着工程进度变化,隐患多等特点,是事故多发的行业,每年因工死亡人数居全国各行业的第二位。为依法加强建筑安全生产管理,预防和减少建筑业事故的发生,保障建筑行业职工及他人的人身安全和财产安全,在长期的生产实践和生产管理中,我国已经总结出一些行之有效的安全生产管理制度。《建筑法》第五章对建筑生产安全管理作了系列规定。为实现国家对建设安全生产管理的可操作性,2003年11月国务院第28次常务会议通过了《建设工程安全生产管理条例》(以下简称《安全生产管理条例》),并于2004年2月1日起施行。此外,国家颁布的《中华人民共和国安全生产法》《安全生产许可证条例》《生产安全事故报告和调查处理条例》等涉及安全生产的法律、法规和部门规章制度也对建设工程安全生产起到约束作用。

4.6.1　建设工程安全管理的方针

《建筑法》第三十六条规定,建筑工程安全生产管理必须坚持安全第一、预防为主的方针,建立健全安全生产的责任制度和群防群治制度。

建设工程安全生产管理条例

所谓坚持安全第一、预防为主的方针,是指在建筑生产活动中,应当将保证生产安全放到第一位,在管理、技术等方面采取能够确保生产安全的预防性措施,防止建筑工程事故发生。安全生产责任制度,是指将各项保障生产安全的责任具体落实到各有关管理人员和不同岗位人员身上的制度。群防群治制度,是指由广大职工群众共同参与预防安全事故的发生、治理各种安全事故隐患的制度。

安全第一、预防为主的方针是建筑工程安全生产管理工作的经验总结,安全生产责任制度、群防群治制度是安全第一、预防为主方针的具体体现。

4.6.2　建设工程安全管理的基本制度

《中华人民共和国安全生产法》《建筑法》和《安全生产管理条例》都明确了安全生产的基本制度。《安全生产管理条例》第二十一条规定:"施工单位主要负责人依法对本单位的安全生产工作全面负责。施工单位应当建立健全安全生产责任制度和安全生产教育培训制度,制定安全生产规章制度和操作规程,保证本单位安全生产条件所需资金的投入,对所承担的建设工程进行定期和专项安全检查,并做好安全检查记录。施工单位的项目负责人应当由取得相应执业资格的人员担任,对建设工程项目的安全施工负责,落实安全生产责任制度、安全生产规章制度和操作规程,确保安全生产费用的有效使用,并根据工程的特点组织制定安全施工措施,消除安全事故隐患,及时、如实报告生产安全事故。"

1.安全生产责任制度

安全生产责任制度是指将各种不同的安全责任落实到负有安全管理责任的人员和具体岗位人员身上的一种制度,是建筑工程安全规章制度的核心。只有明确安全责任分工负责,才能形成完整有效的安全管理体系,激发每个人的安全责任感,严格按建筑工程安全的法规、规程、技术规范执行,防患于未然,减少工程事故的发生。主要内容有:从事建筑活动主体(企业)的负责人的责任制、从事建筑活动主体的职能机构或处室及工作人员的安全生产责任制、岗位人员的安全生产责任制。

2.群防群治制度

利用群众的智慧和力量,发动职工自发进行预防和治理安全的一种制度,是群众路线在安全工作中的具体表现。实施群防群治制度,要求职工在施工过程中自觉遵守有关生产的法规和建筑行业安全生产规章、规程,对于危及生命和健康的行为有权提出抗拒、检举和控告。

3.安全生产教育培训制度

安全生产教育培训制度是对广大建筑企业职工进行安全生产教育培训,提高安全意识,增加安全知识和安全技能的制度。分析诸多建设安全生产事故时,人们不难发现事故发生的一个重要原因就是:有关人员安全意识薄弱、安全技能不强,未经安全生产教育培训,人员就上岗作业。历史上血的教训证明:只有通过对职工的安全教育与培训,才能使广大职工认识到安全生产的重要性、必要性,并自觉遵守各项安全生产条例和规章制度。

4.安全生产检查制度

安全生产检查制度是上级管理部门、企业自身对安全生产状况进行定期、不定期检查,实现预防为主,将隐患消灭在发生之前,做到防患于未然,是"预防为主"的具体体现,是安全生产的保障。

5.伤亡事故处理报告制度

当生产过程中发生事故时,应采取积极的措施尽量减少人员伤亡和损失,并按国家有关规定及时向有关部门报告。事故处理必须按照一定的程序进行,做到"三不放过"(事故原因不清不放过、事故责任者和群众没有受到教育不放过、没有防范措施不放过)。

6.安全责任追究制度

《建筑法》第七章和《安全生产管理条例》第七章中,规定了建设单位、设计单位、施工单位和监理单位,由于没有履行相应的安全生产职责造成安全事故的法律责任,对有关责任人视情节依法给予相应处理。

4.6.3　建设工程安全责任

1.建设单位的安全责任

《安全生产管理条例》第二章对建设单位的安全责任作出了详细规定:

(1)建设单位应当向施工单位提供施工现场及毗邻区域内供水、排水、供电、供气、供热、通信、广播电视等地下管线资料,气象和水文观测资料,相邻建筑物和构筑物、地下工程的有关资料,并保证资料的真实、准确、完整。建设单位因建设工程需要,向有关部门或者单位查询这些资料时,有关部门或者单位应当及时提供。

(2)建设单位不得对勘察、设计、施工、工程监理等单位提出不符合建设工程安全生产法律、法规和强制性标准规定的要求,不得压缩合同约定的工期。

(3)建设单位在编制工程概算时,应当确定建设工程安全作业环境及安全施工措施所需费用。

(4)建设单位不得明示或者暗示施工单位购买、租赁、使用不符合安全施工要求的安

全防护用具、机械设备、施工机具及配件、消防设施和器材。

（5）建设单位在申请领取施工许可证时，应当提供建设工程有关安全施工措施的资料。依法批准开工报告的建设工程，建设单位应当自开工报告批准之日起15日内，将保证安全施工的措施报送建设工程所在地的县级以上地方人民政府建设行政主管部门或者其他有关部门备案。

（6）建设单位应当将拆除工程发包给具有相应资质等级的施工单位。建设单位应当在拆除工程施工15日前，将下列资料报送建设工程所在地的县级以上地方人民政府建设行政主管部门或者其他有关部门备案：

1）施工单位资质等级证明。

2）拟拆除建筑物、构筑物及可能危及毗邻建筑的说明。

3）拆除施工组织方案。

4）堆放、清除废弃物的措施。

实施爆破作业的，应当遵守国家有关民用爆炸物品管理的规定。《民用爆炸物品安全管理条例》第三十五条规定：在城市、风景名胜区和重要工程设施附近实施爆破作业的，应当向爆破作业所在地设区的市级人民政府公安机关提出申请，提交《爆破作业单位许可证》和具有相应资质的安全评估企业出具的爆破设计、施工方案评估报告。

案例 4-26

某县招待所决定对两层砖混结构住宿楼进行局部拆除改建和重新装修，并将拆改和装修工程承包给一无资质的劳务队。该工程未经有资质的单位设计，也没有办理相关手续，仅由劳务队队长口述了自己的施工方案，并开始组织施工。该劳务队队长在现场指挥4人在二楼干活，安排2人在一楼干活，当1名工人在修凿砖柱（剩余墙体）时，突然发生坍塌，导致屋面梁和整个屋面板全部倒塌，施工人员被埋压。

问题：

（1）本案中建设单位有何违法行为？

（2）建设单位应当承担哪些法律责任？

案例评析：

（1）本案中的建设单位主要有三项违法行为：

1）未依法委托设计。《建筑法》第四十九条规定："涉及建筑主体和承重结构变动的装修工程，建设单位应当在施工前委托原设计单位或具有相应资质条件的设计单位提出设计方案；没有设计方案的，不得施工。"

2）将拆除工程发包给无施工资质的劳务队。《建设工程安全生产管理条例》第十一条规定，建设单位应当将拆除工程发包给具有相应资质等级的施工单位。

3）未依法办理拆除工程施工前的备案手续。《建设工程安全生产管理条例》第十一条规定，建设单位应当在拆除工程施工15日前，将下列资料报送建设工程所在地的县级以上地方人民政府建设行政主管部门或者有关部门备案：①施工单位资质等级证明；②拟拆除建筑物、构筑物及可能危及毗邻建筑的说明；

③拆除施工组织方案;④堆放、清除废弃物的措施。

（2）《建筑法》第七十条规定:涉及建筑主体或者承重结构变动的装修工程擅自施工的,责令改正,处以罚款;造成损失的,承担赔偿责任;构成犯罪的,依法追究刑事责任。《建设工程安全生产管理条例》第五十四条规定,建筑单位未将保证安全施工的措施或者拆除工程的有关资料报送有关部门备案的,责令限期改正,给予警告。《建设工程安全生产管理条例》第五十五条规定:建设单位有下列行为之一的,责令限期改正,处 20 万元以上 50 万元以下的罚款;造成重大安全事故,构成犯罪的,对直接责任人员,依照刑法有关规定追究刑事责任;造成损失的,依法承担赔偿责任。①对勘察、设计、施工、工程监理等单位提出不符合安全生产法律、法规和强制性标准规定的要求的;②要求施工单位压缩合同约定的工期的;③将拆除工程发包给不具有相应资质等级的施工单位的。据此,对建设单位应当责令改正,处以罚款,并依据事故等级和所造成损失,依法追究直接责任人员的刑事责任,依法承担赔偿责任。

2.勘察、设计、监理及物资供应单位的安全责任

《安全生产管理条例》第三章对勘察、设计、工程监理及其他有关单位的安全责任作出了详细规定。

（1）勘察单位应当按照法律、法规和工程建设强制性标准进行勘察,提供的勘察文件应当真实、准确,满足建设工程安全生产的需要。勘察单位在勘察作业时,应当严格执行操作规程,采取措施保证各类管线、设施和周边建筑物、构筑物的安全。

（2）设计单位应当按照法律、法规和工程建设强制性标准进行设计,建设工程设计应当符合按照国家规定制定的建筑安全规定和技术规范,保证工程的安全性能,防止因设计不合理导致生产安全事故的发生。设计单位应当考虑施工安全操作和防护的需要,对涉及施工安全的重点部位和环节应在设计文件中注明,并对防范生产安全事故提出指导意见。采用新结构、新材料、新工艺的建设工程和特殊结构的建设工程,设计单位应当在设计中提出保障施工作业人员安全和预防生产安全事故的措施建议。设计单位和注册建筑师等注册执业人员应当对其设计负责。

（3）工程监理单位应当审查施工组织设计中的安全技术措施或者专项施工方案是否符合工程建设强制性标准。工程监理单位在实施监理过程中,发现存在安全事故隐患的,应当要求施工单位整改,情况严重的,应当要求施工单位暂时停止施工,并及时报告建设单位。施工单位拒不整改或者不停止施工的,工程监理单位应当及时向有关主管部门报告。工程监理单位和监理工程师应当按照法律、法规和工程建设强制性标准实施监理,并对建设工程安全生产承担监理责任。

（4）为建设工程提供机械设备和配件的单位,应当按照安全施工的要求配备齐全有效的保险、限位等安全设施和装置。

（5）出租的机械设备和施工机具及配件,应当具有生产（制造）许可证、产品合格证。出租单位应当对出租的机械设备和施工机具及配件的安全性能进行检测,在签订租赁协议时,应当出具检测合格证明。禁止出租检测不合格的机械设备和施工机具及配件。

（6）在施工现场安装、拆卸施工起重机械和整体提升脚手架、模板等自升式架设设施，必须由具有相应资质的单位承担。安装、拆卸施工起重机械和整体提升脚手架、模板等自升式架设设施，应当编制拆装方案、制定安全施工措施，并由专业技术人员现场监督。施工起重机械和整体提升脚手架、模板等自升式架设设施安装完毕后，安装单位应当自检，出具自检合格证明，并向施工单位进行安全使用说明，办理验收手续并签字。

（7）施工起重机械和整体提升脚手架、模板等自升式架设设施的使用达到国家规定的检验检测期限的，必须经具有专业资质的检验检测机构检测。经检测不合格的，不得继续使用。

（8）检验检测机构对检测合格的施工起重机械和整体提升脚手架、模板等自升式架设设施，应当出具安全合格证明文件，并对检测结果负责。

3. 施工单位安全责任

《安全生产管理条例》第四章对施工单位的安全责任作出了详细规定，主要从安全生产责任和安全管理两个方面作出规定：

（1）施工单位主要负责人依法对本单位的安全生产工作全面负责。施工单位应当建立健全安全生产责任制度和安全生产教育培训制度，制定安全生产规章制度和操作规程，保证本单位安全生产条件所需资金的投入，对所承担的建设工程进行定期和专项安全检查，并做好安全检查记录。施工单位的项目负责人应当由取得相应执业资格的人员担任，对建设工程项目的安全施工负责，落实安全生产责任制度、安全生产规章制度和操作规程，确保安全生产费用的有效使用，并根据工程的特点组织制定安全施工措施，消除安全事故隐患，及时、如实报告生产安全事故。

（2）施工单位应当设立安全生产管理机构，配备专职安全生产管理人员。专职安全生产管理人员负责对安全生产进行现场监督检查。发现安全事故隐患，应当及时向项目负责人和安全生产管理机构报告；对违章指挥、违章操作的，应当立即制止。专职安全生产管理人员的配备办法由国务院建设行政主管部门会同国务院其他有关部门制定。

（3）建设工程实行施工总承包的，由总承包单位对施工现场的安全生产负总责。总承包单位应当自行完成建设工程主体结构的施工。总承包单位依法将建设工程分包给其他单位的，分包合同中应当明确各自的安全生产方面的权利、义务。总承包单位和分包单位对分包工程的安全生产承担连带责任。分包单位应当服从总承包单位的安全生产管理，分包单位不服从管理导致生产安全事故的，由分包单位承担主要责任。

（4）施工单位对列入建设工程概算的安全作业环境及安全施工措施所需费用，应当用于施工安全防护用具及设施的采购和更新、安全施工措施的落实、安全生产条件的改善，不得挪作他用。

（5）垂直运输机械作业人员、安装拆卸工、爆破作业人员、起重信号工、登高架设作业人员等特种作业人员，必须按照国家有关规定经过专门的安全作业培训，并取得特种作业操作资格证书后，方可上岗作业。

（6）施工单位应当在施工组织设计中编制安全技术措施和施工现场临时用电方案，对下列达到一定规模的危险性较大的分部分项工程编制专项施工方案，并附具安全验算结果，经施工单位技术负责人、总监理工程师签字后实施，由专职安全生产管理人员进行现场监督：

1)基坑支护与降水工程。

2)土方开挖工程。

3)模板工程。

4)起重吊装工程。

5)脚手架工程。

6)拆除、爆破工程。

7)国务院建设行政主管部门或者其他有关部门规定的其他危险性较大的工程。

(7)建设工程施工前,施工单位负责项目管理的技术人员应当对有关安全施工的技术要求向施工作业班组、作业人员作出详细说明,并由双方签字确认。

(8)施工单位应当在施工现场入口处、施工起重机械、临时用电设施、脚手架、出入通道口、楼梯口、电梯井口、孔洞口、桥梁口、隧道口、基坑边沿、爆破物及有害危险气体和液体存放处等危险部位,设置明显的安全警示标志。安全警示标志必须符合国家标准。施工单位应当根据不同施工阶段和周围环境及季节、气候的变化,在施工现场采取相应的安全施工措施。施工现场暂时停止施工的,施工单位应当做好现场防护,所需费用由责任方承担,或者按照合同约定执行。

(9)施工单位对因建设工程施工可能造成损害的毗邻建筑物、构筑物和地下管线等,应当采取专项防护措施。施工单位应当遵守有关环境保护法律、法规的规定,在施工现场采取措施,防止或者减少粉尘、废气、废水、固体废物、噪声、振动和施工照明对人和环境的危害和污染。在城市市区内的建设工程,施工单位应当对施工现场实行封闭围挡。

(10)施工单位应当向作业人员提供安全防护用具和安全防护服装,并书面告知危险岗位的操作规程和违章操作的危害。作业人员有权对影响人身健康的作业条件、作业程序和作业方式提出改进意见,有权拒绝违章指挥和强令冒险作业,有权获得安全生产所需的防护用品。在施工中发生危及生命安全和人身健康的紧急情况时,作业人员有权立即停止作业或者在采取必要的应急措施后撤离危险区域,同时有权提出批评、检举和控告。作业人员在施工过程中,应当遵守有关安全生产的法律、法规和建筑行业安全规章、规程,不得违章指挥或者违章作业,正确使用安全防护用具、机械设备等。

(11)施工单位采购、租赁的安全防护用具、机械设备、施工机具及配件,应当具有生产(制造)许可证、产品合格证,并在进入施工现场前进行查验。施工现场的安全防护用具、机械设备、施工机具及配件必须由专人管理,定期进行检查、维修和保养,建立相应的资料档案,并按照国家有关规定及时报废。

(12)施工单位在使用施工起重机械和整体提升脚手架、模板等自升式架设设施前,应当组织有关单位进行验收,也可以委托具有相应资质的检验检测机构进行验收;使用承租的机械设备和施工机具及配件的,由施工总承包单位、分包单位、出租单位和安装单位共同进行验收,验收合格的方可使用。

(13)施工单位的主要负责人、项目负责人、专职安全生产管理人员应当经建设行政主管部门或者其他有关部门考核合格后方可任职。施工单位应当对管理人员和作业人员每

年至少进行一次安全生产教育培训,其教育培训情况记入个人工作档案。安全生产教育培训考核不合格的人员,不得上岗。作业人员进入新的岗位或者新的施工现场前,应当接受安全生产教育培训。未经教育培训或者教育培训考核不合格的人员,不得上岗作业。施工单位在采用新技术、新工艺、新设备、新材料时,应当对作业人员进行相应的安全生产教育培训。

(14)建筑施工企业应当依法为职工参加工伤保险缴纳工伤保险费。鼓励企业为从事危险作业的职工办理意外伤害保险,支付保险费。实行施工总承包的,由总承包单位支付意外伤害保险费。意外伤害保险期限自建设工程开工之日起至竣工验收合格止。

(15)建设单位应当按照国家有关规定,对需要临时占用规划批准范围以外场地的,可能损坏道路、管线、电力、邮电通信等公共设施的,需要临时停水、停电、中断道路交通的,需要进行爆破作业的,法律、法规规定需要办理报批手续的其他情形需办理申请批准手续。

4.6.4 建设工程重大安全事故的处理

1.建设工程重大安全事故的概述

(1)建设工程重大安全事故的概念

重大安全事故,是指因违反有关建设工程安全的法律、法规和强制性标准,造成人身伤亡或重大经济损失的事故。

2007年3月28日国务院第172次常务会议通过《生产安全事故报告和调查处理条例》,并于2007年6月1日起施行,条例共6章46条,主要对事故报告、事故调查和事故处理作出了详细的规定。

(2)建设工程安全事故的分类

《生产安全事故报告和调查处理条例》第三条规定,根据生产安全事故(以下简称事故)造成的人员伤亡或者直接经济损失,事故一般分为以下等级:

1)特别重大事故,是指造成30人以上死亡,或者100人以上重伤,或者1亿元以上直接经济损失的事故。

2)重大事故,是指造成10人以上30人以下死亡,或者50人以上100人以下重伤,或者5000万元以上1亿元以下直接经济损失的事故。

3)较大事故,是指造成3人以上10人以下死亡,或者10人以上50人以下重伤,或者1000万元以上5000万元以下直接经济损失的事故。

4)一般事故,是指造成3人以下死亡,或者10人以下重伤,或者1000万元以下直接经济损失的事故。

2.建设工程重大安全事故处理程序

(1)事故报告

建设工程事故发生后,事故现场有关人员应当立即向本单位负责人报告;单位负责人接到报告后,应当于1小时内向事故发生地县级以上人民政府安全生产监督管理部门和负有安全生产监督管理职责的有关部门报告。情况紧急时,事故现场有关人员可以直接向事故发生地县级以上人民政府安全生产监督管理部门和负有安全生产监督管理职责的有关部门报告。安全生产监督管理部门和负有安全生产监督管理职责的有关部门接到事故报告后,应当根据事故的分类按照规定逐级上报事故情况,每级上报的时间不得超过 2 小时,并通知公安机关、劳动保障行政部门、工会和人民检察院。

(2)迅速抢救伤员、保护事故现场

事故发生单位负责人接到事故报告后,应当立即启动事故相应应急预案,或者采取有效措施,组织抢救,防止事故扩大,减少人员伤亡和财产损失。事故发生地有关地方人民政府、安全生产监督管理部门和负有安全生产监督管理职责的有关部门接到事故报告后,其负责人应当立即赶赴事故现场,组织事故救援。事故发生后,有关单位和人员应当妥善保护事故现场以及相关证据,任何单位和个人不得破坏事故现场、毁灭相关证据。因抢救人员、防止事故扩大以及疏通交通等原因,需要移动事故现场物件的,应当作出标志,绘制现场简图并作出书面记录,妥善保存现场重要痕迹、物证。

事故发生地公安机关根据事故的情况,对涉嫌犯罪的,应当依法立案侦查,采取强制措施和侦查措施。犯罪嫌疑人逃匿的,公安机关应当迅速追捕归案。

(3)事故调查

特别重大事故由国务院或者国务院授权有关部门组织事故调查组进行调查。重大事故、较大事故、一般事故分别由事故发生地省级人民政府、设区的市级人民政府、县级人民政府直接组织事故调查组进行调查,也可以授权或者委托有关部门组织事故调查组进行调查。

根据事故的具体情况,事故调查组由有关人民政府、安全生产监督管理部门、负有安全生产监督管理职责的有关部门、监察机关、公安机关以及工会派人组成,并应当邀请人民检察院派人参加。事故调查组可以聘请有关专家参与调查。事故调查组成员应当具有事故调查所需要的知识和专长,并与所调查的事故没有直接利害关系。事故调查组组长由负责事故调查的人民政府指定。事故调查组组长主持事故调查组的工作。

事故调查组有权向有关单位和个人了解与事故有关的情况,并要求其提供相关文件、资料,有关单位和个人不得拒绝。事故发生单位的负责人和有关人员在事故调查期间不得擅离职守,并应当随时接受事故调查组的询问,并如实提供有关情况。事故调查中发现涉嫌犯罪的,事故调查组应当及时将有关材料或者其复印件移交司法机关处理。事故调查中需要进行技术鉴定的,事故调查组应当委托具有国家规定资质的单位进行技术鉴定。必要时,事故调查组可以直接组织专家进行技术鉴定。技术鉴定所需时间不计入事故调查期限。

未经事故调查组组长允许,事故调查组成员不得擅自发布有关事故的信息。事故调查组应当自事故发生之日起 60 日内提交事故调查报告。特殊情况下,经负责事故调查的人民政府批准,提交事故调查报告的期限可以适当延长,但延长的期限最长不超过 60 日。

事故调查报告应当包括下列内容:

1)事故发生单位概况。

2)事故发生经过和事故救援情况。

3)事故造成的人员伤亡和直接经济损失。

建设法规

4）事故发生的原因和事故性质。

5）事故责任的认定以及对事故责任者的处理建议。

6）事故防范和整改措施。

事故调查报告应当附具有关证据材料。事故调查组成员应当在事故调查报告上签名。事故调查报告报送负责事故调查的人民政府后，事故调查工作即告结束。事故调查的有关资料应当归档保存。

（4）事故处理

对于重大事故、较大事故、一般事故，负责事故调查的人民政府应当自收到事故调查报告之日起 15 日内作出批复；特别重大事故，30 日内作出批复，特殊情况下，批复时间可以适当延长，但延长的时间最长不超过 30 日。有关机关应当按照人民政府的批复，依照法律、行政法规规定的权限和程序，对事故发生单位和有关人员进行行政处罚，对负有事故责任的国家工作人员进行处分。事故发生单位应当按照负责事故调查的人民政府的批复，对本单位负有事故责任的人员进行处理。负有事故责任的人员涉嫌犯罪的，依法追究刑事责任。

事故发生单位应当认真吸取事故教训，落实防范和整改措施，防止事故再次发生。防范和整改措施的落实情况应当接受工会和职工的监督。安全生产监督管理部门和负有安全生产监督管理职责的有关部门应当对事故发生单位落实防范和整改措施的情况进行监督检查。

案例 4-27

某市商住楼位于市滨江大道东段，建筑面积 14700 平方米，8 层框混结构，基础采用人工挖孔桩共 106 根。该工程的土方开挖、安放孔桩钢筋笼即浇筑混凝土工程，由某建筑公司以包工不包料形式转包给何某个人之后，何某又转包给民工温某施工。

在该工地的上部距地面 7 米左右处，有一条 10 千伏架空线路经东西方向穿过。2011 年 5 月 17 日开始土方回填，至 5 月底完成土方回填时，架空线路距离地面净空只剩 5.6 米，期间施工单位曾多次要求建设单位尽快迁移，但始终未得以解决，而施工单位就一直违章在高压架空线下方不采取任何措施冒险作业。当 2011 年 8 月 3 日承包人温某正违章指挥 12 名民工，将 6 米长的钢筋笼放入桩孔时，由于顶部钢筋距高压线过近而产生电弧，11 名民工被击倒在地，造成 3 人死亡、3 人受伤的重大事故。

问题：

试分析该事故的主要原因、事故的性质及主要责任。

案例评析：

（1）事故原因分析

1）技术方面

由于高压线路的周围空间存在强电场，导致附近的导体成为带电体，因此电气规定禁止在高压架空线下方作业，在一侧作业时应保持一定安全距离，防止发生触电事故。

　　该施工现场桩孔钢筋笼长 6 米,上面高压线路距地面仅剩 5.6 米,在无任何防护措施下又不能保证安全距离,因此必然发生触电事故。

　　2)管理方面

　　a.建筑市场管理失控,私自转包,无资质承包,从而造成管理混乱,违章指挥导致发生事故。

　　b.建设单位不重视施工环境的安全条件,高压架空线下方不允许施工,然而建设单位未尽到职责办理线路迁移,从而发生触电事故,也是重要原因。

　　(2)事故结论与教训

　　1)事故主要原因

　　本次事故是由于违法分包给无资质个人施工,致使现场管理混乱,违章指挥,在不具备安全条件下冒险施工导致的触电事故。

　　2)事故性质

　　本次事故属责任事故。从建设单位违法发包、无资质个人承包、现场高压架空线不迁移就施工、违章指挥冒险作业等都是严重的不负责任的行为,最终发生事故。

　　3)主要责任

　　a.个人承包人是现场违章指挥造成事故的直接责任者。

　　b.建设单位和某建筑公司违反《建筑法》规定,不按程序发包和将工程发包给无资质的个人,造成现场混乱。建筑公司不加管理,建设单位不认真解决事故隐患,他们都是这次事故的主要责任者,建设单位负责人和某建筑公司法人代表应负责任。

案例 4-28

　　2010 年 10 月 25 日,某建筑公司承建的某市电视台演播中心裙楼工地发生一起施工安全事故。演播厅舞台在浇筑顶部混凝土施工中,因模板支撑系统失稳导致屋盖坍塌,造成在现场施工的民工和电视台工作人员 6 人死亡,35 人受伤(其中重伤 11 人),直接经济损失 70 余万元。

　　事故发生后,该建筑公司项目经理部向有关部门紧急报告事故情况。闻讯赶到的有关领导指挥公安民警、武警战士和现场工人实施了紧急抢险工作,将伤者立即送往医院进行救治。

　　问题:

　　(1)本案中的施工安全事故应定为哪种等级的事故?

　　(2)事故发生后,施工单位应采取哪些措施?

　　案例评析:

　　(1)应定为较大事故。《生产安全事故报告和调查处理条例》第三条规定:“较大事故,是指造成 3 人以上 10 人以下死亡,或者 10 人以上 50 人以下重伤,或者 1000 万元以上 5000 万元以下直接经济损失的事故。”

（2）事故发生后，依据《生产安全事故报告和调查处理条例》第九条、第十四条、第十六条的规定，施工单位应采取下列措施：

1）报告事故。事故发生后，事故现场有关人员应当立即向本单位负责人报告；单位负责人接到报告后，应当于1小时内向事故发生地县级以上人民政府安全生产监督管理部门和负有安全生产监督管理职责的有关部门报告。情况紧急时，事故现场有关人员可以直接向事故发生地县级以上人民政府安全生产监督管理部门和负有安全生产监督管理职责的有关部门报告。

2）启动事故应急预案，组织抢救。事故发生单位负责人接到事故报告后，应当立即启动事故相应应急预案，或者采取有效措施，组织抢救，防止事故扩大，减少人员伤亡和财产损失。

3）事故现场保护。有关单位和人员应当妥善保护事故现场以及相关证据，任何单位和个人不得破坏事故现场、毁灭相关证据。因抢救人员、防止事故扩大以及疏通交通等原因，需要移动事故现场物件的，应当作出标志，绘制现场简图并作出书面记录。妥善保存现场重要痕迹、物证。

学习检测

本章测试

第 5 章 ▶

建筑工程合同法律制度

本章课件

《建筑法》第十五条规定："建筑工程的发包单位与承包单位应当依法订立书面合同，明确双方的权利和义务。"发包单位和承包单位应当全面履行合同约定的义务。不按照合同约定履行义务的，依法承担违约责任。由于建设工程合同是合同的一种，因此它的签订、履行、变更和消灭除了受到《建筑法》的约束外，也受到《中华人民共和国合同法》（简称《合同法》）的约束。

甲建筑公司(以下简称甲公司)拟向乙建材公司(以下简称乙公司)购买一批钢材。双方经口头协商,约定购买钢材100吨,单价每吨3500元,并拟定了准备签字盖章的买卖合同文本。乙公司签字盖章后,交给甲公司准备签字盖章。由于施工进度紧张,在甲公司催促下,乙公司在未收到甲公司签字盖章的合同文本情形下,将100吨钢材送到甲公司工地现场。甲公司接收了并投入工程使用。后因拖欠贷款,双方产生了纠纷。

案例评析:

《中华人民共和国合同法》(以下简称《合同法》)第三十二条规定,"当事人采用合同书形式订立合同的,自双方当事人签字或者盖章时合同成立。"第三十七条还规定,"采用合同书形式订立合同,在签字或者盖章之前,当事人一方已经履行主要任务,对方接受的,该合同成立。"双方当事人在合同中签字盖章十分重要。如果没有双方当事人的签字盖章,就不能最终确认当事人对合同的内容协商一致,也难以证明合同的成立有效。但是,如果一个以书面形式订立的合同已经履行,仅仅是没有签字盖章,就认定合同不成立,则违背了当事人的真实意思。当事人既然已经履行,合同当然依法成立。

✏ 学习目标

本章阐述了建设工程合同法律制度,要求学生了解合同的订立及相关程序,了解合同的履行、变更和转让,了解建设工程相关合同的内容、当事人的权利和义务。

5.1 概述

5.1.1 建设工程合同概念

根据《合同法》的规定,建设工程合同是承包人进行工程建设,发包人支付价款的合同。我国建设领域习惯上把建设工程合同的当事人双方称为发包方和承包方。建设工程合同是一种诺成合同,双方当事

中华人民共和国合同法

立当在合同中明确各自的权利义务,但主要是承包人进行工程建设,发包人支付工程款。工程建设一般经过勘察、设计、施工等过程,因此建设工程的发包人是建设单位或建设单位所委托的管理机构;承担勘察、设计、施工安装任务的勘察人、设计人、施工人统称承包人。

5.1.2 建设工程合同分类

1.按照承包的工程范围和承包关系分

(1)建设工程总承包合同(设计—建造及交钥匙承包合同)。建设工程总承包合同是指发包人与承包人就建设工程的勘察、设计、施工、设备采购的全部任务签订的合同。总承包人应当对其承包的建设工程的质量负责。这种承包方式减少了业主的组织协调工作量,有利于控制造价、缩短工期,但由于合同条款不易准确,容易造成较多的合同纠纷,因此合同管理难度大,总承包商的责任重、风险大,需要高水平管理。

(2)建设工程承包合同。建设工程承包合同是指发包人将建设工程的勘察、设计、施工等的每一项任务分别发包给一个承包人所签订的合同。

(3)建设工程分包合同。建设工程分包合同是指经合同约定和发包人认可,从工程承包人承包的工程中承包部分工程而订立的合同。

2.按照建设工程合同标的的性质分类

建设工程合同包括建设工程勘察合同、建设工程设计合同、建设工程施工合同、建设工程监理合同。

3.按照承包工程计价方式分类

(1)总价合同。适用于规模较小,工期较短,技术简单,风险不大,设计图纸准确、详细的工程项目,又分为固定总价合同和可调总价合同。

(2)单价合同。这种合同在签约时双方在合同中明确每一个单项工程的单价,工程完工时按照实际完成工程量乘以单项工程单价计算结算款。又分为固定单价合同和可调单价合同。

(3)成本加酬金合同。工程成本按现行计价依据以合同约定的办法计算,酬金又分按成本乘以费率计算和固定酬金两种。

5.1.3 建设工程合同示范文本

由于工程建设活动本身太过复杂和专业化,以及建设工程合同的当事人不可能事先具备完全熟练的签订建设工程合同的专门经验、技能和有关法律知识,因此有必要制定建设工程合同示范文本,以避免因为合同的瑕疵给双方造成不必要的麻烦。

由具备专门经验和技能的机构和人员制定建设工程合同示范文本是国际上通行的做法。比如国际上最具权威的、拥有60多个国家和地区会员参加的国际咨询工程师联合会制订的"FIDIC标准合同示范文本",英国土木工程师学会制定的"ICE标准合同示范文本",英国皇家建筑师学会等若干个专业学会在内的JCT联合会制定的"JCT标准合同示范文本",都是应用非常广泛的标准合同示范文本。我国有关机构也制定了适用于我国国情的工程建设合同示范文本,例如:"建筑工程施工承包合同示范文本""委托监理合同示范文本"和"勘察设计合同示范文本"。在实际中,当事人之间订立建设工程合同可以参照这些示范文本进行操作,这样做减少了盲目性和因合同缺陷引发的纠纷。任何合同示范文本都不是由法律强制使用的。

5.1.4　合同的订立原则

合同的订立,应当遵循平等原则、自愿原则、公平原则、诚实信用原则、合法原则等。

1. 平等原则

《合同法》第三条规定:"合同当事人的法律地位平等,一方不得将自己的意志强加给另一方。"当事人在订立、履行、变更、转让、解除、承担违约责任等涉及合同的活动中的法律地位是平等的,无论当事人是法人还是自然人,也不论其经济性质、组织形式、经济实力的大小等,都应当平等地享有权利、履行义务、承担责任。

2. 自愿原则

《合同法》第四条规定:"当事人依法享有自愿订立合同的权利,任何单位和个人不得非法干预。"合同自愿原则体现民事活动的基本特征。自愿原则的具体内容体现在:

(1)自愿缔结合同,即当事人有权决定是否与他人订立合同。

(2)自愿选择合同相对人。

(3)自愿协商决定合同内容。

(4)自愿变更和解除合同。

(5)自愿选择合同的形式。

(6)自愿约定违约责任。

但是合同自愿原则并不是绝对的,必须遵守法律和行政法规,尊重社会公德,不得扰乱社会经济秩序,不得损害社会公共利益。

3. 公平原则

《合同法》第五条规定:"当事人应当遵循公平原则确定各方的权利和义务。"首先,订立合同时要根据公平原则确定双方的权利和义务,不得欺诈,不得假借订立合同恶意进行磋商。其次,根据公平原则确定风险的合理分配。再者,根据公平原则确定违约责任。如当事人一方违约后,对方当事人应当采取适当的措施防止损失的扩大,如果没有采取适当措施致使损失扩大,后者不得就扩大的损失要求赔偿。为防止损失扩大而支出的合理费用应由违约方承担。

4. 诚实信用原则

《合同法》规定,当事人行使权利、履行义务应当遵循诚实信用原则。诚实信用原则要求维护当事人之间的利益平衡,以及当事人与社会之间的利益平衡。《合同法》中诚实信用原则体现在当事人订立、履行合同及解决因合同而引起的纠纷的过程中的各个方面。

5. 合法原则

《合同法》规定,当事人订立、履行合同,应当遵循法律、行政法规,尊重社会公德,不得扰乱社会经济秩序,损害社会公共利益。合同行为是当事人自主、自愿的自由行为,不受他人任何干预和操控。但是这种自由必须以遵纪守法、不损害他人及社会公共利益为前提。维护社会的公正和秩序其实正是法律的目的。

5.1.5　合同的要约与承诺

《合同法》第十三条规定:"当事人订立合同,采取要约、承诺方式。"合同的成立一般要经过要约和承诺两个阶段。

1. 要约

《合同法》规定,要约是希望和他人订立合同的意思表示。发出要约的人称为要约人,接受要约的人称为受要约人。要约的构成条件有两个:

(1)要约内容具体确定。所谓具体是指要约的内容须具有足以使合同成立的主要条款。所谓确定是指要约的内容须明确,不能含糊不清,否则无法承诺。

(2)表明经受要约人承诺,要约人即受该要约的约束。

《合同法》规定,要约邀请是希望他人向自己发出要约的意思表示。寄送的价目表、拍卖公告、招标公告、招股说明书、商业广告等为要约邀请。要约邀请可以是向特定人发出,也可以是向不特定的人发出,它是为了引发要约,而本身不是要约。因此,要约邀请处于合同的准备阶段,没有法律约束力。在建设工程招投标活动中,招标文件是要约邀请,对招标人不具有法律约束力;投标文件是要约,应受自己作出的与他人订立合同的意思表示的约束。

要约也可以撤回,但撤回要约的信息要先于或同时于要约信息到达对方。受要约人发出的拒绝要约的信息到达要约人,要约人依法可以撤销要约。有下列情形之一的,要约不得撤销:1)要约人确定了承诺期限或以其他形式表明要约不可撤销;2)受要约人有理由认为要约是不可撤销的,并已经为履行合同作了准备工作。

要约失效是指要约丧失了法律效力。对于要约人,要约失效意味着解除了其所受要约的法律约束;对于受要约人,要约失效意味着其丧失了对要约作出承诺的资格或权利。法定的要约失效的情形有四种:1)拒绝要约的信息到达要约人;2)要约人依法撤销了要约;3)承诺期限届满,受要约人未作出承诺;4)受要约人对要约内容作出了实质性变更。

在建设工程合同订立过程中,招标投标程序就是典型的通过要约、承诺订立合同的过程。招标程序中的"工程招标公告"就是典型的要约邀请,而投标人向招标人递交的投标书就是典型的要约。在《招标投标法》中对招标、投标行为所作的有关规定与《合同法》中有关要约、承诺的规定实质上完全一致。

2. 承诺

《合同法》规定,承诺是受要约人同意要约的意思表示。要约一经承诺,合同关系即告成立。承诺的构成要件包括以下四个方面:

(1)承诺必须是受要约人作出的,或者是受要约人委托的代理人作出的,否则无效。

(2)承诺必须在合理期限内作出。《合同法》规定:承诺应当在要约确定的有效期内到达要约人;要约没有确定承诺期限的,承诺应当依照下列规定到达:1)要约以对话方式作出的,应当即时作出承诺,但当事人另有约定的除外;2)要约以非对话方式作出的,承诺应当在合理期限内到达。

（3）承诺的内容应当与要约内容一致。关于合同标的、数量、质量、价款或报酬、履行期限、履行地点和方式、违约责任和解决争议方法等实质性内容变更的,为新要约。对于非实质性内容变更的,除要约人及时表示反对或要约表明承诺不得对要约内容作出任何更改的以外,该承诺有效。实践中,合同的订立往往要经过若干回合的要约、新要约,直至最后受要约人对对方提出的要约表示完全同意为止。

（4）承诺的方式必须符合要约要求。《合同法》第二十二条规定:"承诺应当以通知的方式作出,但根据交易习惯或者要约表明可以通过行为作出承诺的除外。"

承诺可以撤回,但撤回承诺的信息应当在承诺信息到达要约人之前或与承诺信息同时到达要约人。承诺的法律效力在于受要约人一经作出合乎要约要求的承诺,该合同即告成立,双方即受合同的约束。承诺的生效时间即是合同的成立时间,承诺的地点则是合同的成立地点。

在建设工程合同订立过程中,招标人经过评标后选定了中标人,应向中标人发出书面的中标通知书。该中标通知书就是招标人对中标人的承诺。双方的合同关系也随着中标通知书的到达而成立。

3.缔约过失责任

缔约过失责任是指在合同订立过程中,当事人由于过错违反先合同义务而依法承担的民事责任。先合同义务是指在订立合同过程中,合同成立之前所发生的,双方当事人之间的相互协助、照顾、保护、保密、通知及诈欺禁止等义务。双方应遵循诚实信用原则,有义务尽量使合同能够缔结生效。这种义务并不是因合同关系而产生的,它是一种先合同义务。《合同法》第四十二条规定,当事人在订立合同过程中有下列情形之一,给对方造成损失的,应当承担损害赔偿责任:

（1）假借订立合同,恶意进行磋商。

（2）故意隐瞒与订立合同有关的重要事实或者提供虚假情况。

（3）有其他违背诚实信用原则的行为。

按照以上规定,当事人在订立合同过程中具有上述情形之一,且给对方造成损失的,应当承担损害赔偿责任,这个责任就是所谓的缔约过失责任。

建设工程合同的订立过程比较复杂,一般要经过招标、投标、评标等过程。比如在进行完评标程序后,中标人因自身原因而逃避与招标人签订合同,中标人就要承担缔约过失责任。

4.格式条款的特别规定

格式条款是指当事人为了重复使用而预先拟定,并在订立合同时未与对方协商的条款。由于格式条款是由当事人一方事先单方拟定的,非常容易出现不公平的内容。因此《合同法》第三十九条规定:"采用格式条款订立合同的,提供格式条款的一方应当遵循公平原则确定当事人之间的权利和义务,并采取合理的方式提请对方注意免除或者限制其责任的条款,按照对方的要求,对该条款予以说明。"对格式条款的理解发生争议的,应当

按照通常理解予以解释;对格式条款有两种以上解释的,应当作出不利于提供格式条款一方的解释。

为了限制提供格式条款一方的行为,《合同法》主要又规定格式条款中不得含有法律所禁止的内容,也不得含有诸如提供格式条款一方免除其责任、加重对方责任、排除对方权利之类的不公平内容。如果有上述内容,即使是双方当事人已经作出了使合同生效的签章行为,该格式条款仍属无效。

5.1.6 合同的成立、生效和无效

合同的效力又称合同的法律效力,是指法律赋予依法成立的合同具有约束当事人各方的效力。

1.合同的成立

合同的成立是指合同双方当事人对合同的主要条款达成了一致,反映当事人达成协议的事实状态。

合同成立需具备以下条件:

(1)存在两方以上的订约当事人。合同成立首先应具备双方或者多方订约当事人,只有一方当事人不可能成立合同。例如:某人以某公司名义与某人订立合同,若该公司根本不存在,则合同不成立。

(2)订约当事人对主要条款达成一致。

《合同法》第十三条:"当事人订立合同,采取要约、承诺方式。"若只停留在某一阶段,那么合同就根本没成立。

2.合同的生效

合同生效是指合同成立后在法律上得到肯定性评价,产生了当事人意定的法律效力。合同的效力,即合同的法律效力,是法律赋予依法成立的合同具有约束当事人各方的效力。

合同的一般生效要件包括:

1)主体合格,行为人具有相应的民事行为能力。

2)意思表示真实。所谓意思表示真实,是指表示人的表示行为真实反映其内心的意思,它是合同生效的重要构成要件。在意思表示不真实的情况下,合同也可能无效。

3)不违反法律、行政法规的强制规定,不得损害社会公共利益。某些特殊合同,须办理特殊手续,如批准、登记等。

对于非要式合同,只要当事人主体资格、合同形式及合同内容等方面均符合法律、行政法规的要求,经协商达成一致意见,合同成立即生效;对于法定的或约定的要式合同,则应当依法或依约定满足要式条件,合同才能生效。比如建设工程合同,双方当事人必须签订书面合同才能生效。

案例 5-1

某开发公司(以下简称甲公司)计划开发建设一个居民小区,由于该小区在

设计上采用了特殊工艺,经有关主管部门批准,甲公司于2010年6月1日将小区的设计任务直接发包给了某设计院(以下简称乙公司),但是,双方并没有签订书面合同。2010年12月8日,乙公司完成了工程设计。甲公司以没有书面合同,不符合《合同法》中"建设工程合同应当采用书面形式"的规定为由,拒绝支付设计费。甲公司的做法是否正确?

案例评析:

甲公司的做法是不正确的。《合同法》第二百七十条对建设工程合同的形式作出了规定,使得签订建设工程合同成了要式民事行为,但是,《合同法》第三十六条同时规定:"法律、行政法规规定或者当事人约定采用书面形式订立合同,当事人未采用书面形式但一方已经履行主要义务,对方接受的,该合同成立。"所以甲公司应按约定支付乙公司设计费。

2.合同的无效

无效合同是指虽然已经双方当事人订立、成立,但因其内容和形式违反了法律、法规的强制性规定,或者损害了国家利益、集体利益、第三人利益和社会公共利益,因而不为法律所承认和保护,不具有法律效力的合同。无效合同自始就不具有法律效力。《合同法》第五十二条规定,有下列情形之一的,合同无效:

(1)一方以欺诈、胁迫的手段订立合同,损害国家利益。

(2)恶意串通,损害国家、集体或者第三人利益。

(3)以合法形式掩盖非法目的。

(4)损害社会公共利益。

(5)违反法律、行政法规的强制性规定。

例题 5-1

甲公司将施工机械借给乙公司使用,乙公司在甲公司不知情的情况下将该施工机械卖给知悉上述情况的丙公司,关于乙、丙公司之间施工机械买卖合同效力的说法,正确的是(　　)。

A.有效　　　　　　　　　　B.可变更或撤销

C.无效　　　　　　　　　　D.效力待定

答案:C。恶意串通,损害国家、集体或者第三人利益,属于无效合同,因为丙公司在知情乙公司无权代理的情况下,依然向其购买施工机械,故此合同为无效合同。

无效合同自始没有法律效力。如果当事人一方或双方已经履行了合同,就应对因无效合同的履行而引起的财产后果进行处理。按照《合同法》的规定,合同当事人应将因履行无效合同而取得的对方财产归还给对方,使合同财产当事人的财产状况恢复到合同订立之前的状态。如果无效合同给当事人造成损失的,过错方应赔偿无过错方的损失;若双方都有过错,则双方均应承担各自相应的责任;对于恶意串通,损害国家、集体或他人利益的无效合同,因此取得的财产收归国家所有或者返还集体、第三人。

5.1.7 合同的履行、变更、转让、撤销和终止

1.合同的履行

《合同法》规定,当事人应当按照约定全面履行自己的义务。当事人在合同履行过程中应遵循全面履行和协作履行的原则。

全面履行是指双方当事人应按照合同的规定全面地履行各自的义务。协作履行是指合同当事人不仅要全面履行自己的义务,而且要给予对方当事人必要的协助。建设工程合同履行过程中,施工方全面完成合同规定的施工任务,业主方应为施工方提供施工活动所必需的各种条件就是这两项原则的体现。

合同履行的程序会因合同种类、内容的不同而有所区别。一般地说,合同履行大致经过交付标的、验收标的、结算过程。建设工程施工合同履行的过程是:施工方进行施工、业主按照合同规定的期限定期支付工程款、施工完成后双方以及法律法规规定的各有关部门共同参加工程的验收、结算工程款、施工方履行保修义务等。

案例 5-2

原告:某建筑工程承包公司(简称承包公司)

被告:某房地产开发有限公司(简称房地产公司)

2010 年 7 月原告与被告就某项目签订了一份前期工程协议书,双方约定:承包公司负责该项目的前期工程,包括动迁和七通一平,房地产公司按完成面积分四期支付工程款。在合同履行过程中,承包公司由于疏忽,对在项目基地红线边缘的两所约定应拆除的民房未予以拆除。房地产公司虽然知道这种情况,但一直不予提醒,而且不加以说明地拒付大部分工程款,为此工程延误一段工期,这种状况一直延续到工程完工。

结算过程中,承包公司根据协议要求房地产公司支付尚未支付的 2000 万元的工程款,但遭到房地产公司的拒绝。理由是,承包公司没有按协议完成任务,两所民房仍未拆除且拖延工期。2011 年 4 月,承包公司以欠款为由将房地产公司告上法庭。

承包公司承认由于疏忽造成两所约定应拆除的民房未予以拆除,但是这两所民房未拆除并未影响项目的施工,现在工程已全部完工,房地产公司可以扣除这两所房子的拆迁费用,但不应拒付大部分工程款;对此房地产公司不予认可而且提出反诉,要求承包公司支付延误工期的违约金 1000 万元。

2011 年 5 月法院经审理作出判决:承包公司应拆除剩余两所民房,房地产公司应按协议约定支付全部工程款,至于延误工期的违约金是由于房地产公司拒付工程款而造成的,是房地产公司的人为原因而使损失扩大,依法予以驳回。

案例评析:

"全面履行"是合同当事人依法应当履行的基本义务,《合同法》第六十条规定:"当事人应当按照约定全面履行自己的义务。"承包公司没有按约定将应拆除的房屋拆除,即没有"全面履行",应当判令其全部完成。

同时,法律又为当事人设定了"减损义务",这是诚实信用原则的体现。《中华人民共和国民法通则》规定,当事人一方因另一方违反合同受到损失的,应及时采取措施防止损失的扩大;没有及时采取措施致使损失扩大的,无权就扩大的损失要求赔偿。防止损失扩大是在合同履行过程中因某种原因致使当事人遭受损失,双方在有条件的情况下都有采取积极措施防止损失扩大的义务,而不管这种损失的造成与自己是否有关。房地产公司显然是属于在"另一方违反合同受到损失"时,没有及时采取措施防止损失的扩大。因此,对于扩大的损失当然不能要求赔偿。

2. 合同的变更

合同变更是指合同依法成立后,在尚未履行或尚未完全履行时,当事人依法对合同内容进行修订或补充。如对标的的数量或质量、履行的期限、地点方式等内容进行修订。《合同法》第七十七条规定:"当事人协商一致,可以变更合同。"当事人协商一致,既是合同变更的程序,也是合同变更的条件。合同变更须具备以下条件:

(1)原已存在有效的合同关系。合同变更是在原合同的基础上,通过当事人双方的协商或者法律的规定改变原合同关系的内容。因此,无原合同关系就无变更的对象,合同的变更离不开原已存在合同关系这一前提条件。同时,原合同关系若非合法有效,如合同无效、合同被撤销或者追认权人拒绝追认效力未定的合同,合同便自始失去法律约束力,即不存在合同关系,也就谈不上合同变更。

(2)合同变更须依当事人双方的约定或者依法律的规定并通过法院的判决或仲裁机构的裁决。发生合同变更主要是当事人双方协商一致的结果。在协商变更合同的情况下,变更合同的协议必须符合民事法律行为的有效要件,任何一方不得采取欺诈、胁迫的方式来欺骗或强制他方当事人变更合同。如果变更合同的协议不能成立或不能生效,则当事人仍然应按原合同的内容履行。如果当事人对变更的内容约定不明确,应视为未变更。此外,合同变更还可以依据法律直接规定而发生。

土木工程施工合同变更的原因有:业主新的变更指令,对建筑的新要求;由于设计人员、监理方人员、承包商事先没有很好地理解业主的意图,导致图纸修改;工程环境的变化,预定的工程条件不准确,要求实施方案或实施计划变更;由于产生新技术新知识,有必要更改设计、原实施方案,或由于业主指令及业主责任的原因造成承包商施工方案的改变;政府部门对工程新的要求;由于合同实施出现问题,必须调整合同目标或修改合同条款。

当事人协商变更合同的基本程序是:1)一方提出或者发出变更合同的书面建议(或者通知,下同)。建议一般包括下列主要内容:变更合同的理由;有关后果(包括赔偿责任)的处理;对方答复期限等。2)另一方对变更合同的答复。另一方当事人接到对方变更合同的书面要求后,要在法定或者约定的期限内以书面形式予以答复,表示同意或者不同意;逾期不答复的,视为默认变更。3)双方达成变更合同的协议。双方都表示同意变更合同的,经过协商同意,达成一致意见后,应制作变更合同的协议书。该协议书包括有关文书、电报等。对于因不可抗力、情势变更和意思表示不真实等产生变更请求权而变更合同,对方不同意的,权利人可请求法院或仲裁机构变更。

例题 5-2

某施工合同约定质量标准为合格,监理工程师在巡视时要求承包人"把活儿做得更细些,到时候不会少了你们的"。于是项目经理在施工中提高了质量标准,因此增加了费用,则该笔费用应由(　　)承担。

A. 发包人　　　　　　　　　　B. 承包人

C. 监理工程师　　　　　　　　D. 承包人与发包人共同

答案:B。合同变更应当经合同双方协商一致,监理单位不是合同当事人,因此施工单位单方面变更的费用应当自行承担。

3. 合同的转让

合同的转让是一种特殊的变更,是指当事人将自己承受的合同权利与义务转让给第三人承受的行为。合同的转让,也就是合同主体的变更,准确地说是合同权利、义务的转让,即在不改变合同关系内容的前提下,使合同的权利主体或者义务主体发生变动。

(1)合同权利的转让

合同权利的转让(即债权转让),是指合同债权人通过协议将其债权全部或者部分转让给第三人的行为。具体包括三方面的含义:

1)合同权利转让是指不改变合同权利的内容,由债权人将权利转让给第三人。因此,权利转让的主体是债权人和第三人,债务人不能成为合同权利转让的当事人。

2)合同权利转让的对象是合同债权,属于合同法的调整范围,与物权转让有着本质的区别。

3)合同权利的转让既可以是全部的转让,也可以是部分的转让。在权利部分转让的情况下,受让人作为第三人将加入到原合同关系中,与原债权人共同享有债权;当权利全部转让时,受让人则完全取代转让人的地位而成为合同当事人,原合同关系消亡,产生了一个新的合同关系。

《合同法》第七十九条对合同转让的范围作了限制。即规定了三种情况下禁止转让:

1)根据合同性质不得转让的权利。比如根据个人信誉关系而发生的债权;以特定债权人的行为为内容的权利;合同权利的设定是针对特定当事人的不作为义务;单独转让合同债权中的从权利。

2)按照当事人约定不得转让的权利。当事人订立合同时可以对权利的转让作出特别约定,禁止债权人将权利转让给第三人。这种约定只要是当事人真实意思的表示,同时不违反法律禁止性规定,即对当事人产生法律效力。债权人如果将权利转让给他人,其行为将构成违约。

3)依照法律规定不得转让的权利。我国一些法律中对某些权利的转让作出了禁止性规定。对于这些规定,当事人应严格遵守,不得擅自转让法律禁止转让的权利。

《合同法》规定,债权人转让权利的,应当通知债务人。未经通知,该转让对债务人不发生效力。债权人转让权利的通知不得撤销,但经受让人同意的除外。

（2）合同义务的转让

合同义务转让是指不改变合同的内容，债务人将其合同义务全部或部分转移给第三人。

合同义务的全部转让被称为"免责的债务承担"，是指债权人或者债务人与第三人之间达成转让债务的协议，由第三人取代原债务人承担全部债务。

合同义务的部分转让被称为"并存的债务承担"，是指原债务人并没有脱离原有合同关系，而是由第三人加入合同关系，并与原债务人一起共同向同一债权人承担合同义务。

4.合同的撤销

可撤销合同是指因意思表示不真实，通过有撤销权的机构行使撤销权，使已经生效的意思表示归于无效的合同。《合同法》规定，下列合同，当事人一方有权请求人民法院或者仲裁机构变更或者撤销：

（1）因重大误解订立的合同。

（2）在订立合同时显失公平的合同。

（3）以欺诈、胁迫的手段或者乘人之危订立的合同。

被撤销合同自始没有法律效力。如果当事人一方或双方已经履行了合同，就应对因被撤销合同的履行而引起的财产后果进行处理。按照《合同法》的规定，合同当事人应将因履行被撤销合同而取得的对方财产归还给对方，使合同财产当事人的财产状况恢复到合同订立之前的状态。如果可撤销合同给当事人造成损失的，过错方应赔偿无过错方的损失；若双方都有过错，则双方均应承担各自相应的责任；对于恶意串通，损害国家、集体或他人利益的可撤销合同，因此取得的财产收归国家所有或者返还集体、第三人。

5.合同的终止

合同的终止是指依法生效的合同，因具备法定的或当事人约定的情形，合同的债权、债务归于消灭，债权人不再享有合同的权利，债务人也不必再履行合同的义务。合同的终止使合同的担保等附属于合同的权利和义务也归于消灭。但合同权利和义务的终止，不影响合同中结算、清算条款和独立存在的解决争议方法的条款（如仲裁条款）的效力。

《合同法》规定，有下列情形之一的，合同的权利义务终止：（1）债务已经按照约定履行；（2）合同解除；（3）债务相互抵消；（4）债务人依法将标的物提存；（5）债权人免除债务；（6）债权债务同归于一人；（7）法律规定或者当事人约定终止的其他情形。

合同的解除是指当事人在具有法律效力的合同未全部履行之前，终止该合同的效力。

合同解除分协议解除和单方解除。协议解除是指当事人双方就消灭有效合同达成意思表示一致，即是基于当事人的意愿，经双方当事人协商解除。单方解除又分法定解除和约定解除。单方解除是指当事人双方根据法律规定和合同事项约定，当出现特定情形时，以单方意思解除合同。所谓法定解除，是指出现法律规定可以解除合同的条件时，当事人即可依法解除合同。《合同法》第九十四条规定了五种解除合同的情形：

（1）因不可抗力致使不能实现合同目的。

（2）在履行期限届满之前，当事人一方明确表示或者以自己的行为表示不履行主要债务。

（3）当事人一方迟延履行主要债务，经催告后在合理期限内仍未履行。

（4）当事人一方迟延履行债务或者有其他违约行为致使不能实现合同目的。

（5）法律规定的其他情形。

所谓约定解除，是指当合同约定的解除情形出现时，享有解除权的一方以单方意思表示使合同解除。即当事人在签订合同时，可以约定解除合同的条件，当解除合同条件成立时，解除权人可以解除合同。

合同解除后，双方当事人不再受该合同的约束。合同解除后，尚未履行的，终止履行；已经履行的，根据履行情况和合同性质，当事人可以要求恢复原状或采取其他补救措施，并有权要求赔偿损失。合同解除不影响合同中结算和清理条款的效力。

因不可抗力引发的合同解除，由于不是当事人的过错所致，当事人不承担法律责任；由于当事人的过错引发的合同变更，应当由引发变更的一方给对方以适当的经济补偿。

例题 5-3

某工程在 9 月 10 日发生了地震灾害迫使承包人停止施工。9 月 15 日发包人与承包人共同检查工程的损害程度，并一致认为损害程度严重，需要拆除重建。9 月 17 日发包人将依法单方解除合同的通告送达承包人，9 月 18 日发包人接到承包人同意解除合同的回复。依据《合同法》的规定，该施工合同解除的时间为（　　）。

A.9 月 10 日　　　　　　　　B.9 月 15 日

C.9 月 17 日　　　　　　　　D.9 月 18 日

答案：C。根据《合同法》第九十三条，当事人协商一致，可以解除合同。当事人可以约定一方解除合同的条件。解除合同的条件成就时，解除权人可以解除合同。第九十四条，有下列情形之一的，当事人可以解除合同：①因不可抗力致使不能实现合同目的；②在履行期限届满之前，当事人一方明确表示或者以自己的行为表示不履行主要债务；③当事人一方迟延履行主要债务，经催告后在合理期限内仍未履行；④当事人一方迟延履行债务或者有其他违约行为致使不能实现合同目的；⑤法律规定的其他情形。

5.1.8　合同的担保

合同的担保是以保障债权的实现为目的的担保行为。担保的形式包括保证、抵押、质押、留置和定金。提供担保的人，称为担保人；接受担保的人即债权人，又称为担保权人；债务人又称为被担保人。

担保关系的发生以先于担保关系存在的合同关系为前提。担保是通过担保合同或担保条款来确定担保权利义务关系的。主合同就是规定债权人与债务人之间权利义务关系的协议，是担保关系存在的前提。确立担保关系的担保合同是主合同的从合同。主合同无效，担保合同无效；主合同有效，担保合同可能有效，也可能无效。

1.保证

保证是指保证人和债权人约定，当债务人不履行债务时，保证人按约定履行债务或者承担责任的行为。

有效保证担保要求：

（1）设定保证担保必须书面签署保证合同以示声明。

（2）保证人必须是主合同以外的第三人，且保证人应当具备清偿债务的能力。

（3）保证人以自己的信用和不特定的财产为他人提供担保。

保证人承担保证责任后，有权向债务人追偿。

建设工程招标投标过程中，招标人要求投标人在投标时提供的"投标保函"就是典型的保证担保。

2. 抵押

抵押是指债务人或第三人不转移对法定抵押财产的占有，将该财产作为债权的担保。债务人不履行债务时，债权人有权依法以该财产折价或拍卖、变卖该财产的价款优先受偿。其中的债务人或第三人是抵押人，债权人是抵押权人，提供担保的财产是抵押物。

抵押权的最大特点是在抵押期间不转移标的物占有的物权。抵押设定后，抵押人可以不将抵押物转移于抵押权人，仍享有对抵押物的占有、使用和收益权，但抵押人未经抵押权人同意不得处分抵押物。

法律对于可以作为抵押物设定抵押担保的财产和不得作为抵押的财产具体作了明确的规定。设定抵押担保必须书面声明；由于抵押期间抵押物不转移，为了保护抵押权人的利益，法律规定了强制性和自愿实行抵押物登记的制度。所谓抵押物登记制度是指提供抵押担保要同时提供所抵押财产在相应管理部门办理的抵押物登记证明，这样可以避免恶意重复抵押现象的发生。建设中或已经完成的工程项目可以作为抵押物设定抵押担保。

《中华人民共和国担保法》规定以下财产不得抵押：

（1）土地所有权；

（2）耕地、宅基地、自留地、自留山等集体所有的土地使用权，但担保法第三十四条第（五）项、第三十六条第三款规定的除外；

（3）学校、幼儿园、医院等以公益为目的的事业单位、社会团体的教育设施、医疗卫生设施和其他社会公益设施；

（4）所有权、使用权不明或者有争议的财产；

（5）依法被查封、扣押、监管的财产；

（6）依法不得抵押的其他财产。

3. 质押

质押指债务人或第三人将其财产移交债权人占有，以该财产作为债权的担保。债务人不履行债务时，债权人有权以该财产卖得价款优先受偿。用于质押的财产可以是动产，也可以是有价证券、无形财产所有权等权利。设定质押必须书面声明。质押合同自质押物移交于质权人占有时生效。

4. 留置

留置是指债权人按照合同的约定占有债务人的动产，债务人不按照合同约定的期限履行债务的，债权人有权依法留置该财产，以该财产折价或者以拍卖、变卖该财产所得的

价款优先受偿。留置担保无须当事人事先的声明。留置担保债权范围包括主债权及利息、违约金、损害赔偿金、留置物保管费和实现留置权的费用。

法律规定留置物必须是债权人合法占有债务人的财产。可以采用留置担保的合同有：保管、仓储、运输、承揽合同等。建设工程合同中，如发包方不履行支付工程款义务，则承包方可以依法将占有的工程变卖，从变卖所得价款中优先受偿。

5.定金

定金是指当事人在订立主合同之后，约定在履行主合同之前，一方向对方给付一定数量的货币作为债权的担保，债务人履行债务后，该项货币抵作价款或收回。给付定金的一方不履行约定的义务，无权要求返还定金，收受定金的一方不履行约定的义务，应当双倍返还定金。

定金担保的成立不仅需要当事人书面声明，还需要给付行为。法律规定定金的数额由双方约定，但不得超过主合同标的额的 20％。

在书面约定时，作为担保使用的"定金"概念与人们日常使用的"订金"概念完全不同。"定金"是法定的担保方式，约定采用"定金"担保后，对违约方就要按照法律的规定进行处罚。但是"订金"却不适用担保规定的处罚。在实际中，人们还容易将"定金"与"预付款"相混淆。"预付款"虽然也是在合同订立之后、履行之前一方给付对方的货币，但因为它不是法律规定的担保方式，也不适用担保规定的处罚。定金担保是建设工程合同中勘察设计合同、采购合同等常用的担保方式。

5.1.9 合同的违约责任

合同是具有法律效力的文件，当事人违反合同义务，应当承担相应的法律责任。一般情况下，当事人在合同条款中已经对违反合同应承担的责任作出了约定。事先约定违约责任的意义在于：首先，明确的违约责任的约定，能够警示当事人尽可能避免出现违约；其次，一旦出现违约行为，能使对违约后果的处理、对违约者的制裁、对受害方的补偿有章可循，从而更简单。

违约责任是指当事人由于过错而不能履行或不能完全履行合同约定的义务所应承担的法律责任。违约责任的构成要件包括主观要件和客观要件。

主观要件是指合同当事人在履行合同中不论主观上是否有过错，即主观上有无故意或过失，只要造成违约的事实，均应当承担违约的法律责任。

客观要件是指合同依法成立、生效后，合同当事人一方或者双方未按照法定或约定全面地履行应尽的义务，出现了客观违约事实，应当承担的违约的法律责任。

违约责任有以下特点：

(1)违约责任产生的前提是造成了违约事实，不论当事人是否有过错。

(2)违约责任的大小可以由当事人自由约定，这使得违约责任与侵权责任有所不同。

(3)违约责任具有补偿性，一般情况下都是为了补偿受害方的损失。

1.承担违约责任的条件

违约责任源于违约行为，违约行为是指合同当事人不履行合同义务或履行合同义务不符合约定条件的行为。当事人违约要承担违约责任。但并不是所有的违约行为都应承担违约责任。承担违约责任要具备一定的条件。

承担违约责任的条件是：当事人要有违反合同义务的行为，该行为的后果对对方当事人造成了利益的损失；违约方具有过错，并且无论是故意过错还是过失过错。

有些情况下，当事人虽有违约行为，但该违约行为不是由当事人的过错造成的，当事人可以不承担违约责任。《合同法》规定：因不可抗力的发生而导致当事人违约的，当事人不承担违约责任或部分免除责任。所谓不可抗力，是指当事人不能预见、不能避免并不能克服的客观情况。必须说明的是：当足以导致当事人违约的不可抗力发生时，应及时将不可抗力发生的情况告知对方，并取得相应部门出具的不可抗力发生的证明。

2．承担违约责任的主体

《合同法》第一百二十条规定："当事人双方都违反合同的，应当各自承担相应的责任。"在现实中，许多情况下是双方当事人均有不同程度的违约行为存在。这时，双方应根据责任大小承担相应的责任。

3．承担违约责任的方式

（1）违约金和赔偿金。违约金是指违约方根据法律或合同的约定，向对方支付的货币金额。这个金额一般双方当事人事先在合同中约定。实际违约行为发生后，无论违约行为是否给对方造成损失，都要支付。如果约定的违约金高于实际损失，则支付违约金，若违约金数额过分高于实际损失，可以适当减小赔偿额度。如果约定的违约金不足以弥补对方的实际损失，则除了要支付违约金外，还应向对方支付赔偿金，以补齐违约金不足以弥补的损失部分。

现实中，实际损失由于存在直接损失和间接损失，其计算有时很难有确切的标准，当事人容易由此引发进一步的纠纷。所以当事人在合同中约定违约责任条款时，也应同时约定实际损失的计算范围和计算办法。一般赔偿金的数额不得超过违反合同一方订立合同时预见到或应当预见到的因违反合同可能造成的损失。

（2）价格制裁。《合同法》第六十三条规定："执行政府定价或者政府指导价的，在合同约定的交付期限内政府价格调整时，按照交付时的价格计价。逾期交付标的物的，遇价格上涨时，按照原价格执行；价格下降时，按照新价格执行。逾期提取标的物或者逾期付款的，遇价格上涨时，按照新价格执行；价格下降时，按照原价格执行。"这一规定的实质是强制性执行对于违约方不利的价格，是对逾期交货或逾期付款这类违约行为进行的价格制裁。

（3）担保制裁。合同如果约定有担保条款，违约方还要承担担保（主要指定金）制裁。合同约定一方当事人给予对方一定的定金，在履行合同过程中，若给付定金方不履行合同的，无权收回定金，收受定金方不履行合同的，应当双倍返还定金。这实质上是对违约方进行的定金制裁。

需要注意的是：若合同既约定了定金担保，又约定了违约金担保，守约方只可以从中选择其一适用。在建设工程合同的勘察、设计合同和各类采购合同中，定金担保的采用非常普遍。

（4）继续履行合同义务。对于履行非金钱债务的合同，违约方承担相应的法律责任

后,如果对方要求继续履行合同的,违约方不得以已经承担了违约责任为由而拒绝继续履行合同。当然该项责任不是无限制的,如果该项履行义务在法律上或者事实上不能履行,债务的标的不适于强制履行或履行费用过高,或者债权人在合理期限内未要求履行时,便不能再适用继续履行义务的责任方式。

5.2 建设工程合同

5.2.1 建设工程勘察、设计合同

1.建设工程勘察、设计合同的主要内容

根据《合同法》及《建设工程勘察设计合同管理办法》,建设工程勘察、设计合同应包括以下内容:

(1)工程概况、工程名称、地点、规模。

(2)发包方提供资料的内容、技术要求和期限。

(3)承包方勘察的范围、进度、质量,设计的阶段、交付日期。

(4)勘察设计收费的依据、收费标准和拨付方式。

(5)双方当事人的权利和义务。

(6)违约责任。

(7)争议的解决方式等。

2.合同形式

建设工程勘察设计合同应采用书面形式,使用或参照由住建部和国家工商行政管理局制订的示范文本:GF 2016—0203《建设工程勘察合同(示范文本)》、GF 2015—0209《建设工程设计合同示范文本(房屋建筑工程)》、GF 2015—0210《建设工程设计合同示范文本(专业建设工程)》。

3.建设工程勘察设计合同当事人的权利和义务

(1)发包方的主要义务

1)提供有关基础资料,并对提供的时间、进度和资料的可靠性负责。

2)提供必要的生活工作条件。

3)按照国家有关规定给付勘察设计费。

4)及时向有关部门申请取得各设计阶段的批准文件。

5)尊重勘察设计成果,不得转让第三方重复使用。

(2)承包方的主要义务

1)按现行规范、标准等技术条例进行工作,并按合同约定的进度、质量提交成果。

2)初步设计审查后,在原定任务书范围内的必要修改由承包方负责。

3)对勘察设计成果质量负责,由于勘察设计质量瑕疵从而引起的工程返工、建设费用增加应由勘察设计人员负担造成的损失。

4)设计后服务。配合施工、交底、变更、隐蔽验收、竣工验收等。

4.建设工程勘察设计合同当事人的违约责任

(1)发包方的违约责任

1)发包方未按时提供勘察设计所需要的原材料、设备、场地、资金、技术资料,致使工程未能按期进行的,承包方可以顺延工期,承包人由此造成的损失,由发包人承担。

2)发包人提供的资料不准确,或中途改变建设计划造成勘察设计工作的返工、窝工、停工或修改计划的,发包方应按承包人的实际消耗工作量增付费用。

3)发包方未能按期接收承包方的工作成果的,应偿付逾期违约金。

4)发包方如不履行合同,无权请求返还定金。

(2)承包方的违约责任

1)因勘察、设计质量低劣而引起的返工,勘察设计单位应当承担返工所支出的各种费用。

2)勘察设计单位未能如期提交勘察设计文件,致使工期拖延造成损失的,由勘察设计单位继续完善勘察设计,承担相应部分的勘察设计费,并赔偿拖延工期造成的损失。

3)由于勘察设计错误而造成工程重大质量事故的,承包方除免收损失部分的勘察设计费用外,还应承担一定数额的赔偿金。

4)承包方如不能履行合同,应双倍返还定金。

5.2.2　建设工程施工合同

1.建设工程施工合同的主要内容

建设工程施工合同是发包方和承包方为完成特定的建筑安装工程任务,明确双方权利义务关系的协议,建设工程施工合同是建筑、安装合同的合称。建设工程施工合同应具备以下主要条款:

(1)工程名称和地点。

(2)建设工期,中间交工工程开、竣工时间。

(3)工程质量。

(4)工程造价。

(5)承包工程的预付款、工程进度款及工程结算的支付时间与方式。

(6)材料和设备的供应责任。

(7)当一方提出延迟开工日期或中止工程的全部或一部分时,有关工期变更、承包金额变更或损失的承担及估算方法,由于价格变动而变更承包金额或工程内容的规定和估算方法。

(8)竣工验收。

(9)违约责任。

(10)合同争议的解决方式。

(11)其他约定条款。

2.建设工程施工合同当事人的权利和义务

(1)发包方的主要义务

1)办理土地征用,青苗树木赔偿,房屋拆迁,清除地面、架空和地下障碍等工作,使施

工场地具备施工条件,并在开工后继续负责解决以上事项遗留问题。

2)将施工所需水、电、电信线路从施工场地外部接至协议条款约定地点,并保证施工期间需要。

3)开通施工场地与城乡公共道路的通道,以及协议条款约定的施工场地内的主要交通干道,保证其畅通,满足施工运输的需要。

4)向承包方提供施工场地的工程地质和地下管网线路资料,保证数据真实准确。

5)办理施工所需各种证件、批件、临时用地、占道及铁路专线的审批手续。

6)将水准点与坐标控制点以书面形式交给承包方,并进行现场交验。

7)组织承包方和设计单位进行图样会审,向承包商进行设计交底。

8)协调处理对施工现场周围地下管线和邻近建筑、构筑物的保护,并承担有关费用。

（2）承包方的主要义务

1)在设计资格证书允许的范围内,按发包方的要求完成施工组织设计或与工程配套的设计,经发包商批准后使用。

2)向发包方提供年、季、月工程进度计划及相应进度统计报表和工程事故报告。

3)按工程需要提供和维修非夜间施工使用的照明、看守、围栏和警卫等。

4)按协议条款约定的数量和要求,向发包方提供在施工现场办公和生活的房屋及设施,发生的费用由发包方承担。

5)遵守地方政府和有关部门对施工场地交通和施工环保、噪声等管理规定,经发包方同意后办理有关手续,发包方承担由此发生的费用,因承包方责任造成的罚款除外。

6)已竣工工程未交付发包方之前,承包方按协议条款约定负责已完工程或成品的保护工作,保护期间发生损坏,承包方自费予以修复。要求承包商采取特殊保护措施的单位工程部位和相应经济支出,在协议条款内约定。发包方提前使用后发生损坏的修理费用,由发包方负担。

7)按合同的要求做好施工现场地下管线和邻近建筑物、构筑物的保护工作。

8)保证施工现场清洁符合有关规定,交工前清理现场达到合同文件的要求,承担因违反有关规定造成的损失和罚款。

案例 5-3

2012年3月,甲方即某实业有限公司与乙方即某建筑工程公司双方签订施工总承包合同,由乙方负责甲方的宿舍楼施工。双方在合同中约定:隐蔽工程由双方共同检查,相应检查费由甲方支付。施工过程中,乙方在地下室防水工程完成后通知甲方进行检查验收,甲方答复:因公司事务繁忙,由乙方自己检查并出具检查记录即可。一周后甲方聘请专业人员对地下室防水工程质量进行检查,发现未达到合同约定标准,遂要求乙方返工并承担此次检查的费用。乙方认为,返工可以,但按合同约定检查费用应当由甲方承担。甲方多次要求乙方付款未果,诉至法院。法院对地下室防水工程质量进行重新鉴定,结论是防水工程不符合合同中约定的标准,据此法院判决由乙方承担复检的费用。

案例评析:

《合同法》第二百七十八条规定:"隐蔽工程在隐蔽以前,承包人应当通知发包人检查。发包人没有及时检查的,承包人可以顺延工程日期,并有权要求赔偿停工、窝工等损失。"本案例中,乙方履行了通知义务,对于甲方不履行检查义务的行为,乙方有权停工待查,停工造成的损失应由甲方承担。对此双方均有过错。至于甲方事后检查费用,则应视检查结果而定,若检查结果是地下室防水质量未达标,则由此而产生的一切后果由乙方承担(包括检查费用);若检查结果是质量达标,则此次检查费用应当由甲方承担。因此法院的判决是正确的。但是我们认为,由于甲方也有过错,根据《合同法》第一百二十条规定:"当事人双方都违反合同的,应各自承担相应的责任。"因此,甲方也应根据过错程度承担部分责任。

3.建设工程施工合同当事人的违约责任

(1)发包方的违约责任

1)未能按照合同的规定履行应负的责任,除竣工日期得以顺延外,还应赔偿承包方因此发生的实际损失。

2)工程中途停建、缓建或由于设计变更以及设计错误造成的返工,应采取措施弥补或减少损失,同时,赔偿承包方由此而造成的停工、窝工、返工、倒运、人员和机械设备调迁、材料和构件积压等的实际损失。

3)工程未经验收,发包方提前使用或擅自动用,由此而发生的质量或其他问题由发包方承担责任。

4)超过合同规定日期验收,按合同违约责任条款的规定偿付逾期违约金。

5)不按合同规定拨付工程款,按银行有关延期付款办法或工程价款结算办法的有关规定处理。

案例 5-4

某建筑公司超越资质承揽了某施工任务,2013 年 10 月 8 日该项目竣工。但是建设单位却以该建筑公司不具备资质,所签订的施工合同无效为由拒绝支付工程款。2013 年 10 月 20 日,建筑公司将建设单位告上了法庭,要求支付工程款。法院支持了建筑公司的诉讼请求。有人认为:这是对超越资质承揽工程的纵容。你认为这种说法正确吗?

案例评析:

不正确。建筑公司超越资质承揽工程的确属于违法行为。不仅违反了《建筑法》,也违反了《招标投标法》。根据《最高人民法院关于审理建设工程施工合同纠纷案件适用法律问题的解释》第一条,该合同属于无效合同。但是《最高人民法院关于审理建设工程施工合同纠纷案件适用法律问题的解释》同时规定,此类建设工程施工合同无效,但建筑工程经竣工验收合格,承包人请求参照合同约定支付工程价款的,应予以支持。表面上看,似乎是纵容了超越资质承包的违法行为,但是,《最高人民法院关于审理建设工程施工合同纠纷案件适用法律问题

的解释》第四条同时规定："承包人非法转包、违法分包建设工程或者没有资质的实际施工人借有资质的建筑施工企业名义与他人签订建设工程施工合同的行为无效。人民法院可以根据民法通则第一百三十四条规定，收缴当事人已经取得的非法所得。"收缴非法所得后，承包人就不能通过非法承包工程而牟利了，也就是说承包人是义务为国家修建了工程。这就会使之失去超越资质承揽工程的动力。既体现了公平的原则，也体现了对违法的惩罚。

（2）承包方的违约责任

1）工程质量不符合合同规定的，负责无偿修理或返工。由于修理或返工造成逾期交付的，偿付逾期违约金。

2）工程交付时间不符合合同规定，按合同中违约责任条款的规定偿付逾期违约金。

3）由于承包方的责任，造成发包方提供的材料、设备等丢失或损坏，应负赔偿责任。

案例 5-5

某房产开发公司与某建筑公司签订一施工合同，修建某一住宅小区。小区建成后，经验收质量合格。验收后 1 个月，房产开发公司发现楼房屋顶漏水，遂要求建筑公司负责无偿修理，并赔偿损失，建筑公司则以施工合同中并未规定质量保证期限，且以工程已经验收合格为由，拒绝无偿修理要求。房产开发公司遂诉至法院。法院判决施工合同有效，认为合同中虽然并没有约定工程质量保证期限，但依据原建设部 2000 年 1 月 30 日发布的《建设工程质量管理条例》的规定，屋面防水工程保修期限为 5 年，因此本案例工程交工后 2 个月内出现的质量问题，应由施工单位承担无偿修理并赔偿损失的责任。故判令建筑公司应当承担无偿修理的责任。

案例评析：

《合同法》第二百七十五条规定："施工合同的内容包括工程范围、建设工期、中间交工工程的开工和竣工时间、工程质量、工程造价、技术资料交付时间、材料和设备供应责任、拨款和结算、竣工验收、质量保修范围和质量保证期、双方相互协作等条款。"本案例争议的施工合同虽欠缺质量保证期条款，但并不影响双方当事人对施工合同主要义务的履行，故该合同有效。由于合同中没有质量保证期的约定，故应当依照法律、法规的规定或者其他规章确定工程质量保证期。法院依照《建设工程质量管理条例》的有关规定对欠缺条款进行补充，无疑是正确的。依据该条例规定，出现的质量问题属保证期内，故认定建筑公司承担无偿修理和赔偿损失责任是正确的。

5.2.3 建设工程监理合同

1.建设工程委托监理合同的概念和特征

建设工程委托监理合同简称监理合同，是指委托人与监理人就委托的工程项目管理内容签订的明确双方权利和义务的协议。

监理合同是委托合同的一种,除具有委托合同的共同特点外,还具有以下特点:

(1)监理合同的当事人双方应当是具有民事权利能力和民事行为能力、取得法人资格的企事业单位、其他社会组织,个人在法律允许的范围内,也可以成为合同当事人。

(2)监理合同委托的工作内容必须符合工程项目建设程序,遵守有关法律、行政法规。

(3)委托监理合同的标的是服务,建设工程实施阶段所签订的其他合同,如勘察设计合同、施工承包合同、物资采购合同、加工承揽合同的标的物是产生新的物质成果或信息成果,而监理合同的标的是服务,即监理工程师凭据自己的知识、经验、技能受业主委托为其所签订其他合同的履行实施监督和管理。

2.建设工程委托监理合同简介

《合同法》第二百七十六条规定,"建设工程实行监理的,发包人应当与监理人采用书面形式订立委托监理合同。"委托监理合同又是监理单位开展监理工作的最主要的直接依据之一。原建设部和原国家工商行政管理局于 2000 年 2 月联合发布了 GF 2000—0202《建设工程委托监理合同》(示范文本),合同由三部分组成:

第一部分:建设工程委托监理合同,包括工程概况、监理业务执行的起止时间、双方法人代表签字盖章和签约时间等基本条款。

第二部分:标准条件,合同专用名词定义、监理人义务、委托人义务、监理人权利、委托人权利、监理人责任、委托人责任、监理酬金、合同生效、变更与终止。

第三部分:专用条件,根据工程项目特点,由业主与监理单位协商一致后填写,也可以增加补充条款和修正条款。

3.建设工程委托监理合同的履行

(1)监理人应完成的监理工作

监理合同的专用条款内注明了委托监理工作的范围和内容,从工作性质而言属于正常的监理工作。作为监理人必须履行的合同义务,除了正常监理工作外,还应包括附加监理工作和额外监理工作。这两类工作属于订立合同时未能或不能合理预见,而合同履行过程中发生需要监理人完成的工作。

附加工作是指与完成正常工作相关、在委托正常监理工作范围以外监理人应完成的工作。可能包括:

1)由于委托人、第三方原因,使监理工作受到阻碍或延误,以致增加了工作量或延续时间。

2)增加监理工作的范围和内容等,如委托人就施工中采用新工艺施工部分编制质量检测合格标准等。

额外工作是指正常工作和附加工作以外的工作,或非监理人自己的原因而暂停或终止监理业务,其善后工作及恢复监理业务不超过 42 天的准备工作。

在完成上述两项工作后,监理人可要求另行支付附加监理工作酬金和额外监理工作酬金。

(2)监理合同有效期

监理合同的有效期是指监理人的责任期,不是用约定的日历天数为准,而是以监理是

否完成了包括附加和额外工作的义务来判定。因此通用条款规定,监理合同的有效期为双方签订合同后,工程准备工作开始,到监理人向委托人办理完竣工验收或工程移交手续,承包人和委托人已签订工程保修责任书,监理收到监理报酬尾款,监理合同才终止。

4.建设工程委托监理合同当事人的权利和义务

委托人主要义务:

(1)委托人应负责建设工程的所有外部关系的协调工作,满足开展监理工作所需提供的外部条件。

(2)与监理人做好协调工作。

(3)为了不耽误服务,委托人应在合理时间就监理人以书面形式提交并要求作出决定的一切事宜作出书面决定。

(4)为监理人顺利履行合同义务,做好协调工作,协调工作包括:

1)将授予监理人的监理权利,以及监理人监理机构主要成员的职能分工、监理权限及时书面通知已定的第三方,并在第三方签订的合同中予以明确。

2)在双方协定的时间内,免费向监理人提供与工程有关的监理服务所需的工程资料。

3)为监理人入驻工地,监理机构开展正常工作提供协助服务,服务包括信息服务、物资服务和人员服务。

监理人主要义务:

(1)监理人在履行合同的义务期间,应运用合理的技能认真勤奋地工作,公正地维护有关方面的合法权益。

(2)合同履行期间应按合同约定派驻足够的人员从事监理工作。开始执行监理业务前向委托人报送派往该工程项目的总监理工程师及该项目监理机构的人员情况。合同履行过程中如果需要换总监理工程师,必须首先经过委托人同意,并派出具有相应资质和能力的人员。

(3)在合同期内或合同终止后,未征得有关方同意,不得泄露与本工程合同业务有关的保密资料。

(4)任何由委托人提供的供监理人使用的设施和物品都属于委托的财产,监理工作完成或中止时,应将设施和剩余物归还委托人。

(5)未经委托人书面同意,监理人及其职员不应接受委托人在监理合同约定以外的与监理工程有关的报酬,以保证监理行为的公正性。

(6)监理人不得参与可能与合同规定的与委托人利益冲突的任何活动。

(7)在监理过程中,不得泄露委托人申明的秘密,也不得泄露设计、承包等单位申明的秘密。

(8)负责合同的协调管理工作。在委托工程范围内,委托人或承包人对对方的任何意见和要求(包括索赔要求),均必须首先向监理机构提出,由监理机构研究处置意见,再同双方协商确定。当委托人和承包人发生争议时,监理机构应根据自己的职能,以独立的身份判断,公正地进行调解。当双方的争议由政府行政部门调解或仲裁机构仲裁时,应当提供作证的事实材料。

5.建设工程委托监理合同当事人的违约责任

合同履行过程中,由于当事人一方的过错,造成合同不能履行或者不能完全履行,由有过错的一方承担违约责任,如属双方的过错,根据实际情况,由双方分别承担各自的违约责任。

在合同责任期内,如果监理人未按合同中要求的职责勤恳认真地服务,或委托人违背了他对监理的责任时,均应向对方承担赔偿责任。

任何一方对另一方负有赔偿责任的原则是:

(1)委托人违约应承担违约责任,赔偿监理人的经济损失。

(2)因监理人过失造成经济损失,应向委托人进行赔偿,累计赔偿额不超出监理酬金总额(除去税金)。

(3)当一方向另一方的索赔要求不成立时,提出索赔的一方应补偿由此所导致的对方各种费用支出。

监理人在责任期内,如果因过失而造成经济损失,要负监理失职的责任。监理人不对责任期外发生的任何事情所引起的损失或损害负责,也不对第三方违反合同规定的质量要求和完工(交图、交货)时限承担责任。

5.2.4 建设工程工期和支付款的规定

1.建设工程工期

工期指建设一个项目或一个单项工程从正式开工到全部建成投产时所经历的时间。施工的工程从开工起到完成承包合同规定的全部内容,达到竣工验收标准所经历的时间,以天数表示。施工工期是建筑企业重要的核算指标之一。工期的长短直接影响建筑企业的经济效益,并关系到国民经济新增生产能力动用计划的完成和经济效益的发挥。

(1)开工日期

开工日期是指发包人和承包人在协议书中约定,承包人开始施工的绝对或者相对的日期。开工日期包括计划开工日期和实际开工日期。计划开工日期是指合同协议约定的开工日期;实际开工日期是指监理人按照约定发出的符合法律规定的开工通知中载明的开工日期。

经发包人同意后,监理人发出的开工通知应符合法律规定。监理人应在计划开工日期7天前向承包人发出开工通知,工期自开工通知中载明的开工日期算起。

(2)暂停施工

《建筑法》第十条规定,在建的建筑工程因故暂停施工的,建设单位应当自中止施工之日起一个月内,向发证机关报告,并按照规定做好建筑工程的维护管理工作。

因发包人原因引起的暂停施工,监理人经发包人同意后,应及时下达暂停施工指示。因紧急情况需暂停施工,且监理人未及时下达暂停施工指示的,承包人可先暂停施工,并及时通知监理人。监理人应在接到通知后24小时内发出指示,逾期未发出指示,视为同意承包人暂停施工。监理人不同意承包人暂停施工的,应说明理由,承包人对监理人的答复有异议,按照《建设工程施工合同示范文本》第二十条争议解决约定处理。

因发包人原因引起的暂停施工,发包人应承担由此增加的费用和(或)延误的工期,并支付承包人合理的利润。

因承包人原因引起的暂停施工,承包人应承担由此增加的费用和(或)延误的工期,且承包人在收到监理人复工指示后84天内仍未复工的,视为《建设工程施工合同示范文本》第16.2.1项承包人违约的情形约定的承包人无法继续履行合同的情形。

(3)工期顺延

工期顺延是指下雨等自然因素,还有就是停水、停电等导致停工原因,签订工期顺延合同之后,就可以保护施工方的免受合同违约的责任。

工期顺延的情况有:

1)发包人不能按专用条款的约定提供开工条件;

2)发包人不能按约定日期支付工程预付款、进度款,致使工程不能正常进行;

3)工程师未按合同约定提供所需指令、批准等,致使施工不能正常进行;

4)设计变更和工程量增加;

5)一周内非承包人原因停水、停电、停气造成停工累计超过8小时;

6)不可抗力;

7)专用条款中约定或工程师同意工期顺延的其他情况。

例题 5-4

某建设工程项目施工过程中发生不可抗力事件,建筑物受损严重,部分施工机具损毁,施工人员受伤,工期拖延一个月,关于损失承担的说法,正确的是( )。

A. 工期不予顺延

B. 建筑物受损由施工企业承担

C. 施工机具损毁由施工企业自行承担

D. 施工人员受伤由建设单位承担

答案:D。因不可抗力事件导致的费用及延误的工期由双方按以下方法分别承担:①工程本身的损害、因工程损害导致第三方人员伤亡和财产损失以及运至施工场地用于施工的材料和待安装的设备的损害,由发包人承担;②发包人、承包人人员伤亡由其所在单位负责,并承担相应费用;③承包人机械设备损坏及停工损失,由承包人承担;④停工期间,承包人应工程师要求留在施工场地的必要的管理人员及保卫人员的费用由发包人承担;⑤工程所需清理、修复费用,由发包人承担;⑥延误的工期相应顺延。

(4)竣工日期

工程竣工验收通过,承包人送交竣工验收报告的日期为实际竣工日期。工程按发包人要求修改后通过竣工验收的,实际竣工日期为承包人修改后提请发包人验收的日期。竣工日期包括计划竣工日期和实际竣工日期。计划竣工日期是指合同协议书约定的竣工日期。实际竣工日期是指工程经竣工验收合格的,以承包人提交竣工验收申请报告之日为实际竣工日期,并在工程接收证书中载明;因发包人原因拖延验收的,为在监理人收到承包人提交的竣工验收申请报告的日期为实际竣工日期。

如果施工合同无约定或者约定不明的,则适用法定原则,《最高人民法院关于审理建设工程施工合同纠纷案件适用法律问题的解释》第十四条规定:

1)建设工程经竣工验收合格的,以竣工验收合格之日为竣工日期;

2)承包人已经提交竣工验收报告,发包人拖延验收的,以承包人提交验收报告之日为竣工日期;

3)建设工程未经竣工验收,发包人擅自使用的,以转移占有建设工程之日为竣工日期。

例题 5-5

某扩建工程建设单位因急于参加认证,于11月15日未经验收而使用该工程,11月20日承包人提交了竣工验收报告,11月30日建设单位组织验收,12月3日工程竣工验收合格,则该工程竣工日期为(　　)。

A.11月15日　　B.11月20日　　　　C.11月30日　　　　D.12月3日

答案:A。《最高人民法院关于审理建设工程施工合同纠纷案件适用法律问题的解释》规定,由于发包人擅自使用工程而产生的对于实际竣工验收日期的争议,以转移占有建设工程之日为竣工日期。

2.工程价款的支付

工程款是承包人进行工程施工,发包人应支付的合同价款。工程款按支付阶段不同通常可分为预付款、进度款、竣工结算款和质保金。

(1)预付款。预付款是指开工前发包人应预付给承包人用于为合同工程施工准备的款项。施工准备事项包括购置材料、工程设备、施工设备、修建临时设施以及组织施工队伍进场等。预付款比例一般不低于合同金额的10%,不高于合同金额的30%。

(2)进度款。进度款是指施工期间发包人根据工程完成情况应支付给承包人的一种工程价款。在工程实践中,发包人同意支付进度一般为合同价的70%,进度款有三种支付方式:一是按形象进度分阶段支付;二是按照已完工程量分期间支付;三是按照阶段及期间混合支付。

(3)结算款。结算款,即竣工结算款,是指工程竣工结算后发包人应该支付给承包人的除质保金外的剩余工程价款。竣工结算款等于竣工结算价减去质保金和已付款后的金额。竣工结算款支付的前提条件是工程竣工验收合格。

学习检测

本章测试

第 6 章

建设工程纠纷的处理

本章课件

甲公司开发某商业地产项目,乙建筑公司(以下简称乙公司)经过邀请招标程序中标并签订了施工总承包合同。施工中,乙公司将水电安装工程分包给丙水电设备建筑安装公司(以下简称丙公司)。丙公司又将部分水电安装的施工劳务作业违法分包给包工头蔡某。施工中,因甲公司拖欠乙公司工程款,继而乙公司拖欠丙公司工程款,丙公司拖欠蔡某的劳务费。当蔡某知道这个情况后,在起诉丙公司的同时,将甲公司也起诉到法院,要求支付被拖欠的劳务费。甲公司认为自己与蔡某没有合同关系,提出诉讼主体异议;丙公司认为蔡某没有劳务施工资质,不具备签约能力,合同无效,也不能成为原告。

案例评析:

根据《最高人民法院关于审理建设工程施工合同纠纷案件适用法律问题的解释》第二十六条规定,"实际施工人以转包人、违法分包人为被告起诉的,人民法院应当依法受理。实际施工人以发包人为被告主张权利的,人民法院可以追加转包人或者违法分包人为本案当事人。发包人只在欠付工程价款范围内对实际施工人承担责任。"据此,本案例中蔡某作为实际施工人,不仅可以起诉违法分包的丙公司,也可以起诉作为发包人的甲公司。但甲公司只在欠付工程价款范围内对实际施工人蔡某承担责任。

✏ 学习目标

本章阐述了建设工程建设纠纷的处理方面的知识,要求学生掌握建设工程纠纷处理的仲裁制度与民事诉讼法律制度,熟悉行政复议与行政诉讼法律制度。

6.1 建设工程纠纷主要种类和法律解决途径

6.1.1 建设工程纠纷的概念

建设工程纠纷,是指建设工程当事人对建设过程中的权利和义务产生了不同的理解。在建设工程领域里常见的是民事纠纷和行政纠纷。

建设工程民事纠纷,是在建设工程活动中平等主体之间发生的以民事权利义务法律

关系为内容的争议。民事纠纷作为法律纠纷的一种,一般来说,是因为违反了民事法律规范而引起的。民事纠纷可分为两大类:一类是财产关系方面的民事纠纷,如合同纠纷、损害赔偿纠纷等;另一类是人身关系的民事纠纷,如名誉权纠纷、继承权纠纷等。

建设工程行政纠纷,是在建设工程活动中行政机关之间或行政机关同公民、法人和其他组织之间由于行政行为而引起的纠纷,包括行政争议和行政案件。在行政法律关系中,行政机关对公民、法人和其他组织行使行政管理职权,应当依法行政;公民、法人和其他组织也应当依法约束自己的行为,做到自觉守法。在各种行政纠纷中,既有行政机关超越职权、滥用职权、行政不作为、违反法定程序、事实认定错误、适用法律错误等所引起的纠纷,也有公民、法人或其他组织逃避监督管理、非法抗拒监督管理或误解法律规定等而产生的纠纷。

6.1.2 民事纠纷的法律解决途径

建设工程民事纠纷的法律解决途径主要有和解、调解、仲裁、诉讼四种。

1.和解

和解是指建设工程纠纷当事人在自愿友好的基础上,互相沟通、互相谅解,从而解决纠纷的一种方式。

建设工程发生纠纷时,当事人应首先考虑通过和解解决纠纷。事实上,在工程建设过程中,绝大多数纠纷都可以通过和解解决。建设工程纠纷和解解决有以下特点:

(1)简便易行,能经济、及时地解决纠纷。

(2)纠纷的解决依靠当事人的妥协与让步,没有第三方的介入,有利于维护合同双方的友好合作关系,使合同能更好地得到履行。

(3)和解协议不具有强制执行的效力,和解协议的执行依靠当事人的自觉履行。

2.调解

调解是指建设工程当事人对法律规定或者合同约定的权利、义务发生纠纷,第三人依据一定的道德和法律规范,通过摆事实、讲道理,促使双方互相作出适当的让步,平息争端,自愿达成协议,以求解决建设工程纠纷的方法。这里讲的调解是狭义的调解,不包括诉讼和仲裁程序中在审判庭和仲裁庭主持下的调解。

建设工程纠纷调解解决有以下特点:

(1)有第三者介入作为调解人,调解人的身份没有限制,但以双方都信任者为佳。

(2)它能够较经济、较及时地解决纠纷。

(3)有利于消除合同当事人的对立情绪,维护双方的长期合作关系。

(4)调解协议不具有强制执行的效力,调解协议的执行依靠当事人的自觉履行。

3.仲裁

仲裁,亦称"公断",是当事人双方在纠纷发生前或纠纷发生后达成协议,自愿将纠纷交给第三者,由第三者在事实上作出判断、在权利义务上作出裁决的一种解决纠纷的方式。这种纠纷解决方式必须是自愿的,因此必须有仲裁协议。如果当事人之间有仲裁协议,纠纷发生后又无法通过和解和调解解决,则应及时将纠纷提交仲裁机构仲裁。

建设工程纠纷仲裁解决有以下特点。

(1)体现当事人的意思自治。这种意思自治不仅体现在仲裁的受理应当以仲裁协议为前提,还体现在仲裁的整个过程,许多内容都可以由当事人自主确定。

(2)专业性。由于各仲裁机构的仲裁员都是由各方面的专业人士组成,当事人完全可以选择熟悉纠纷领域的专业人士担任仲裁员。

(3)保密性。保密和不公开审理是仲裁制度的重要特点,除当事人、代理人,以及需要时的证人和鉴定人外,其他人员不得出席和旁听仲裁开庭审理,仲裁庭和当事人不得向外界透露案件的任何实体及程序问题。

(4)裁决的终局性。仲裁裁决作出后是终局的,对当事人具有约束力。

(5)执行的强制性。仲裁裁决具有强制执行的法律效力,当事人可以向人民法院申请强制执行。由于中国是《承认及执行外国仲裁裁决公约》的缔约国,中国的涉外仲裁裁决可以在世界上100多个公约成员国得到承认和执行。

例题 6-1

甲、乙两公司建设工程合同纠纷一案,经某仲裁委员会作出裁决,甲、乙两公司对裁决结果均不满意。下列选项正确的是( )

A. 双方可就此纠纷再次向该仲裁委员会申请仲裁

B. 双方可就此纠纷重新达成仲裁协议后向另外的仲裁委员会申请仲裁

C. 双方可就此纠纷向人民法院起诉

D. 双方可向人民法院申请撤销仲裁裁决

答案:D。如果当事人之间有仲裁协议,纠纷发生后又无法通过和解和调解解决,则应及时将纠纷提交仲裁机构仲裁。

4. 诉讼

诉讼是指建设工程当事人依法请求人民法院行使审判权,审理双方之间发生的纠纷,作出有国家强制保证实现其合法权益、从而解决纠纷的审判活动。合同双方当事人如果未约定仲裁协议,则只能以诉讼作为解决纠纷的最终方式。

建设工程纠纷诉讼解决有以下特点:

(1)程序和实体判决严格依法。与其他解决纠纷的方式相比,诉讼的程序和实体判决都应当严格依法进行。

(2)当事人在诉讼中对抗的平等性。诉讼当事人在实体和程序上的地位平等。原告起诉,被告可以反诉;原告提出诉讼请求,被告可以反驳诉讼请求。

(3)二审终审制。建设工程纠纷当事人如果不服第一审人民法院判决,可以上诉至第二审人民法院。建设工程纠纷经过两级人民法院审理,即告终结。

(4)执行的强制性。诉讼判决具有强制执行的法律效力,当事人可以向人民法院申请强制执行。

6.1.3 行政纠纷的法律解决途径

行政纠纷的法律解决途径主要有两种,即行政复议和行政诉讼。

1.行政复议

行政复议是指公民、法人或者其他组织不服行政主体作出的具体行政行为,认为行政主体的具体行政行为侵犯了其合法权益,依法向法定的行政复议机关提出复议申请,行政复议机关依法对该具体行政行为进行合法性、适当性审查,并作出行政复议决定的行政行为。这是公民、法人或其他组织通过行政救济途径解决行政争议的一种方法。

行政复议有以下四个特点:

(1)提出行政复议的人,必须是认为行政机关行使职权的行为侵犯其合法权益的公民、法人和其他组织。

(2)当事人提出行政复议,必须是在行政机关已经作出行政决定之后,如果行政机关尚没作出决定,则不存在复议问题。复议的任务是解决行政争议,而不是解决民事或其他争议。

(3)当事人对行政机关的行政决定不服,只能按法律规定,向有行政复议权的行政机关申请复议。

(4)行政复议,主要是书面审查,行政复议决定书一经送达,即具有法律效力。只要法律未规定复议决定为终局裁决的,当事人对复议决定不服的,仍可以按行政诉讼法的规定,向人民法院提请诉讼。

2.行政诉讼

行政诉讼是个人、法人或其他组织认为行政主体以及法律法规授权的组织作出的行政行为侵犯其合法权益而向法院提起的诉讼。行政诉讼是诉讼的一种有效方法。行政诉讼法是规范行政诉讼活动和诉讼法律关系的法律规范的总称。它是规定人民法院、诉讼当事人以及其他诉讼参与人进行诉讼活动,及其在诉讼活动中形成的诉讼法律关系的法律规范。行政诉讼是一种诉讼程序法,主要是确定诉讼参加人的法律地位和相互关系的法律规范。

行政诉讼的主要特征:

(1)行政诉讼是法院解决行政机关实施具体行政行为时与公民、法人或其他组织、发生的争议。

(2)行政诉讼为公民、法人或其他组织提供法律救济的同时,具有监督行政机关依法行政的功能。

(3)行政诉讼的被告与原告是恒定的,即被告只能是行政机关,原告则是作为行政行为相对人的公民、法人或其他组织,而不可能互易诉讼身份。

行政诉讼和行政复议的区别:

(1)两者受理的机关不同。行政诉讼由法院受理;行政复议由行政机关受理。一般由原行政机关的上级机关受理,特殊情况下,由本级行政机关受理。

(2)两者解决争议的性质不同。人民法院处理行政诉讼案件属于司法行为,适用行政诉讼法；行政机关处理行政争议属于行政行为的范围，应当适用行政复议法。

（3）两者适用的程序不同。行政复议适用行政复议程序，而行政诉讼适用行政诉讼程序。行政复议程序简便、迅速、廉价，但公正性有限；行政诉讼程序复杂且需要更多的成本，但公正的可靠性大。行政复议实行一裁终局制度，而行政诉讼实行二审终审制度等。

（4）两者的审查强度不同。根据《行政诉讼法》的规定，原则上法院只能对行政主体行为的合法性进行审查；而根据《中华人民共和国行政复议法》（简称《行政复议法》）的规定，行政复议机关可以对行政主体行为的合法性和适当性进行审查。

（5）两者的受理和审查范围不同。《行政诉讼法》和《行政复议法》对于受理范围均做了比较详细的规定。从列举事项来看，《行政复议法》的受案范围要广于《行政诉讼法》。此外，《行政复议法》还规定对国务院的规定、县级以上地方各级人民政府及其工作部门的规定、乡镇人民政府的规定等规范性文件可以一并向行政复议机关提出审查申请。

行政复议与行政诉讼是两种不同性质的监督，且各有所长，不能互相取代。因此，现代国家一般都同时创设这两种制度。在具体的制度设计上，或将行政复议作为行政诉讼的前置阶段；或由当事人选择救济途径，或在当事人选择复议救济途径之后，仍允许其提起行政诉讼。

6.2　民事诉讼制度

6.2.1　民事诉讼的法院管辖

民事诉讼中的管辖是指各级法院之间和同级法院之间受理第一审民事案件的分工和权限。

中华人民共和国
民事诉讼法

1.级别管辖

级别管辖是指按照一定的标准，划分上下级法院之间受理第一审民事案件的分工和权限。我国法院有四级，分别是基层人民法院、中级人民法院、高级人民法院和最高人民法院，每一级均受理一审民事案件。我国《民事诉讼法》主要根据案件的性质、复杂程度和案件影响来确定级别管辖。在实践中争议标的金额的大小，往往是确定级别管辖的重要依据，但各地人民法院确定的级别管辖争议标的数额标准不尽相同。

中级人民法院管辖的第一审民商事案件由高级人民法院自行确定，并经最高人民法院批准。

2.地域管辖

地域管辖是指按照各法院的辖区和民事案件的案属关系，划分同级法院受理第一审民事案件的分工和权限。地域管辖实际上是以法院与当事人、诉讼标的以及法律事实之间的隶属关系和关联关系中确定的，主要包括以下几种情况。

（1）一般地域管辖

一般地域管辖，是以当事人与法院的隶属关系来确定诉讼管辖，通常实行"原告就被告"原则，即以被告住所地作为确定管辖的标准。根据《民事诉讼法》第二十一条规定：

1）对公民提起的民事诉讼，由被告住所地人民法院管辖；被告住所地与经常居住地不一致的，由经常居住地人民法院管辖。其中，公民的住所地是指该公民的户籍所在地。经常居住地是指公民离开住所至起诉时已连续居住满1年的地方，但公民住院就医的地方除外。

2）对法人或者其他组织提起的民事诉讼，由被告住所地人民法院管辖。被告住所地是指法人或者其他组织的主要办事机构所在地或者主要营业地。

（2）特殊地域管辖

特殊地域管辖，是指以被告住所地、诉讼标的所在地、法律事实所在地为标准确定的管辖。我国《民事诉讼法》规定了19种特殊地域管辖的诉讼，其中与工程建设领域关系最为密切的是因合同纠纷提起的诉讼。

《民事诉讼法》规定："因合同纠纷提起的诉讼，由被告住所地或者合同履行地人民法院管辖。"合同履行地是指合同约定的履行义务的地点，主要是指合同标的的交付地点。合同履行地应在合同中明确约定，没有约定或约定不明的，当事人既不能协商确定，又不能按合同有关条款和交易习惯确定的，按照《合同法》第六十二条的有关规定确定。对于建设工程施工合同纠纷，《最高人民法院关于审理建设工程施工合同纠纷案件适用法律问题的解释》中规定："建设工程施工合同纠纷以施工行为地为合同履行地。"

发生合同纠纷的，《民事诉讼法》还规定了协议管辖制度。所谓协议管辖，是指合同当事人在纠纷发生前后，在法律允许的范围内，以书面形式约定案件的管辖法院。协议管辖仅适用于合同纠纷。《民事诉讼法》规定："合同或者其他财产权益纠纷的当事人可以书面协议选择被告住所地、合同履行地、合同签订地、原告住所地、标的物所在地等与争议有实际关系的地点的人民法院管辖，但不得违反本法对级别管辖和专属管辖的规定。"

（3）专属管辖

专属管辖是指法律规定某些特殊类型的案件专门由特定的法院管辖。专属管辖是排他性管辖，排除了诉讼当事人协议选择管辖法院的权利。专属管辖与一般地域管辖和特殊地域管辖的关系是：凡法律规定为专属管辖的诉讼，均适用专属管辖。

《民事诉讼法》中规定了3种适用专属管辖的案件，其中因不动产纠纷提起的诉讼，由不动产所在地人民法院管辖，如房屋买卖纠纷、土地使用权转让纠纷等。应当注意的是，根据《最高人民法院关于审理建设工程施工合同纠纷案件适用法律问题的解释》的规定，建设工程施工合同纠纷不适用专属管辖，而应当按照《民事诉讼法》第二十三条的规定，适用合同纠纷的地域管辖原则，即由被告住所地或合同履行地人民法院管辖。发包人和承包人也可根据《民事诉讼法》的规定在发包人住所地、合同签订地、施工行为地（工程所在地）的范围内，通过协议确定管辖法院。

3.移送管辖和指定管辖

（1）移送管辖

人民法院发现受理的案件不属于本院管辖的，应当移送有管辖权的人民法院，受移送的人民法院应当受理。受移送的人民法院认为受移送的案件依照规定不属于本院管辖的，应当报请上级人民法院指定管辖，不得再自行移送。

（2）指定管辖

有管辖权的人民法院由于特殊原因，不能行使管辖权的，由上级人民法院指定管辖。人民法院之间因管辖权发生争议，由争议双方协商解决；协商解决不了的，报请其共同上级人民法院指定管辖。

4.管辖权异议

管辖权异议是指当事人向受诉法院提出的该法院对案件无管辖权的主张。《民事诉讼法》规定，人民法院受理案件后，当事人对管辖权有异议的，应当在提交答辩状期间提出。人民法院对当事人提出的异议，应当审查。异议成立的，裁定将案件移交有管辖权的人民法院；异议不成立的，裁定驳回。根据《最高人民法院关于审理民事级别管辖异议案件若干问题的规定》：受诉人民法院应当在受理异议之日起15日内作出裁定；对人民法院就级别管辖异议作出的裁定，当事人不服提起上诉的，第二审人民法院应当依法审理并作出裁定。

6.2.2 民事诉讼当事人和代理人的规定

1.当事人

民事诉讼中的当事人，是指因民事权利和义务发生争议，以自己的名义进行诉讼，请求人民法院进行裁判的公民、法人或其他组织。狭义的民事诉讼当事人包括原告和被告。广义的民事诉讼当事人包括原告、被告、共同诉讼人和第三人。

（1）原告和被告

原告是指维护自己的权益或自己所管理的他人权益，以自己名义起诉，从而引起民事诉讼程序的当事人。被告是指原告诉称侵犯原告民事权益而由法院通知其应诉的当事人。

《民事诉讼法》规定，公民、法人和其他组织可以作为民事诉讼的当事人。法人由其法定代表人进行诉讼。其他组织由其主要负责人进行诉讼。

（2）共同诉讼人

共同诉讼人是指当事人一方或双方为2人以上（含2人），诉讼标的是共同的，或者诉讼标的是同一种类、人民法院认为可以合并审理并经当事人同意，一同在人民法院进行诉讼的人。

（3）第三人

第三人是指对他人争议的诉讼标的有独立的请求权，或者虽无独立的请求权，但案件的处理结果与其有法律上的利害关系，而参加到原告、被告已经开始的诉讼中进行诉讼的人。

2.诉讼代理人

诉讼代理人是指根据法律规定或当事人的委托，代理当事人进行民事诉讼活动的人。与代理分为法定代理、委托代理和指定代理相一致，诉讼代理人通常也可分为法定诉讼代理人、委托诉讼代理人和指定诉讼代理人。在建设工程领域，最常见的是委托诉讼代理人。

《民事诉讼法》规定,当事人、法定代理人可以委托一至两人作为诉讼代理人。律师、当事人的近亲属、有关的社会团体或者所在单位推荐的人、经人民法院许可的其他公民,都可以被委托为诉讼代理人。

委托他人代为诉讼的,须向人民法院提交由委托人签名或盖章的授权委托书,授权委托书必须记明委托事项和权限。《民事诉讼法》规定,"诉讼代理人代为承认、放弃、变更诉讼请求,进行和解、提起反诉或者上诉,必须有委托人的特别授权。"针对实践中经常出现的授权委托书仅写"全权代理"而无具体授权的情形,最高人民法院还特别规定,在这种情况下不能认定为诉讼代理人已获得特别授权,即诉讼代理人无权代为承认、放弃、变更诉讼请求,进行和解、提起反诉或者上诉。

6.2.3 民事诉讼证据的种类、保全和应用

证据是指在诉讼中能够证明案件真实情况的各种资料。当事人要证明自己提出的主张,需要向法院提供相应的证据资料。

1.证据的种类

根据《民事诉讼法》的规定,根据表现形式的不同,民事证据有以下 7 种,分别是书证、物证、视听资料、证人证言、当事人的陈述、鉴定结论、勘验笔录。

(1)书证和物证

书证是指以所载文字、符号、图案等方式所表达的思想内容来证明案件事实的书面材料或者其他物品。书证在民事诉讼和仲裁中普遍存在,大量运用,具有非常重要的作用。书证一般表现为各种书面形式文件或纸面文字材料(但非纸类材料亦可成为书证载体),如合同文件、各种信函、会议纪要、电报、传真、电子邮件、图纸、图标等。

物证则是指能够证明案件事实的物品及其痕迹,凡是以其存在的外形、重量、规格、损坏程度等物体的内部或者外部特征来证明待证事实的部分或者全部的物品及痕迹,均属于物证范畴。例如,在工程实践中,在对建筑材料、设备以及工程质量进行鉴定的过程中所涉及的各种证据,往往表现为物证这种形式。

在民事诉讼和仲裁过程中,应当遵循"优先提供原件或者原物"原则。《民事诉讼法》规定:"书证应当提交原件。物证应当提交原物。提交原件或者原物确有困难的,可以提交复制品、照片、副本、节录本。"需要说明的是,根据《最高人民法院关于民事诉讼证据的若干规定》的有关规定,当事人"如需自己保存证据原件、原物或者提供原件、原物确有困难的,可以提供经人民法院核对无异的复制件或者复制品",但是,无法与原件、原物核对的复印件、复制品,不能单独作为认定案件事实的依据。

(2)视听资料

视听资料是指利用录音、录像等技术手段反映的声音、图像以及电子计算机储存的数据证明案件事实的证据。在实践中,常见的视听资料包括录像带、录音带、胶卷、电话录音、雷达扫描资料以及储存于软盘、硬盘或光盘中的电脑数据等。

视听资料虽然具有易于保存、生动逼真等优点,但另一方而,视听资料也有容易通过技术手段被篡改的缺点。因此,《最高人民法院关于民事诉讼证据的若干规定》中规定,存有疑点的视听资料,不能单独作为认定案件事实的依据。

此外，对于未经对方当事人同意私自录制其谈话取得的资料，根据《最高人民法院关于民事诉讼证据的若干规定》，只要不是以侵害他人合法权益（如侵害隐私）或者违反法律禁止性规定的方法（如窃听）取得的，仍可以作为认定案件事实的依据。

（3）证人证言和当事人陈述

1）证人证言

证人是指了解案件情况并向法院、仲裁机构或当事人提供证词的人。证人就案件情况所作的陈述即为证人证言。

《民事诉讼法》规定，凡是知道案件情况的单位和个人，都有义务出庭作证。有关单位的负责人应当支持证人作证。证人确有困难不能出庭的，经人民法院许可，可以提出书面证言，不能正确表达意志的人不能作为证人。《最高人民法院关于民事诉讼证据的若干规定》还规定，与一方当事人或者其代理人有利害关系的证人出具的证言，以及无正当理由未出庭作证的证人证言，不能单独作为认定案件事实的依据。

2）当事人陈述

当事人陈述是指当事人在诉讼或仲裁中，就本案的事实向法院或仲裁机构所作的陈述。《民事诉讼法》规定，人民法院对当事人的陈述，应当结合本案的其他证据，审查确定能否作为认定事实的根据。《最高人民法院关于民事诉讼证据的若干规定》还规定，当事人对自己的主张，只有本人陈述而不能提出其他相关证据的，其主张不予支持。但对方当事人认可的除外。

（4）鉴定结论和勘验笔录

1）鉴定结论

在对建设工程领域诸如工程质量、造价等方面的纠纷进行处理的过程中，针对有关的专业问题，由法院或仲裁机构委托具有相应资格的专业鉴定机构进行鉴定，并出具相应鉴定结论，是法院或仲裁机构据以查明案件事实、进行裁判的重要手段之一。因此，鉴定结论作为我国民事证据的一种，在建设工程纠纷的处理过程中，具有特殊的重要性。

当事人申请鉴定，应当注意在举证期限内提出。根据《最高人民法院关于民事诉讼证据的若干规定》，对需要鉴定的事项负有举证责任的当事人，在人民法院指定的期限内无正当理由不提出鉴定申请，应当对该事实承担举证不能的法律后果。当事人申请鉴定经人民法院同意后，由双方当事人协商确定有鉴定资格的鉴定机构、鉴定人员，协商不成的，由人民法院指定。

当事人对人民法院委托的鉴定部门作出的鉴定结论有异议申请重新鉴定，提出证据证明存在下列情形之一的，人民法院应予准许：

①鉴定机构或者鉴定人员不具备相应的鉴定资格的；

②鉴定程序严重违法的；

③鉴定结论明显依据不足的；

④经过质证认定不能作为证据使用的其他情形。对于有缺陷的鉴定结论，可以通过补充鉴定、重新质证或者补充质证等方法解决的，不予重新鉴定。

一方当事人自行委托有关部门作出的鉴定结论，另一方当事人有证据足以反驳并申请重新鉴定的，人民法院应予准许。

2）勘验笔录

勘验笔录是指人民法院为了查明案件的事实,指派勘验人员对与案件争议有关的现场、物品或物体进行查验、拍照、测量,并将查验的情况与结果制成笔录。《民事诉讼法》规定,勘验物证或者现场时,勘验人必须出示人民法院的证件,并邀请当地基层组织或者当事人所在单位派人参加。当事人或者当事人的成年家属应当到场,拒不到场的,不影响勘验的进行。勘验笔录应由勘验人、当事人和被邀参加人签名或者盖章。

2.证据的保全

解决纠纷的过程就是证明的过程。在诉讼或仲裁中,哪些事实需要证据证明、哪些无须证明、这些事实由谁证明、靠什么证明、怎么证明、证明到什么程度,这五个问题构成了证据应用的全部内容,即证明对象、举证责任、证据收集、证明过程、证明标准。证据保全是重要的证据固定措施。

（1）证据保全的概念和作用

所谓证据保全,是指在证据可能灭失或以后难以取得的情况下,法院根据申请人的申请或依职权对证据加以固定和保护的制度。

民事诉讼或仲裁均是以证据为基础展开的。依据有关证据,当事人和法院、仲裁机构才能够了解或查明案件真相,确定争议的原因,从而正确地处理纠纷。但是,从纠纷的产生直至案件开庭审理必然有一个时间间隔。在这段时间内,有些证据由于自然原因或人为原因,可能会灭失或难以取得。为了防止这种情况可能给当事人的举证以及法院、仲裁机构的审理带来困难,《民事诉讼法》规定,在证据可能灭失或者以后难以取得的情况下,诉讼参加人可以向人民法院申请保全证据,人民法院也可以主动采取保全措施。

（2）证据保全的申请

《最高人民法院关于民事诉讼证据的若干规定》中规定,当事人依据《民事诉讼法》的规定向人民法院申请保全证据的,不得迟于举证期限届满前7日。当事人申请保全证据的,人民法院可以要求其提供相应的担保。

《仲裁法》也规定,在证据可能灭失或者以后难以取得的情况下,当事人可以申请证据保全。当事人申请证据保全的,仲裁委员会应当将当事人的申请提交证据所在地的基层人民法院。

（3）证据保全的实施

《最高人民法院关于民事诉讼证据的若干规定》中规定,人民法院进行证据保全,可以根据具体情况,采用查封、扣押、拍照、录音、录像、复制、鉴定、勘验、制作笔录等方法。人民法院进行证据保全,可以要求当事人或者诉讼代理人到场。

3.证据的应用

（1）举证时限

所谓举证时限,是指法律规定或法院、仲裁机构指定的当事人能够有效举证的期限。举证时限是一种限制当事人诉讼行为的制度,其主要目的在于促使当事人积极举证,提高诉讼效率,防止当事人违背诚实信用原则,在证据上搞"突然袭击"或"拖延诉讼"。

举证时限制度对当事人举证的有效性和法院裁判有很大的影响。如果当事人没有在法律规定或法院、仲裁机构指定的期限内提交证据,将视为当事人放弃举证权利,法院、仲裁机构有权利不组织质证或不予接受,当事人将承担举证不能的法律后果。

《最高人民法院关于民事诉讼证据的若干规定》中规定,人民法院在送达案件受理通知书和应诉通知书的同时向当事人送达举证通知书,举证通知书应载明人民法院根据案件情况指定的举证期限以及逾期提供证据的法律后果,《最高人民法院关于适用〈关于民事诉讼证据的若干规定〉中有关举证时限规定的通知》还规定,在适用一审普通程序审理民事案件时,人民法院指定当事人提供证据证明其主张的基础事实的期限,该期限不得少于 30 日。但是人民法院在征得双方当事人同意后,指定的举证期限可以少于 30 日。前述规定的举证期限届满后,针对某一特定事实或特定证据或者基于特定原因,人民法院可以根据案件的具体情况,酌情指定当事人提供证据或者反证的期限,该期限不受不得少于 30 日的限制;适用简易程序审理的案件,人民法院指定的举证期限可以少于 30 日。

当事人应当在举证期限内向法院提交证据材料,当事人在举证期限内不提交的,视为放弃举证权利。对于当事人逾期提交的证据材料,法院审理时不组织质证,但对方当事人同意质证的除外。当事人增加、变更诉讼请求或者提起反诉的,也应当在举证期限届满前提出。当事人在举证期限内提交证据材料确有困难的,应在举证期限内申请延期举证,经法院批准,可以适当延长举证期限。

(2)证据交换

我国民事诉讼中的证据交换,是指在诉讼答辩期届满后开庭审理前,在法院的主持下当事人之间相互明示其持有证据的过程。证据交换制度的设立,有利于当事人之间明确争议点,集中辩论;有利于法院尽快了解案件争议焦点,集中审理;有利于当事人尽快了解对方的事实依据,促进当事人进行和解和调解。

《最高人民法院关于民事诉讼证据的若干规定》中规定,法院对于证据较多或者复杂疑难的案件,应当组织当事人在答辩期届满后、开庭审理前交换证据。法院组织当事人交换证据的,交换证据之日举证期限届满。当事人申请延期举证经法院准许的,证据交换日应顺延。

证据交换应当在审判人员的主持下进行。在证据交换的过程中,审判人员对当事人无异议的事实、证据应当记录在卷;对有异议的证据,按照需要证明的事实分类记录在卷,并记载异议的理由。通过证据交换,确定双方当事人争议的主要问题。

(3)质证

质证是指当事人在法庭的主持下,围绕证据的真实性、合法性、关联性,针对证据证明力有无以及证明力大小,进行质疑、说明与辩驳的过程。《最高人民法院关于民事诉讼证据的若干规定》中规定,证据应当在法庭上出示,由当事人质证。未经质证的证据,不能作为认定案件事实的依据。

1)书证、物证、视听资料的质证

《最高人民法院关于民事诉讼证据的若干规定》中规定,对书证、物证、视听资料进行质证时,当事人有权要求出示证据的原件或者原物,但有下列情况之一的除外:

①出示原件或者原物确有困难并经法院准许出示复制件或者复制品的;

②原件或者原物已不存在,但有证据证明复制件、复制品与原件或原物一致的。

2）证人、鉴定人和勘验人的质证

《最高人民法院关于民事诉讼证据的若干规定》中规定，证人应当出庭作证。证人确有困难不能出庭的，经法院许可，证人可以提交书面证言或者视听资料或者通过双向视听传输技术手段作证。审判人员和当事人可对证人进行询问。证人不得旁听法庭审理；询问证人时，其他证人不得在场。法院认为有必要的，可以让证人进行对质。

鉴定人应当出庭接受当事人质询。鉴定人确因特殊原因无法出庭的，经法院准许，可以书面答复当事人的质询。经法庭许可，当事人可以向证人、鉴定人、勘验人发问。

（4）认证

认证即证据的审核认定，是指法院对经过质证或当事人在证据交换中认可的各种证据材料作出审查判断，确认其能否作为认定案件事实的根据。认证是正确认定案件事实的前提和基础，其具体内容是对证据有无证明力和证明力大小进行审查确认。

法院及审判人员对证据的审核认定遵循如下规则：

1）对单一证据的审核认定

①证据原件、原物，复印件、复制品与原件、原物是否相符；

②证据与本案事实是否相关；

③证据的形式、来源是否符合法律规定；

④证据的内容是否真实；

⑤证人或者提供证据的人，与当事人有无利害关系。

审判人员对案件的全部证据，将从各证据与案件事实的关联程度、各证据之间的联系等方面进行综合审查判断。

2）不能作为或不能单独作为认定案件事实依据的证据

①在诉讼中，当事人为达成调解协议或者和解目的作出妥协所涉及的对案件事实的认可，不得在其后的诉讼中作为对其不利的证据。

②以侵害他人合法权益或者违反法律禁止性规定的方法取得的证据，不能作为认定案件事实的依据。

③不能单独作为认定案件事实的证据：

a.未成年人所作的与其年龄和智力状况不相当的证言；

b.与一方当事人或者其代理人有利害关系的证人出具的证言；

c.存有疑点的视听资料；

d.无法与原件、原物核对的复印件、复制品；

e.无正当理由未出庭作证的证人证言。

④当事人对自己的主张，只有本人陈述而不能提出其他相关证据的，其主张不予支持（但对方当事人认可的除外）。

（5）可以作为认定案件事实依据的证据

1）一方当事人提出的下列证据，对方当事人提出异议但没有足以反驳的相反证据的，法院应当确认其证明力：

①书证原件或者与书证原件核对无误的复印件、照片、副本、节录本；

②物证原物或者与物证原物核对无误的复制件、照片、录像资料等；

③有其他证据佐证并以合法手段取得的,无疑点的视听资料或者与视听资料核对无误的复制件;

④一方当事人申请法院依照法定程序制作的对物证或者现场的勘验笔录。

2)法院委托鉴定部门作出的鉴定结论,当事人没有足以反驳的相反证据和理由的,可以认定其证明力。

3)一方当事人提出的证据,另一方当事人认可或者提出的相反证据不足以反驳的,法院可以确认其证明力。

4)诉讼过程中,当事人在起诉状、答辩状、陈述及其委托代理人的代理词中承认的对己方不利的事实和认可的证据,法院应当予以确认,但当事人反悔并有相反证据足以推翻的除外。

5)有证据证明一方当事人持有证据无正当理由拒不提供,如果对方当事人主张该证据的内容不利于证据持有人,可以推定该主张成立。

6)数个证据对同一事实的证明力。

①国家机关、社会团体依职权制作的公文书证的证明力一般大于其他书证;

②物证、档案、鉴定结论、勘验笔录或者经过公证、登记的书证,其证明力一般大于其他书证、视听资料和证人证言;

③证人提供的对与其亲属或者其他密切关系的当事人有利的证言,其证明力一般小于其他证人证言。

6.2.4　民事诉讼时效的规定

1.诉讼时效的概念

诉讼时效是指权利人在法定的时效期间内,未向法院提起诉讼请求保护其权利时,依据法律规定消灭其胜诉权的制度。

超过诉讼时效期间,在法律上发生的效力是权利人的胜诉权消灭。超过诉讼时效期间权利人起诉,如果符合《民事诉讼法》规定的起诉条件,法院仍然应当受理。如果法院经受理后查明无中止、中断、延长事由的,判决驳回诉讼请求。但是,依照《最高人民法院关于审理民事案件适用诉讼时效制度若干问题的规定》,当事人未提出诉讼时效抗辩,法院不应对诉讼时效问题进行释明及主动适用诉讼时效的规定进行裁判。当事人违反法律规定,约定延长或者缩短诉讼时效期间、预先放弃诉讼时效利益的,法院不予认可。

应当注意的是,根据《民法通则》的规定,超过诉讼时效期间,当事人自愿履行的,不受诉讼时效限制。《最高人民法院关于贯彻执行〈中华人民共和国民法通则〉若干问题的意见(试行)》中规定,超过诉讼时效期间,义务人履行义务后以超过诉讼时效为由反悔的,不予支持。

2.不适用于诉讼时效的情形

当事人可以对债权请求权提出诉讼时效抗辩,但对下列债权请求权提出诉讼时效抗辩的,法院不予支持:

(1)支付存款本金及利息请求权;

（2）兑付国债、金融债券以及向不特定对象发行的企业债券本息请求权；

（3）基于投资关系产生的缴付出资请求权；

（4）其他依法不适用诉讼时效规定的债权请求权。

3.诉讼时效期间的种类

根据我国《民法通则》及有关法律的规定，诉讼时效期间通常可划分为4类。

（1）普通诉讼时效，即向人民法院请求保护民事权利的期间。普通诉讼时效期间通常为2年。

（2）短期诉讼时效。下列诉讼时效期间为1年：身体受到伤害要求赔偿的；延付或拒付租金的；出售质量不合格的商品未声明的；寄存财物被丢失或损毁的。

（3）特殊诉讼时效。特殊诉讼时效不是由民法规定的，而是由特别法规定的诉讼时效。例如：《合同法》规定，因国际货物买卖合同和技术进出口合同争议的时效期间为4年；《海商法》规定，就海上货物运输向承运人要求赔偿的请求权，时效期间为1年。

（4）权利的最长保护期限。诉讼时效期间从知道或应当知道权利被侵害时起计算。但是，从权利被侵害之日起超过20年的，法院不予保护。

4.诉讼时效期间的起算

《民法通则》规定，诉讼时效期间从知道或者应当知道权利被侵害时起计算。

《最高人民法院关于贯彻执行〈中华人民共和国民法通则〉若干问题的意见（试行）》和《最高人民法院关于审理民事案件适用诉讼时效制度若干问题的规定》中规定，在下列情况下，诉讼时效期间的计算方法是：

（1）人身损害赔偿的诉讼时效期间，伤害明显的，从受伤害之日起算；伤害当时未曾发现，后经检查确诊并能证明是由侵害引起的，从伤势确诊之日起算。

（2）当事人约定同一债务分期履行的，诉讼时效期间从最后一期履行期限届满之日起计算。

（3）未约定履行期限的合同，依照《合同法》第六十二条的规定，履行期限不明确的，债务人可以随时履行，债权人也可以随时要求履行，但应当给对方必要的准备时间。

（4）享有撤销权的当事人一方请求撤销合同的，应适用《合同法》第五十五条关于1年除斥期间（又称预定期间）的规定。

对方当事人对撤销合同请求权提出诉讼时效抗辩的，法院不予支持。合同被撤销，返还财产、赔偿损失请求权的，诉讼时效期间从合同被撤销之日起计算。

（5）返还不当得利请求权的诉讼时效期间，从当事人一方知道或者应当知道不当得利事实及对方当事人之日起计算。

（6）管理人因无因管理行为产生的给付必要管理费用、赔偿损失请求权的诉讼时效期间，从无因管理行为结束并且管理人知道或者应当知道本人之日起计算。

本人因不当无因管理行为产生的赔偿损失请求权的诉讼时效期间，从其知道或者应当知道管理人及损害事实之日起计算。

例题 6-2

某施工企业和某建设单位于 2009 年 5 月 10 日签订了一份工程施工合同，合同约定建设单位应于 2011 年 9 月 10 日前支付所有工程款，但建设单位一直未按约定支付。那么，施工企业的诉讼有效期限至(　　)

A. 2011 年 5 月 10 日

B. 2011 年 9 月 10 日

C. 2012 年 9 月 10 日

D. 2013 年 9 月 10 日

答案：D。该企业诉讼时效为普通诉讼时效，即向人民法院请求保护民事权利的期间。普通诉讼时效期间通常为 2 年。依照《最高人民法院关于审理民事案件适用诉讼时效制度若干问题的规定》的规定，可以确定履行期限的，诉讼时效期间从履行期限届满之日起计算，该工程可以确定履行期限为支付工程款的最后期限 9 月 10 日。

5. 诉讼时效中止和中断

(1)诉讼时效中止

《民法通则》规定，在诉讼时效期间的最后 6 个月内，因不可抗力或者其他障碍不能行使请求权的，诉讼时效中止。从中止时效的原因消除之日起，诉讼时效期间继续计算。

根据上述规定，诉讼时效中止，应当同时满足两个条件：①权利人由于不可抗力或者其他障碍，不能行使请求权；②导致权利人不能行使请求权的事由发生在诉讼时效期间的最后 6 个月内。

诉讼时效中止，即诉讼时效期间暂时停止计算。在导致诉讼时效中止的原因消除后，也就是权利人开始可以行使请求权时起，诉讼时效期间继续计算。

(2)诉讼时效中断

《民法通则》规定，诉讼时效因提起诉讼，当事人一方提出要求或者同意履行义务而中断。从中断时起，诉讼时效期间重新计算。

《最高人民法院关于审理民事案件适用诉讼时效制度若干问题的规定》中规定了诉讼时效中断的特殊情形。

1)具有下列情形之一的，应当认定为《民法通则》第一百四十条规定的"当事人一方提出要求"，产生诉讼时效中断的效力：

①当事人一方直接向对方当事人送交主张权利文书，对方当事人在文书上签字、盖章或者虽未签字、盖章但能够以其他方式证明该文书到达对方当事人的；

②当事人一方以发送信件或者数据电文方式主张权利，信件或者数据电文到达或者应当到达对方当事人的；

③当事人一方为金融机构，依照法律规定或者当事人约定从对方当事人账户中扣收欠款本息的；

④当事人一方下落不明，对方当事人在国家级或者下落不明的当事人一方住所地的

建设法规

省级有影响的媒体上刊登具有主张权利内容的公告的,但法律和司法解释另有特别规定的,适用其规定。

2)权利人对同一债权中的部分债权主张权利,诉讼时效中断的效力及于剩余债权,但权利人明确表示放弃剩余债权的情形除外。

3)当事人一方向法院提交起诉状或者口头起诉的,诉讼时效从提交起诉状或者口头起诉之日起中断。

4)下列事项之一,法院应当认定与提起诉讼具有同等诉讼时效中断的效力:申请仲裁;申请支付令;申请破产、申报破产债权;为主张权利而申请宣告义务人失踪或死亡;申请诉前财产保全、诉前临时禁令等诉前措施;申请强制执行;申请追加当事人或者被通知参加诉讼;在诉讼中主张抵消;其他与提起诉讼具有同等诉讼时效中断效力的事项。

5)权利人向人民调解委员会以及其他依法有权解决相关民事纠纷的国家机关、事业单位、社会团体等社会组织提出保护相应民事权利的请求,诉讼时效从提出请求之日起中断。

6)权利人向公安机关、人民检察院、人民法院报案或者控告,请求保护其民事权利的,诉讼时效从其报案或者控告之日起中断。上述机关决定不立案、撤销案件、不起诉的,诉讼时效期间从权利人知道或者应当知道不立案、撤销案件或者不起诉之日起重新计算,刑事案件进入审理阶段,诉讼时效期间从刑事裁判文书生效之日起重新计算。

7)义务人作出分期履行、部分履行、提供担保、请求延期履行、制定清偿债务计划等承诺或者行为的,应当认定为民法通则第一百四十条规定的当事人一方同意履行义务。

8)对于连带债权人中的一人发生诉讼时效中断效力的事由,应当认定对其他连带债权人也发生诉讼时效中断的效力。

9)债权人提起代位权诉讼的,应当认定对债权人的债权和债务人的债权均发生诉讼时效中断的效力。

10)债权转让的,应当认定诉讼时效从债权转让通知到达债务人之日起中断。债务承担情形下,构成原债务人对债务承认的,应当认定诉讼时效从债务承担意思表示到达债权人之日起中断。

此外,《最高人民法院关于贯彻执行〈中华人民共和国民法通则〉若干问题的意见(试行)》也规定:诉讼时效因权利人主张权利或者义务人同意履行义务而中断后,权利人在新的诉讼时效期间内,再次主张权利或者义务人再次同意履行义务的,可以认定为诉讼时效再次中断。权利人向债务保证人、债务人的代理人或者财产代管人主张权利的,可以认定诉讼时效中断。

例题 6-3

甲施工企业承建乙公司综合楼一幢。根据施工合同,乙应于2014年4月10日前支付剩余工程款50万元,乙届时未予支付。甲在索要余款过程中,依次经过以下环节,综合考虑各环节,其中可使诉讼时效中断的情形有(　　)

A.2014年9月,甲致函乙要求其给付工程款

B.2015年1月,乙公司负责人在酒席上向甲施工企业负责人表示宽限一

160

年,2015年年底一定付款

C.2015年12月,乙公司新任负责人称该债务系前任领导所欠,自己概不负责

D.2016年5月,乙公司承认该债务存在,但其已超过诉讼时效期间而拒绝支付

E.2006年3月,甲向人民法院起诉

答案:ABE。A属于当事人一方以发送信件或者数据电文方式主张权利,信件或者数据电文到达或者应当到达对方当事人的;B属于义务人作出分期履行、部分履行、提供担保、请求延期履行、制定清偿债务计划等承诺或者行为的,应当认定为《民法通则》第一百四十条规定的当事人一方同意履行义务;E属于当事人一方向法院提交起诉状或者口头起诉的,诉讼时效从提交起诉状或者口头起诉之日起中断。

6.2.5 民事诉讼的审判程序

审理程序是人民法院审理案件适用的程序,可以分为一审程序、二审程序和审判监督程序。

1.一审程序

一审程序包括普通程序和简易程序。普通程序是《民事诉讼法》规定的民事诉讼当事人进行第一审民事诉讼和人民法院审理第一审民事案件所通常适用的诉讼程序。

适用普通程序审理的案件,根据《民事诉讼法》的规定,应当在立案之日起6个月内审结。有特殊情况需要延长的,由本院院长批准,可以延长6个月;还需要延长的,报请上级法院批准。

(1)起诉和受理

1)起诉

《民事诉讼法》规定,起诉必须符合下列条件:

①原告是与本案有直接利害关系的公民、法人和其他组织;

②有明确的被告;

③有具体的诉讼请求、事实和理由;

④属于人民法院受理民事诉讼的范围和受诉人民法院管辖。

起诉方式应当以书面起诉为原则,口头起诉为例外。在工程实践中,基本都是采用书面起诉方式。《民事诉讼法》规定,起诉应当向人民法院提交起诉状,并按照被告人数提出副本。

起诉状应当记明下列事项:

a.当事人的姓名、性别、年龄、民族、职业、工作单位和住所,法人或者其他组织的名称、住所和法定代表人或者主要负责人的姓名、职务;

b.诉讼请求和所根据的事实和理由;

c.证据和证据来源,证人姓名和住所。

起诉状中最好写明案由。民事案件案由是民事诉讼案件的名称,反映案件所涉及的

民事法律关系的性质,是法院将诉讼争议所包含的法律关系进行的概括。根据最高人民法院《民事案件案由规定》,工程实践中常用的有两类:一类是购买建筑材料可能遇到的买卖合同纠纷,包括分期付款买卖合同纠纷、凭样品买卖合同纠纷、试用买卖合同纠纷、互易纠纷、国际货物买卖合同纠纷等;另一类是工程中可能遇到的各种合同纠纷,包括建设工程勘察合同纠纷、建设工程设计合同纠纷、建设工程施工合同纠纷、建设工程分包合同纠纷、建设工程监理合同纠纷、装饰装修合同纠纷。

2)受理

《民事诉讼法》规定,法院收到起诉状,经审查,认为符合起诉条件的,应当在 7 日内立案并通知当事人。认为不符合起诉条件的,应当在 7 日内裁定不予受理。原告对裁定不服的,可以提起上诉。

审理前的主要准备工作如下:

①送达起诉状副本和提出答辩状

诉讼文书送达方式有 6 种:

a.直接送达,这是最常用的一种送达方式。

b.留置送达,是指在向受送达人或有资格接受送达的人送交需送达的法律文书时,受送达人或有资格接受送达的人拒绝签收,送达人将诉讼文书依法留放在受送达人住所的送达方式。

c.委托送达,是指受诉法院直接送达确有困难,委托其他法院将需要送达的法律文书送交受送达人的送达方式。

d.邮寄送达,根据《最高人民法院关于以法院专递方式邮寄送达民事诉讼文书的若干规定》,签收人是受送达人本人或者是受送达人的法定代表人、主要负责人、法定代理人、诉讼代理人的,签收人应当当场核对邮件内容。签收人发现邮件内容与回执上的文书名称不一致的,应当当场向邮政机构的投递员提出,由投递员在回执上记明情况后将邮件退回人民法院;签收人是受送达人办公室、收发室和值班室的工作人员或者是与受送达人同住成年家属,受送达人发现邮件内容与回执上的文书名称不一致的,应当在收到邮件后的 3 日内将该邮件退回人民法院,并以书面方式说明退回的理由。

e.转交送达,适用转交送达的受送达人是军人、被监禁人员、被劳动教养人员,由该受送达人所在单位转交送达。

f.公告送达,根据《最高人民法院关于依据原告起诉时提供的被告住址无法送达应如何处理问题的批复》,法院依据原告起诉时所提供的被告住址无法直接送达或者留置送达,应当要求原告补充材料。原告因客观原因不能补充或者依据原告补充的材料仍不能确定被告住址的,法院应当依法向被告公告送达诉讼文书。

《民事诉讼法》规定,人民法院应当在立案之日起 5 日内将起诉状副本发送被告,被告在收到之日起 15 日内提出答辩状。被告提出答辩状的,人民法院应当在收到之日起 5 日内将答辩状副本发送原告。被告不提出答辩状的,不影响人民法院审理。

②告知当事人诉讼权利、义务及组成合议庭

人民法院对决定受理的案件,应当在受理案件通知书和应诉通知书中向当事人告知有关的权利和义务,或口头告知。

普通程序的审判组织应当采用合议制。合议庭组成人员确定后,应当在 3 日内告知当事人。

（2）开庭审理

1）法庭调查

法庭调查是在法庭上出示与案件有关的全部证据,对案件事实进行全面调查并有当事人进行质证的程序。

法庭调查按照下列程序进行:

①当事人陈述;

②告知证人的权利义务,证人作证,宣读未到庭的证人证言;

③出示书证、物证和视听资料;

④宣读鉴定结论。

2）法庭辩论

法庭辩论是当事人及其诉讼代理人在法庭上行使辩论权,针对有争议的事实和法律问题进行辩论的程序。法庭辩论的目的,是通过当事人及其诉讼代理人的辩论,对有争议的问题逐一进行审查和核实,借此查明案件的真实情况和正确的适用法律。

3）法庭笔录

书记员应当将法庭审理的全部活动记入笔录,由审判人员和书记员签名。

法庭笔录应当当庭宣读,也可以告知当事人和其他诉讼参与人当庭或者在 5 日内阅读。当事人和其他诉讼参与人认为对自己的陈述记录有遗漏或者差错的,有权申请补正。如果不予补正,应当将申请记录在案。法庭笔录由当事人和其他诉讼参与人签名或者盖章。

4）宣判

法庭辩论终结,应当依法作出判决。根据《民事诉讼法》的规定,判决前能够调解的,还可以进行调解。调解书经双方当事人签收后,即具有法律效力。调解不成的,如调解未达成协议或者调解书送达前一方反悔的,法院应当及时判决。

原告经传票传唤,无正当理由拒不到庭的,或者未经法庭许可中途退庭的,可以按撤诉处理;被告反诉的,可以缺席判决。被告经传票传唤,无正当理由拒不到庭的,或者未经法庭许可中途退庭的,可以缺席判决。

法院一律公开宣告判决,同时必须告知当事人上诉权利、上诉期限和上诉的法院。最高人民法院的判决、裁定,以及超过上诉期没有上诉的判决、裁定,是发生法律效力的判决、裁定。

2.第二审程序

第二审程序（又称上诉程序或终审程序）,是指由于民事诉讼当事人不服地方各级人民法院尚未生效的第一审判决或裁定,在法定上诉期间内,向上一级人民法院提起上诉而引起的诉讼程序。由于我国实行两审终审制,上诉案件经二审法院审理后作出的判决、裁定为终审的判决、裁定,诉讼程序即告终结。

（1）上诉期间

当事人不服地方人民法院第一审判决的,有权在判决书送达之日起 15 日内向上一级

人民法院提起上诉;不服地方人民法院第一审裁定的,有权在裁定书送达之日起 10 日内向上一级人民法院提起上诉。

（2）上诉状

当事人提起上诉,应当递交上诉状。上诉状应当通过原审法院提出,并按照对方当事人的人数提出副本。

（3）二审法院对上诉案件的处理

第二审人民法院对上诉案件,经过审理,按照下列情形,分别处理:1)原判决认定事实清楚,适用法律正确的,判决驳回上诉,维持原判;2)原判决适用法律错误的,依法改判;3)原判决认定事实错误,或者原判决认定事实不清、证据不足,裁定撤销原判决,发回原审人民法院重审,或者查清事实后改判;4)原判决违反法定程序,可能影响案件正确判决的,裁定撤销原判决,发回原审人民法院重审。

第二审法院作出的具有给付内容的判决,具有强制执行力。如果有履行义务的当事人拒不履行,对方当事人有权向法院申请强制执行。

对于发回原审法院重审的案件,原审法院仍将按照一审程序进行审理。因此,当事人对重审案件的判决、裁定,仍然可以上诉。

3．审判监督程序

（1）审判监督程序的概念

审判监督程序即再审程序,是指由有审判监督权的法定机关和人员提起,或由当事人申请,由人民法院对发生法律效力的判决、裁定、调解书再次审理的程序。

（2）审判监督程序的提起

1）人民法院提起再审的程序

人民法院提起再审,必须是已经发生法律效力的判决、裁定确有错误。其程序为:各级人民法院院长对本院已经发生法律效力的判决、裁定,发现确有错误,认为需要再审的,应当提交审判委员会讨论决定。最高人民法院对地方各级人民法院已经生效的判决、裁定,上级人民法院对下级人民法院已生效的判决、裁定,发现确有错误的,有权提审或指令下级人民法院再审。按照审判监督程序决定再审的案件,裁定中止原判决的执行。

人民法院按照审判监督程序再审的案件,发生法律效力的判决、裁定是由第一审法院作出的,按照第一审程序审理,对所作的判决、裁定,当事人可以上诉;发生法律效力的判决、裁定是由第二审法院作出的,按照第二审程序审理,所作的判决、裁定是发生法律效力的判决、裁定;上级人民法院按照审判监督程序提审的,按照第二审程序审理,所作的判决、裁定是发生法律效力的判决、裁定。《最高人民法院关于适用〈中华人民共和国民事诉讼法〉审判监督程序若干问题的解释》中规定,人民法院审理再审案件应当开庭审理。但按照第二审程序审理的,双方当事人已经其他方式充分表达意见,且书面同意不开庭审理的除外。

2）当事人申请再审的程序

当事人申请不一定引起审判监督程序,只有在同时符合下列条件的前提下,由人民法院依法决定,才可以启动再审程序。

①当事人申请再审的条件

当事人对已经发生法律效力的判决、裁定,认为有错误的,可以向上一级人民法院申请再审,但不停止判决、裁定的执行。当事人的申请符合下列情形之一的,人民法院应当再审:a. 有新的证据,足以推翻原判决、裁定的;b. 原判决、裁定认定的基本事实缺乏证据证明的;c. 原判决、裁定认定事实的主要证据是伪造的;d. 原判决、裁定认定事实的主要证据未经质证的;e. 对审理案件需要的证据,当事人因客观原因不能自行收集,书面申请人民法院调查收集,人民法院未调查收集的;f. 原判决、裁定适用法律确有错误的;g. 审判组织的组成不合法或者依法应当回避的审判人员没有回避的;h. 无诉讼行为能力人未经法定代理人代为诉讼或者应当参加诉讼的当事人,因不能归责于本人或者其诉讼代理人的事由,未参加诉讼的;i. 违反法律规定,剥夺当事人辩论权利的;j. 未经传票传唤,缺席判决的;k. 原判决、裁定遗漏或者超出诉讼请求的;l. 据以作出原判决、裁定的法律文书被撤销或者变更的;m. 审判人员在审理该案件时有贪污受贿、徇私舞弊、枉法裁判行为的。

②当事人可以申请再审的时间

当事人申请再审,应当在判决、裁定发生法律效力后六个月内提出;有新的证据是以推翻原判决裁定,或原判决、裁定认定事实的主要证据是伪造的,或原判决、裁定的法律文书被撤销或者变更,以及发现审判人员在审理该案件时有贪污受贿、徇私舞弊、枉法裁判行为的,自知道或者应当知道之日起六个月内提出。《最高人民法院关于适用〈中华人民共和国民事诉讼法〉审判监督程序若干问题的解释》中规定,申请再审期间不适用中止、中断和延长的规定。

3)人民检察院的抗诉

抗诉是指人民检察院对人民法院发生法律效力的判决、裁定,发现有提起抗诉的法定情形,提请人民法院对案件重新审理。

最高人民检察院对各级人民法院已经发生法律效力的判决、裁定,上级人民检察院对下级人民法院已经发生法律效力的判决、裁定,发现有符合当事人可以申请再审情形之一的,应当按照审判监督程序提起抗诉。地方各级人民检察院对同级人民法院已经发生法律效力的判决、裁定,发现有符合当事人可以申请再审情形之一的,应当提请上级人民检察院向同级人民法院提出抗诉。

6.2.6 民事诉讼的执行程序

审判程序与执行程序是并列的独立程序。审判程序是产生裁判书的过程,执行程序是实现裁判书内容的过程。

1. 执行程序的概念

执行程序是指人民法院的执行机构依照法定的程序,对发生法律效力并具有给付内容的法律文书工以国家强制力为后盾,依法采取强制措施,迫使具有给付义务的当事人履行其给付义务的行为。

2. 执行根据

执行根据是当事人申请执行、人民法院移交执行以及人民法院采取强制措施的依据。

执行根据是执行程序发生的基础,没有执行根据,当事人不能向人民法院申请执行,人民法院也不得采取强制措施。

执行根据主要有:(1)人民法院制作的发生法律效力的民事判决书、裁定书以及生效的调解书等;(2)人民法院作出的具有财产给付内容的发生法律效力的刑事判决书、裁定书;(3)仲裁机构制作的依法由人民法院执行的生效仲裁裁决书、仲裁调解书;(4)公证机关依法作出的赋予强制执行效力的公证债权文书;(5)人民法院作出的先予执行的裁定、执行回转的裁定以及承认并协助执行外国判决、裁定或裁决的裁定;(6)我国行政机关作出的法律明确规定由人民法院执行的行政决定。

3.执行案件的管辖

发生法律效力的民事判决、裁定,以及刑事判决、裁定中的财产部分,由第一审人民法院或者与第一审人民法院同级的被执行的财产所在地人民法院执行。《最高人民法院关于适用〈中华人民共和国民事诉讼法〉执行程序若干问题的解释》中规定,申请执行人向被执行的财产所在地人民法院申请执行的,应当提供该人民法院辖区有可供执行财产的证明材料。

人民法院受理执行申请后,当事人对管辖权有异议的,应当自收到执行通知书之日起10日内提出。

4.执行程序

(1)申请

人民法院作出的判决、裁定等法律文书,当事人必须履行。如果无故不履行,另一方当事人可向有管辖权的人民法院申请强制执行。申请强制执行应提交申请强制执行书,并附作为执行根据的法律文书。申请强制执行,还须遵守申请执行期限。申请执行的期间为两年。申请执行时效的中止、中断,适用法律有关诉讼时效中止、中断的规定。这里的期间,从法律文书规定履行期间的最后1日起计算;法律文书规定分期履行的,从规定的每次履行期间的最后1日起计算;法律文书未规定履行期间的,从法律文书生效之日起计算。

(2)执行

对于具有执行内容的生效裁判文书,由审判该案的审判人员将案件直接交付执行人员,随即开始执行程序。提交执行的案件有三类:具有给付或者履行内容的生效民事判决、裁定(包括先予执行的抚恤金、医疗费用等);具有财产执行内容的刑事判决书、裁定书;审判人员认为涉及国家、集体或公民重大利益的案件。

(3)向上一级人民法院申请执行

人民法院自收到申请执行书之日起超过6个月未执行的,申请执行人可以向上一级人民法院申请执行。上一级人民法院经审查,可以责令原人民法院在一定期限内执行,也可以决定由本院执行或者指令其他人民法院执行。

有下列情形之一的,上一级人民法院可以根据申请执行人的申请,责令执行法院限期执行或者变更执行法院:1)债权人申请执行时被执行人有可供执行的财产,执行法院自收到申请执行书之日起超过6个月对该财产未执行完结的;2)执行过程中发现被执行人可供执行的财产,执行法院自发现财产之日起超过 6 个月对该财产未执行完结的;3)对法律文书确定的行为义务的执行,执行法院自收到申请执行书之日起超过 6 个月未依法采取相应执行措施的;4)其他有条件执行超过 6 个月未执行的。

4.执行中的其他问题

(1)委托执行

《民事诉讼法》规定,被执行人或被执行的财产在外地的,可以委托当地人民法院代为执行。受委托人民法院收到委托函件后,必须在 15 日内开始执行,不得拒绝。

(2)执行异议

1)当事人、利害关系人提出的异议

当事人、利害关系人认为执行行为违反法律规定的,可以向负责执行的人民法院提出书面异议。当事人、利害关系人提出书面异议的,人民法院应当自收到书面异议之日起 15 日内审查,理由成立的,裁定撤销或者改正;理由不成立的,裁定驳回。当事人、利害关系人对裁定不服的,可以自裁定送达之日起 10 日内向上一级人民法院申请复议。《最高人民法院关于适用〈中华人民共和国民事诉讼法〉执行程序若干问题的解释》中规定,当事人、利害关系人申请复议的书面材料,可以通过执行法院转交,也可以直接向执行法院的上一级人民法院提交。上一级人民法院应当自收到复议申请之日起 30 日内审查完毕,并作出裁定。有特殊情况需要延长的,经本院院长批准,可以延长。延长的期限不得超过 30 日。执行异议审查和复议期间,不停止执行。被执行人、利害关系人提供充分、有效的担保请求停止相应处分措施的,人民法院可以准许;申请执行人提供充分、有效的担保请求继续执行的,应当继续执行。

2)案外人提出的异议

执行过程中,案外人对执行标的提出书面异议的,人民法院应当自收到书面异议之日起 15 日内审查,理由成立的,裁定中止对该标的的执行;理由不成立的,裁定驳回。案外人、当事人对裁定不服,认为原判决、裁定错误的,依照审判监督程序办理;与原判决、裁定无关的,可以自裁定送达之日起 15 日内向人民法院提起诉讼。案外人提起诉讼,对执行标的主张实体权利,并请求对执行标的停止执行的,应当以申请执行人为被告。被执行人反对案外人对执行标的所主张的实体权利的,应当以申请执行人和被执行人为共同被告。该诉讼由执行法院管辖,诉讼期间不停止执行。

(3)执行和解

在执行中,双方当事人自行和解达成协议的,执行员应当将协议内容记入笔录,由双方当事人签名或者盖章。一方当事人不履行和解协议的,人民法院可以根据对方当事人的申请,恢复对原生效法律文书的执行。

5.执行措施

执行措施是指人民法院依照法定程序强制执行生效法律文书的方法和手段。在执行中,执行措施和执行程序是合为一体的。执行员接到申请执行书或者移交执行书,应当向被执行人发出执行通知,责令其在指定的期间履行,逾期不履行的,强制执行。被执行人不履行法律文书确定的义务,并有可能隐匿、转移财产的,执行员可以立即采取强制执行措施。

执行措施主要有:(1)查封、冻结、划拨被执行人的存款;(2)扣留、提取被执行人的收入;(3)查封、扣押、拍卖、变卖被执行人的财产;(4)对被执行人及其住所或财产隐匿地进行搜查;(5)强制被执行人和有关单位、公民交付法律文书指定的财物或票证;(6)强制被执行人迁出房屋或退出土地;(7)强制被执行人履行法律文书指定的行为;(8)办理财产权证照转移手续;(9)强制被执行人支付迟延履行期间的债务利息或迟延履行金;(10)依申请执行人申请,通知对被执行人负有到期债务的第三人向申请执行人履行债务。

6.执行中止和终结

(1)执行中止

执行中止是指在执行过程中,因发生特殊情况,需要暂时停止执行程序。有下列情况之一的,人民法院应裁定中止执行:1)申请人表示可以延期执行的;2)案外人对执行标的提出确有理由的异议的;3)作为一方当事人的公民死亡,需要等待继承人继承权利或承担义务的;4)作为一方当事人的法人或其他组织终止,尚未确定权利义务承受人的;5)人民法院认为应当中止执行的其他情形,如被执行人确无财产可供执行等。中止的情形消失后,恢复执行。

(2)执行终结

在执行过程中,由于出现某些特殊情况,执行工作无法继续进行或没有必要继续进行的,结束执行程序。有下列情况之一的,人民法院应当裁定终结执行:1)申请人撤销申请的;2)据以执行的法律文书被撤销的,3)作为被执行人的公民死亡,无遗产可供执行,又无义务承担人的;4)追索赡养费,扶养费、抚育费案件的权利人死亡的;5)作为被执行人的公民因生活困难无力偿还借款,无收入来源,又丧失劳动能力的;6)人民法院认为应当终结执行的其他情形。

6.3 仲裁制度

仲裁是解决民商事纠纷的重要方式之一。仲裁有下列三项基本制度:协议仲裁制度、或裁或审制度和一裁终局制度。

中华人民共和
国仲裁法

6.3.1 仲裁协议的规定

1.仲裁协议的形式

仲裁协议是指当事人自愿将已经发生或者可能发生的争议通过仲裁解决的书面协议。

《仲裁法》规定,"仲裁协议包括合同中订立的仲裁条款和其他以书面方式在纠纷发生前或者纠纷发生后达成的请求仲裁的协议。"据此,仲裁协议应当采用书面形式,口头方式达成的仲裁意思表示无效。仲裁协议既可以表现为合同中的仲裁条款,也可以表现为独立于合同而存在的仲裁协议书。在实践中,合同中的仲裁条款是最常见的仲裁协议形式。

《仲裁法》司法解释规定:"仲裁法第十六条规定的'其他书面形式'的仲裁协议,包括以合同书、信件和数据电文(包括电报、电传、传真、电子数据交换和电子邮件)等形式达成的请求仲裁的协议。"此外,《电子签名法》还规定:能够有形地表现所载内容,并可以随时调查取用的数据电文,视为符合法律、法规要求的书面形式;可靠的电子签名与手写签名或者盖章具有同等的法律效力。

2.仲裁协议的内容

仲裁协议应当具有下列内容:(1)请求仲裁的意思表示;(2)仲裁事项;(3)选定的仲裁委员会。这三项内容必须同时具备,仲裁协议才能有效。

请求仲裁的意思表示,是指条款中应该有"仲裁"两字,表明当事人的仲裁意愿。该意愿应当是确定的,而不是模棱两可的。有的当事人在合同中约定发生争议可以提交仲裁,也可以提交诉讼,根据这种约定就无法判定当事人有明确的仲裁意愿。因此,《仲裁法》司法解释规定,这样的仲裁协议无效。

仲裁事项,既可以是当事人之间合同履行过程中的或与合同有关的一切争议,也可以是合同中某一特定问题的争议;既可以是事实问题的争议,也可以是法律问题的争议,其范围取决于当事人的约定。

选定的仲裁委员会,是指仲裁委员会的名称应该准确。《仲裁法》司法解释规定,仲裁协议约定的仲裁机构名称不准确,但能够确定具体的仲裁机构的,应当认定选定了仲裁机构。仲裁协议约定两个以上仲裁机构的,当事人可以协议选择其中的一个仲裁机构申请仲裁;当事人不能就仲裁机构选择达成一致的,仲裁协议无效。仲裁协议约定由某地的仲裁机构仲裁且该地仅有一个仲裁机构的,该仲裁机构视为约定的仲裁机构。该地有两个以上仲裁机构的,当事人可以协议选择其中的一个仲裁机构申请仲裁;当事人不能就仲裁机构选择达成一致的,仲裁协议无效。

3.仲裁协议的效力

(1)对当事人的法律效力

仲裁协议一经有效成立,即对当事人产生法律约束力。发生纠纷后,当事人只能向仲裁协议中所约定的仲裁机构申请仲裁,而不能就该纠纷向法院提起诉讼。

(2)对法院的约束力

有效的仲裁协议排除法院的司法管辖权。《仲裁法》规定,当事人达成仲裁协议,一方向人民法院起诉未声明有仲裁协议,人民法院受理后,另一方在首次开庭前提交仲裁协议的,人民法院应当驳回起诉,但仲裁协议无效的除外。

(3)对仲裁机构的法律效力

仲裁协议是仲裁委员会受理仲裁案件的基础,是仲裁庭审理和裁决案件的依据。没有有效的仲裁协议,仲裁委员会就不能获得仲裁案件的管辖权。同时,仲裁委员会只能对当事人在仲裁协议中约定的争议事项进行仲裁,对超出仲裁协议约定范围的其他争议无权仲裁。

(4)仲裁协议的独立性

仲裁协议独立存在,合同的变更、解除、终止或者无效,不影响仲裁协议的效力。

6.3.2　仲裁的申请和受理

1.申请仲裁的条件

当事人申请仲裁,应当符合下列条件:(1)有仲裁协议;(2)有具体的仲裁请求和事实、理由;(3)属于仲裁委员会的受理范围。

2.申请仲裁的方式

当事人申请仲裁,应当向仲裁委员会递交仲裁协议、仲裁申请书及副本。其中,仲裁申请书应当载明下列事项:(1)当事人的姓名、性别、年龄、职业、工作单位和住所,法人或者其他组织的名称、住所和法定代表人或者主要负责人的姓名、职务;(2)仲裁请求和所依据的事实、理由;(3)证据和证据来源、证人姓名和住所。

对于申请仲裁的具体文件内容,各仲裁机构在《仲裁法》规定的范围内,会有不同的要求和审查标准,一般可以登录其网站进行查询。

3.审查与受理

认为不符合受理条件的,应当书面通知当事人不予受理并说明理由。

仲裁委员会受理仲裁申请后,应当在仲裁规则规定的期限内将仲裁规则和仲裁员名册送达申请人,并将仲裁申请书副本和仲裁规则、仲裁员名册送达被申请人。被申请人收到仲裁申请书副本后,应当在仲裁规则规定的期限内向仲裁委员会提交答辩书。仲裁委员会收到答辩书后,应当在仲裁规则规定的期限内将答辩书副本送达申请人。被申请人未提交答辩书的,不影响仲裁程序的进行。被申请人有权提出反请求。

4.财产保全和证据保全

为保证仲裁程序顺利进行、仲裁案件公正审理以及仲裁裁决有效执行,当事人有权申请财产保全和证据保全。

当事人要求采取财产保全及/或证据保全措施的,应向仲裁委员会提出书面申请,由仲裁委员会将当事人的申请转交被申请人住所地或其财产所在地及/或证据所在地有管辖权的人民法院作出裁定。

6.3.3　仲裁的开庭和裁决

1.仲裁庭的组成

仲裁庭的组成形式包括合议仲裁庭和独任仲裁庭两种,即仲裁庭可以由 3 名仲裁员或者 1 名仲裁员组成。

(1)合议仲裁庭

当事人约定由 3 名仲裁员组成仲裁庭的,应当各自选定或者各自委托仲裁委员会主任指定 1 名仲裁员,第 3 名仲裁员由当事人共同选定或者共同委托仲裁委员会主任指定。第 3 名仲裁员是首席仲裁员。

(2)独任仲裁庭

当事人约定 1 名仲裁员成立仲裁庭的,应当由当事人共同选定或者共同委托仲裁委员会主任指定仲裁员。但是,当事人没有在仲裁规定的期限内约定仲裁庭的组成方式或者选定仲裁员的,由仲裁委员会主任指定。

仲裁员有下列情形之一的,必须回避,当事人也有权提出回避申请:(1)是本案当事人或者当事人、代理人的近亲属;(2)与本案有利害关系;(3)与本案当事人、代理人有其他关系,可能影响公正仲裁的;(4)私自会见当事人、代理人,或者接受当事人、代理人的请客送礼的。

当事人提出回避申请,应当说明理由,在首次开庭前提出。回避事由在首次开庭后知道的,可以在最后一次开庭结束前提出。

2. 开庭和审理

仲裁应当开庭进行,当事人可以协议不开庭。当事人应当对自己的主张提供证据。仲裁庭认为有必要收集的证据,可以自行收集。证据应当在开庭时出示,当事人可以质证。当事人在仲裁过程中有权进行辩论。

仲裁庭可以作出缺席裁决。申请人无正当理由开庭时不到庭的,或在开庭审理时未经仲裁庭许可中途退庭的,视为撤回仲裁申请;如果被申请人提出了反请求,不影响仲裁庭就反请求进行审理,并作出裁决。被申请人无正当理由开庭时不到庭的,或在开庭审理时未经仲裁庭许可中途退庭的,仲裁庭可以进行缺席审理,并作出裁决;如果被申请人提出了反请求,视为撤回反请求。

为了保护当事人的商业秘密和商业信誉,仲裁不公开进行。当事人协议公开的,可以公开进行,但涉及国家秘密的除外。

例题 6-4

　　甲公司与乙公司的监理合同纠纷一案,由某仲裁委员会开庭审理。开庭当天,接到开庭通知书的被申请人乙无正当理由拒不到庭,则仲裁庭可以(　　　　)。

　　A. 撤销案件　　B. 中止审理　　　C. 终结审理　　　　D. 缺席裁决

　　答案:D。被申请人无正当理由开庭时不到庭的,或在开庭审理时未经仲裁庭许可中途退庭的,仲裁庭可以进行缺席审理,并作出裁决。

3. 仲裁中的和解与调解

当事人申请仲裁后,可以自行和解。达成和解协议的,可以请求仲裁庭根据和解协议作出裁决书,也可以撤回仲裁申请。当事人达成和解协议,撤回仲裁申请后反悔的,仍可以根据仲裁协议申请仲裁。

仲裁庭在作出裁决前,可以先行调解。当事人自愿调解的,仲裁庭应当调解。调解不成的,应当及时作出裁决。调解达成协议的,仲裁庭应当制作调解书或者根据协议的结果制作裁决书。调解书与裁决书具有同等法律效力。调解书经双方当事人签收后,即发生法律效力。在调解书签收前当事人反悔的,仲裁庭应当及时作出裁决。

4. 仲裁裁决

仲裁裁决应当按照多数仲裁员的意见作出,少数仲裁员的不同意见可以记入笔录。仲裁庭不能形成多数意见时,裁决应当按照首席仲裁员的意见作出。裁决书在作出之日起发生法律效力。

裁决书的效力是:(1)裁决书一裁终局,当事人不得就已经裁决的事项再申请仲裁,也不得就此提起诉讼。(2)仲裁裁决具有强制执行力。一方当事人不履行的,对方当事人可以到法院申请强制执行。(3)仲裁裁决在所有《承认和执行外国仲裁裁决公约》缔约国(或地区)可以得到承认和执行。

例题 6-5

甲建设单位一直拖欠乙施工单位工程款,乙多次索要未果,遂申请仲裁。仲裁庭作出裁决后,甲仍不履行,则乙可向(　　　　)申请执行。

　　A. 仲裁委员会　　　　　　　　B. 人民法院
　　C. 人民政府　　　　　　　　　D. 建设行政主管部门

答案:B。裁决书的效力是:(1)裁决书一裁终局,当事人不得就已经裁决的事项再申请仲裁,也不得就此提起诉讼。(2)仲裁裁决具有强制执行力。一方当事人不履行的,对方当事人可以到法院申请强制执行。(3)仲裁裁决在所有《承认和执行外国仲裁裁决公约》缔约国(或地区)可以得到承认和执行。

6.3.4　申请撤销裁决

仲裁的本质属性为契约性,同时,在立法规范和司法实践中又具有司法性。依据《民事诉讼法》和《仲裁法》的规定,人民法院对仲裁进行司法监督。

人民法院的司法监督有3个特点:(1)事后审查,即在仲裁的终局裁决作出后,经当事人申请执行或申请撤销、不予执行时,有管辖权的人民法院才可对相关裁决进行审查。(2)"双启动"审查。人民法院司法审查的启动,一般情况下为被动审查,即需在仲裁"当事人"以法定理由向人民法院提出申请之后,人民法院才启动司法审查程序,且只审查申请人申请审查的内容。同时,人民法院也可以仲裁裁决违反我国社会公共利益为理由而主动依职权启动司法审查程序。被动审查与主动审查相结合,但以被动审查为主,以维护仲裁的契约性,避免过多的司法干预。(3)"双轨制"审查。人民法院依据当事人的申请,对国内仲裁裁决的程序事项和实体问题进行审查,其中审查实体问题的范围为仲裁认定事实的证据真伪、足够与否和适用法律之对错。对涉外仲裁裁决和国外仲裁裁决仅对其程序事项进行审查,且当事人不得以裁决书的实体错误为由提出不予执行和撤销的申请,人民法院也不得审查其实体问题。

1. 申请撤销仲裁裁决的法定事由

当事人提出证据证明裁决有下列情形之一的,可以向仲裁委员会所在地的中级人民法院申请撤销裁决:(1)没有仲裁协议的;(2)裁决的事项不属于仲裁协议的范围或者仲裁委员会无权仲裁的;(3)仲裁庭的组成或者仲裁的程序违反法定程序的;(4)裁决所依据的证据是伪造的;(5)对方当事人隐瞒了足以影响公正裁决的证据的;(6)仲裁员在仲裁该案时有索贿受贿、徇私舞弊、枉法裁决行为的。

当事人申请撤销裁决的,应当自收到裁决书之日起6个月内向仲裁机构所在地的中级人民法院提出。

2.仲裁裁决被撤销的法律后果

仲裁裁决被人民法院依法撤销后，当事人之间的纠纷并未解决。根据《仲裁法》的规定，当事人就该纠纷可以根据双方重新达成的仲裁协议申请仲裁，也可以向人民法院起诉。

6.3.5　仲裁裁决的执行

1.仲裁裁决的强制执行力

《仲裁法》规定，仲裁裁决作出后，当事人应当履行裁决。一方当事人不履行的，另一方当事人可以依照《民事诉讼法》的有关规定，向人民法院申请执行。

仲裁裁决的强制执行应当向有管辖权的法院提出申请。被执行人在中国境内的，国内仲裁裁决由被执行人住所地或被执行人财产所在地的人民法院执行；涉外仲裁裁决，由被执行人住所地或被执行人财产所在地的中级人民法院执行。

申请仲裁裁决强制执行必须在法律规定的期限内提出。根据《民事诉讼法》第二百三十九条的规定，申请执行的期间为两年。申请执行时效的中止、中断，适用法律有关诉讼时效中止、中断的规定。申请仲裁裁决强制执行的期限，自仲裁裁决书规定履行期限或仲裁机构的仲裁规则规定履行期间的最后1日起计算。仲裁裁决书规定分期履行的，依规定的每次履行期间的最后1日起计算。

2.仲裁裁决的不予执行

根据《仲裁法》《民事诉讼法》的规定，被申请人提出证据证明裁决有下列情形之一的，经人民法院组成合议庭审查核实，裁定不予执行：(1)当事人在合同中没有仲裁条款或者事后没有达成书面仲裁协议的；(2)裁决的事项不属于仲裁协议的范围或者仲裁机构无权仲裁的；(3)仲裁庭的组成或者仲裁的程序违反法定程序的；(4)认定事实的主要证据不足的；(5)适用法律确有错误的；(6)仲裁员在仲裁该案时有索贿受贿、徇私舞弊、枉法裁决行为的。

仲裁裁决被法院依法裁定不予执行的，当事人就该纠纷可以重新达成仲裁协议，并依据该仲裁协议申请仲裁，也可以向法院提起诉讼。

例题 6-6

甲建设单位与乙施工单位签订了一份装饰合同，合同约定由乙负责甲办公楼的装饰工程，并且约定一旦因合同履行发生纠纷，由当地仲裁委员会仲裁。施工过程中，因乙管理不善导致工期延误，给甲造成了损失，甲要求乙赔偿，遭到乙拒绝，于是甲提出仲裁申请。

问题一：针对乙延误工期这一事实，提供证据的责任由(　　)承担。

A.甲　　　　B.乙　　　　C.甲乙双方　　　　D.仲裁庭

答案：A。证据是指在诉讼中能够证明案件真实情况的各种资料。当事人要证明自己提出的主张，需要向法院提供相应的证据资料。

问题二：仲裁过程中，如果甲申请证据保全，则正确程序是(　　)。

A.甲向仲裁机构所在地的基层人民法院提出申请

B.仲裁机构将甲的申请提交证据所在地的基层人民法院

C.仲裁机构将甲的申请提交证据仲裁机构所在地的基层人民法院

D.仲裁机构采取必要的证据保全措施

答案:B。当事人依据《民事诉讼法》的规定向人民法院申请保全证据;仲裁委员会应当将当事人的申请提交证据所在地的基层人民法院。

问题三:仲裁庭审理过程中,仲裁员在赔偿数额上意见不一致,首席仲裁员张某认为赔偿数额为30万元,另两名仲裁员王某、李某都认为赔偿数额应为15万元,则仲裁庭应按(　　)意见作出。

A.仲裁委员会　　　　　　　　B.仲裁委员会主任

C.张某　　　　　　　　　　　D.王某、李某

答案:D。仲裁裁决应当按照多数仲裁员的意见作出,少数仲裁员的不同意见可以记入笔录。仲裁庭不能形成多数意见时,裁决应当按照首席仲裁员的意见作出。

问题四:该纠纷经仲裁后,裁决书(　　)发生法律效力。

A.自作出之日

B.经上级仲裁机构审查批准后

C.经人民法院审查批准后

D.在双方当事人不申请复议时

答案:A。裁决书在作出之日起发生法律效力。

问题五:如果被申请人乙发现该案在仲裁过程中违反法律程序,则可以向(　　)申请撤销裁决。

A.仲裁庭　　　　　　　　　　B.建设行政主管部门

C.上级仲裁委员会　　　　　　D.人民法院

答案:D。当事人提出证据证明裁决有下列情形之一的,可以向仲裁委员会所在地的中级人民法院申请撤销裁决:(1)没有仲裁协议的;(2)裁决的事项不属于仲裁协议的范围或者仲裁委员会无权仲裁的;(3)仲裁庭的组成或者仲裁的程序违反法定程序的;(4)裁决所依据的证据是伪造的;(5)对方当事人隐瞒了足以影响公正裁决的证据的;(6)仲裁员在仲裁该案时有索贿受贿、徇私舞弊、枉法裁决行为的。

问题六:如果裁决发生法律效力后,乙不履行裁决,甲可以(　　)。

A.向法院申请强制执行

B.向仲裁委员会申请强制执行

C.向公安部门申请强制执行

D.再申请仲裁

答案:A。裁决书的效力是:(1)裁决书一裁终局,当事人不得就已经裁决的事项再申请仲裁,也不得就此提起诉讼。(2)仲裁裁决具有强制执行力。一方当事人不履行的,对方当事人可以到法院申请强制执行。(3)仲裁裁决在所有《承认和执行外国仲裁裁决公约》缔约国(或地区)可以得到承认和执行。

6.3.6　涉外仲裁的特别规定

1. 涉外仲裁的基本类型

涉外仲裁是指具有涉外因素的仲裁。《最高人民法院关于贯彻执行〈中华人民共和国民法通则〉若干问题的意见（试行）》中规定，凡民事关系的一方或者双方当事人是外国人、无国籍人、外国法人的，民事关系的标的物在外国领域内的，产生、变更或者消灭民事权利义务关系的法律事实发生在国外的，均为涉外民事关系。

在我国，就主体而言，涉外仲裁基本包括 3 种类型：（1）一方当事人是中国公司企业、另一方是外国公司的仲裁；（2）双方当事人都是外国公司的仲裁；（3）涉及港澳台的案件参照涉外案件处理。《仲裁法》规定，涉外经济贸易、运输和海事中发生的纠纷的仲裁，适用关于涉外仲裁的特别规定。

我国建筑业企业对外承接工程日益增多，建设工程纠纷中涉外案件的数量也不断增长，涉外仲裁将发挥更加重要的作用。

2. 涉外仲裁机构

《仲裁法》规定，涉外仲裁委员会可以由中国国际商会组织设立。

我国依据《仲裁法》设立的涉外仲裁机构是中国国际经济贸易仲裁委员会和中国海事仲裁委员会。目前，中国境内的涉外案件主要由中国国际经济贸易仲裁委员会受理。该仲裁委员会自 2000 年起也开始受理国内案件。

1995 年之后，按照《仲裁法》的规定，在直辖市和省、自治区人民政府所在地的市以及其他设区的市也设立或重新组建了一批常设仲裁机构。国务院办公厅《关于贯彻实施〈中华人民共和国仲裁法〉需要明确的几个问题的通知》中规定，新组建的仲裁委员会的主要职责是受理国内仲裁案件；涉外仲裁案件的当事人自愿选择新组建的仲裁委员会仲裁的，新组建的仲裁委员会可以受理。

3. 涉外仲裁案件的证据、财产保全

《民事诉讼法》规定，当事人申请采取财产保全的，中华人民共和国的涉外仲裁机构应当将当事人的申请，提交被申请人住所地或者财产所在地的中级人民法院裁定。

《最高人民法院关于人民法院执行工作若干问题的规定（试行）》中规定："在涉外仲裁过程中，当事人申请财产保全，经仲裁机构提交人民法院的，由被申请人住所地或被申请保全的财产所在地的中级人民法院裁定并执行；申请证据保全的，由证据所在地的中级人民法院裁定并执行。"据此，与国内仲裁案件不同，涉外仲裁案件的财产、证据保全均是由有管辖权的中级人民法院裁定并执行。

4. 涉外仲裁案件裁决的执行

《仲裁法》规定，涉外仲裁委员会作出的发生法律效力的仲裁裁决，当事人请求执行的，如果被执行人或者其财产不在中华人民共和国领域内，应当由当事人直接向有管辖权的外国法院申请承认和执行。

《承认和执行外国仲裁裁决公约》规定，成员国要保证和承认任何公约成员国作出的仲裁裁决。我国 1986 年 12 月加入该公约，1987 年 4 月 22 日该公约正式对我国生效，该

公约目前已有 140 多个缔约国家和地区,外国执行中国的涉外裁决将依据该公约规定的条件办理。在执行程序上各国依其国内法律的规定,但对裁决的审查都限于该公约第 5 条规定的理由。

被申请执行人所属国家不是《承认和执行外国仲裁裁决公约》成员国,如果双方存在双边条约或协定,则根据双边条约或双边协定中订立的有关相互承认和执行仲裁裁决的内容进行。我国已同世界上 100 多个国家和地区订有双边贸易协定,在这些协定中一般都含有关于通过仲裁方式解决贸易争议的规定,并且大多约定缔约双方都应设法保证由被申请执行仲裁裁决的国家主管部门根据适用的法律规定,承认并执行仲裁裁决。此外,我国与 60 多个国家和地区也订立了双边投资保护协定,在这些双边协定中大多都规定了相互承认和执行仲裁裁决。我国还与许多国家签订了有关民商事司法互助的协定,在这些司法互助协定中往往也涉及相互承认和执行在对方境内作出的裁决问题。

如果我国与某一国家签订的双边贸易协定、双边投资保护协议或者司法互助协定中有关裁决的承认和执行的条件比《承认和执行外国仲裁裁决公约》规定的条件更为优惠,即使双方均是该公约的缔约国,裁决的承认和执行仍可依据有关协定以更便利的方式执行。

1999 年 6 月 21 日中国内地和香港地区签署了《关于内地与香港特别行政区相互执行仲裁裁决的安排》。这是两地司法协助的重要组成部分,是一个主权国家内不同法律区域间的司法安排。

6.4   调解、和解制度

6.4.1   调解的规定

我国的调解方式主要有人民调解、行政调解、仲裁调解、法院调解和专业机构调解等。

中华人民共和国
人民调解法

1. 人民调解

《中华人民共和国人民调解法》(以下简称《人民调解法》)规定,人民调解是指人民调解委员会通过说服、疏导等方式,促使当事人在平等协商基础上自愿达成调解协议,解决民间纠纷的活动。人民调解制度作为一种司法辅助制度,是人民群众自己解决纠纷的法律制度,也是一种具有中国特色的司法制度。

(1)人民调解的原则和人员机构

人民调解的基本原则是:1)当事人自愿原则;2)当事人平等原则;3)合法原则;4)尊重当事人权利原则。

人民调解的组织形式是人民调解委员会。《人民调解法》规定,人民调解委员会是村民委员全和居民委员会下设的调解民间纠纷的群众性自治组织,在人民政府和基层人民法院指导下进行工作。人民调解委员会由 3 至 9 人组成,设主任 1 人,必要时可以设副主任若干人。

人民调解员由人民调解委员会委员和人民调解委员会聘任的人员担任。人民调解员应当具备的基本条件是:1)公道正派;2)热心人民调解工作;3)具有一定文化水平;4)有一定的法律知识和政策水平;5)成年公民。

(2)人民调解的程序和调解协议

人民调解应当遵循的程序主要是:1)当事人申请调解;2)人民调解委员会主动调解;3)指定调解员或由当事人选定调解员进行调解;4)达成协议;5)调解结束。

经人民调解委员会调解达成调解协议的,可以制作调解协议书。当事人认为无须制作调解协议的,可以采取口头协议的方式,人民调解员应当记录协议内容。经人民调解委员会调解达成的调解协议具有法律约束力,当事人应当按照约定履行。当事人就调解协议的履行或者调解协议的内容发生争议的,一方当事人可以向法院提起诉讼。

经人民调解委员会调解达成调解协议后,双方当事人认为有必要的,可以自调解协议生效之日起30日内共同向人民法院申请司法确认。人民法院依法确认调解协议有效,一方当事人拒绝履行或者未全部履行的,对方当事人可以向人民法院申请强制执行。

例题 6-7

王某在施工工地工作时不慎受伤,在监理工程师的调解下,王某与雇主达成协议,雇主一次性支付王某2万元作为补偿,王某放弃诉讼权利,这种调解方式为(　　)。

A. 行政调解　　　　　　　　　B. 法院调解

C. 仲裁调解　　　　　　　　　D. 人民调解

答案:D。人民调解是指人民调解委员会通过说服、疏导等方式,促使当事人在平等协商基础上自愿达成调解协议,解决民间纠纷的活动。

2. 行政调解

行政调解是指国家行政机关应纠纷当事人的请求,依据法律、法规和政策,对属于其职权管辖范围内的纠纷,通过耐心的说服教育,使纠纷的双方当事人互相谅解,在平等协商的基础上达成一致协议,促成当事人解决纠纷。

行政调解分为两种:(1)基层人民政府,即乡、镇人民政府对一般民间纠纷的调解。(2)国家行政机关依照法律规定对某些特定民事纠纷或经济纠纷或劳动纠纷等进行的调解。

行政调解用于诉讼外调解。行政调解达成的协议也不具有强制约束力。

3. 仲裁调解

仲裁调解是仲裁机构对受理的仲裁案件进行的调解。

仲裁庭在作出裁决前,可以先行调解。当事人自愿调解的,仲裁庭应当调解。调解不成的,应当及时作出裁决。调解达成协议的,仲裁庭应当制作调解书或者根据协议的结果制作裁决书。调解书与裁决书具有同等法律效力。调解书经双方当事人签收后,即发生法律效力。在调解书签收前当事人反悔的,仲裁庭应当及时作出裁决。

调解可以在仲裁程序中进行,即在征得当事人同意后,仲裁庭在仲裁程序进行过程中

担任调解员的角色,对其审理的案件进行调解,以解决当事人之间的争议。

仲裁与调解相结合是中国仲裁制度的特点。该做法将仲裁和调解各自的优点紧密结合起来,不仅有助于解决当事人之间的争议,还有助于保持当事人的友好合作关系,具有很大的灵活性和便利性。

4. 法院调解

《民事诉讼法》规定:"人民法院审理民事案件,根据当事人自愿的原则,在事实清楚的基础上,分清是非,进行调解。"法院调解是人民法院对受理的民事案件、经济纠纷案件和轻微刑事案件在双方当事人自愿的基础上进行的调解,是诉讼内调解。法院调解书经双方当事人签收后,即具有法律效力,效力与判决书相同。在民事诉讼中,除适用特别程序的案件和当事人有严重违法行为,需给予行政处罚的经济纠纷案件的情形外,各案件均可适用调解。

(1)调解方法

《民事诉讼法》规定,人民法院进行调解,可以由审判员一人主持,也可以由合议庭主持,并尽可能就地进行。人民法院进行调解,可以用简便方式通知当事人、证人到庭。

人民法院进行调解,可以邀请有关单位和个人协助。被邀请的单位和个人,应当协助人民法院进行调解。

(2)调解协议

调解达成协议,必须双方自愿,不得强迫。调解协议的内容不得违反法律规定。

调解达成协议,人民法院应当制作调解书。调解书应当写明诉讼请求、案件的事实和调解结果。调解书由审判员、书记员署名,加盖人民法院印章,送达双方当事人。调解书经双方当事人签收后,即具有法律效力。

但是,下列案件调解达成协议,人民法院可以不制作调解书:1)调解和好的离婚案件;2)调解维持收养关系的案件;3)能够即时履行的案件;4)其他不需要制作调解书的案件。对不需要制作调解书的协议,应当记入笔录,由双方当事人、审判人员、书记员签名或者盖章后,即具有法律效力。

调解未达成协议或者调解书送达前一方反悔的,人民法院应当及时判决。

5. 专业机构调解

近年来,我国出现了以处理民商事法律纠纷的专业调解机构,如中国国际商会(中国贸促会)调解中心和北京仲裁委员会。专业机构调解是当事人在发生争议前或争议后,协议约定由指定的具有独立调解规则的机构按照其调解规则进行调解。所谓调解规则,是指调解机构、调解员以及调解当事人之间在调解过程中所应遵守的程序性规范。

专业调解机构进行调解达成的调解协议对当事人双方均有约束力。目前,具有独立调解规则的专业调解机构并不多。专业调解机构备有调解员名单,供当事人在个案中指定。调解员由专业调解机构聘请经济、贸易、金融、投资、知识产权、工程承包、运输、保险、法律等领域里具有专门知识及实际经验、公道正派的人士担任。

6.4.2 和解的规定

和解与调解的区别在于:和解是当事人之间自愿协商,达成协议,没有第三人参加,而调解是在第三人主持下进行疏导、劝说,使之相互谅解,自愿达成协议。

和解的应用很灵活,可以在多种情形下达成和解协议。

1.诉讼前的和解

诉讼前的和解是指发生诉讼以前,双方当事人互相协商达成协议,解决双方的争执,这是一种民事法律行为,是当事人依法处分自己民事实体权利的表现。

和解成立后,当事人所争执的权利即归确定,所抛弃的权利随即消失,当事人不得任意反悔要求撤销。但是,如果和解所依据的文件,事后发现是伪造或涂改的,和解事件已为法院判决所确定,而当事人在和解时不知情的,当事人对重要的争执有重大误解而达成协议的,当事人都可以要求撤销和解。

2.诉讼中的和解

诉讼中的和解是当事人在诉讼进行中互相协商,达成协议,解决双方的争执。《民事诉讼法》规定:"双方当事人可以自行和解。"这种和解在法院作出判决前,当事人都可以进行。当事人可以就整个诉讼标的达成协议,也可以就诉讼的个别问题达成协议。

诉讼阶段的和解没有法律效力。当事人和解后,可以请求法院调解,制作调解书,经当事人签名盖章产生法律效力,从而结束诉讼程序的全部或一部。结束全部程序的,即视为当事人撤销诉讼。

6.5 行政复议和行政诉讼制度

6.5.1 行政复议的定义及特征

行政复议是指公民、法人或者其他组织认为行政主体的具体行政行为违法或不当侵犯其合法权益,依法向主管行政机关提出复查该具体行政行为的申请,行政复议机关依照法定程序对被申请的具体行政行为进行合法性、适当性审查,并作出行政复议决定的一种法律制度。其特征主要有:行政复议以行政争议和部分民事争议为处理对象;行政复议直接以具体行政行为为审查对象;行政复议以合法性和合理性为审查标准;行政复议以书面审理为主要方式;行政复议以行政相对人为申请人,以行政主体为被申请人;行政复议以行政机关为处理机关。

中华人民共和国
行政复议法

6.5.2 行政复议基本制度

行政复议基本制度包括一级复议制度、合议庭制度、书面审查制度、回避制度、行政听证制度和法律责任追究制度。

1.一级复议制度

一级复议制度是指公民、法人或者其他组织对行政机关作出的具体行政行为不服,可

以向该行政机关的上一级行政机关或者法律、法规规定的其他机关申请复议,对复议决定不服,只能依法向人民法院提起行政诉讼,不得再向复议机关的上一级行政机关申请复议的制度。即不服从行政主体的具体行政行为的公民、法人或者其他组织,可以向法定的复议机关申请复议一次,复议机关作出的复议决定是行政终局决定,行政相对人不服不能再向上级国家行政机关申请复议的制度。一级复议制度是我国《行政复议法》确立的基本制度,主要是考虑到行政复议决定在多数情况下并非最后救济手段,当事人对复议决定不服,还可以提起行政诉讼,仍可以得到人民法院两级审判的救济,这样就没有必要在行政系统内实行两级或多级复议制度,以免行政争议在行政系统内迟迟不能解决,对保护公民、法人或者其他组织的合法权益产生不利影响,而且影响行政效率的提高。

合议庭制度适用于较为复杂的案件,特别程序中的选民资格案件、公示催告中的除权判决、破产案件的受理情况等。在一审、二审中都可能用到。

2.回避制度

回避制度是指为了保证案件的公正审理,而要求与案件有一定的利害关系的审判人员或其他有关人员,不得参与本案的审理活动或诉讼活动的审判制度。

3.行政听证制度

行政听证是行政机关在作出影响行政相对人或者利害关系人合法权益的决定以前,由行政机关告知决定理由和听证权利,由相对人或者利害关系人陈述意见、提供证据、进行质辩以及行政机关听取意见、接纳证据并作出相应决定等程序构成的一项法律制度。行政听证是保障行政相对人申辩权利的一项重要制度,也是现代行政程序法的一项核心制度。

4.调解制度

有下列情形之一的,行政复议机关可以按照自愿、合法的原则进行调解:
(1)涉及行政赔偿和行政补偿的;
(2)涉及行政自由裁量权的争议。

6.5.3 行政复议基本原则

行政复议基本原则,是指通过行政复议法所确立和反映的,贯穿于行政复议全过程,具体规范和指导行政复议的法律原则。根据《行政复议法》规定,行政复议遵守如下原则:

1.独立复议原则

独立复议原则是通过《行政复议法》第三条所确立的原则,指复议机关依法行使职权,不受其他机关、社会团体和个人的非法干涉。

2.合法、公正、公开、及时、便民的原则

合法原则是通过《行政复议法》第四条所确立的原则。

合法是指要求复议机关必须严格按照宪法和法律规定的职责权限,以事实为依据,以法律为准绳,对申请复议的具体行政行为,按法定程序进行审查,并根据审查的不同情况,依法作出不同的复议决定。坚持有错必纠,保障法律、法规的正确实施。

公正原则是指行政复议要符合公平、正义的要求。

公开原则,是要求行政复议的依据、程序及其结果都要公开,复议参加人有获得相关情报资料的权利。

及时原则,是要求行政复议机关对复议申请的受理、复议的审查、复议决定的作出都应在法律、法规规定的时限内及时作出,不得拖延。

便民原则,是要求行政复议机关在具体的复议工作中,要尽可能为复议申请人提供便利条件,让复议申请人少耗费时间、财力和精力来解决问题。

3.一级复议原则

一级复议原则是《行政复议法》第五条所规定的原则,指除法律、法规另有规定的以外,行政复议实行一级终结复议制。

4.复议不停止执行原则

行政复议不停止执行原则是《行政复议法》第二十一条所规定的原则,是指除:(1)被申请人认为需要停止执行的;(2)行政复议机关认为需要停止执行的;(3)申请人申请停止执行,行政复议机关认为其要求合理,决定停止执行的;(4)法律规定停止执行这四种情况之外,行政复议中,当事人争议的具体行政行为不因复议而停止执行。

5.书面审理为主原则

书面审理为主原则是《行政复议法》第二十二条所规定的原则,行政复议原则上采取书面审查的办法,但是申请人提出要求或者行政复议机关负责法制工作的机构认为有必要时,可以向有关组织和人员调查情况,听取申请人、被申请人和第三人的意见。

6.合法与适当双重审查原则

合法与适当双重审查原则是《行政复议法》第二十八条所确立的原则,要求行政机关在行政复议过程,不仅要审查具体行政行为是否合法,还得审查具体行政行为是否适当,以保障行政相对人的合法权益。

6.5.4　行政复议程序

行政复议程序是指行政复议机关审理行政复议案件所遵循的步骤。它在性质上属于行政程序。行政程序与司法程序相比,具有简易、高效等特点。但是,行政复议作为一种行政裁判制度,又具有准司法性,所以在程序上应尽量司法化,以保证复议活动的公正性和合理性。

1.申请与受理

(1)申请

行政复议是依申请行为。它以行政相对人主动提起为前提,即相对人不提出申请,行政复议机关不能主动管辖。根据《行政复议法》的规定,申请复议应当符合下列条件:

1)申请人是认为具体行政行为直接侵犯其合法权益的公民、法人或者其他组织。

2)有明确的被申请人。

3)有具体的复议请求和事实根据。

4）属于申请复议范围。

5）属于受理复议机关管辖。

6）法律、法规规定的其他条件。如根据《行政复议法》第九条和第十六条的规定,申请复议还须符合下列程序条件:在法定期限内申请复议。申请人向人民法院起诉,人民法院已经依法受理的,不得申请复议。

（2）受理

申请人提出复议申请后,行政复议机关对复议申请进行审查。审查的内容主要有以下四项:

1）申请是否符合法律、法规规定的条件。

2）申请是否属于重复申请。

3）案件是否已由人民法院受理。

4）申请手续是否完备。

行政复议机关对复议申请进行审查后,应当在收到申请书之日起5日内,对复议申请分别作以下处理:①复议申请符合法定条件的,应予受理。②复议申请符合其他法定条件,但不属于本行政机关受理的,应告知申请人向有关行政机关提出。③复议申请不符合法定条件的,决定不予受理,并告知理由和相应的处理方式,而不能简单地一退了之。

例题 6-8

某市建委的下列行为中,当事人不服,但不能申请行政复议的是（   ）。

A 对某建筑公司罚款 5000 元

B 没收该公司违法所得 20 万元

C 责令某建筑公司停产整顿

D 对某施工合同纠纷进行调解

答案:D。本题考查的是行政复议范围和行政诉讼受案范围。行政复议法规定了不能提起行政复议的事项,其中有:不服行政机关对民事纠纷作出的调解或者其他处理,应当依法申请仲裁或者向法院提起诉讼。

2.行政复议的审理和决定

（1）复议审理

1）审理前的准备

①向被申请人送达申请书副本。②调查收集证据。复议机关调查收集证据有两种方式:一是要求当事人提供或者补充证据;二是向有关行政机关及其他组织和公民调取证据。③更换或者追加当事人。

2）审理的内容

根据《行政复议法》的规定,复议机关既有权审查具体行政行为是否合法,也有权审查具体行政行为是否适当。

3）审理的方式

《行政复议法》第二十二条规定:"行政复议原则上采取书面审查的办法,但是申请人提出要求或者行政复议机关负责法制工作的机构认为有必要时,可以向有关组织和人员调查情况,听取申请人、被申请人和第三人的意见。"由此可见,书面审理是复议机关审理复议案件的基本形式。

4)审理的依据

复议机关审理复议案件只能依据法律、行政法规、地方性法规、行政规章、自治条例、单行条例及上级行政机关依法制定的具有普遍约束力的非立法性的规范性文件。

5)审理中具体行政行为的效力

《行政复议法》第二十一条规定:"行政复议期间具体行政行为不停止执行。"从而确立了复议不停止执行的制度。然而,如果毫无例外地规定复议不停止执行,将可能使违法、不当的具体行政行为得到执行而损害相对人的合法权益。因此,《行政复议法》在确立复议不停止执行原则的同时,也规定了该原则的例外:①被申请人认为需要停止执行的,可以依职权决定停止具体行政行为的执行。②复议机关认为需要停止执行的。③申请人申请停止执行,复议机关认为其要求合理,决定停止执行的。④法律规定停止执行的。

6)审理的期限

《行政复议法》第三十一条第一款规定:"行政复议机关应当自受理申请之日起60日内作出行政复议决定;但是法律规定的行政复议期限少于60日的除外。情况复杂,不能在规定期限内作出行政复议决定的,经行政复议机关的负责人批准,可以适当延长,并告知申请人和被申请人;但是延长期限最多不超过30日。"

(2)复议决定

复议机关通过对复议案件的审理,最后要作出决定。根据《行政复议法》的规定,复议决定有以下四种:

1)维持决定。

2)履行决定。履行决定是指复议机关责令被申请人履行某种法定职责的决定。

3)撤销、变更或确认违法决定。撤销、变更或确认具体行政行为违法决定是指复议机关作出的撤销或者变更具体行政行为,或者确认具体行政行为违法的决定。具体行政行为有下列情形之一的,复议机关可以决定撤销、变更或确认具体行政行为违法:①主要事实不清,证据不足。②适用依据错误的。③违反法定程序的。④超越或滥用职权的。⑤具体行政行为明显不当的。

4)赔偿决定。被申请人作出的具体行政行为如果侵犯了申请人的合法权益造成损害,申请人请求赔偿,复议机关应当依照《国家赔偿法》的有关规定,在作出撤销、变更或确认具体行政行为违法的决定的同时,作出被申请人依法赔偿的决定。

3.送达与执行

(1)送达

送达的方式及期限的计算,依照《中华人民共和国民事诉讼法》的规定执行。

(2)执行

行政复议决定生效后,双方当事人应该自觉履行。但有时当事人由于对复议决定不满意而不予履行,此时强制执行就成为必要,否则,行政复议的国家权威性就无从树立。

1)被申请人不履行复议决定的。根据《行政复议法》第三十二条和三十七条的规定,

当被申请人不履行或者无正当理由拖延履行行政复议决定时,作出复议决定的机关或者有关上级行政机关应当责令其限期履行,并对被申请方直接负责的主管人员和其他直接责任人员依法给予警告、记过、记大过的行政处分;经责令履行仍拒不履行时,依法给予降级、撤职、开除的行政处分。

2)申请人不履行复议决定的。当申请人不履行终局的复议决定,或者逾期不起诉又不履行复议决定时,则根据复议决定内容的不同而采用不同的措施:①如果复议机关作出的是维持具体行政行为的复议决定,则由原作出具体行政行为的行政机关依法强制执行,或者申请人民法院强制执行。②如果复议机关作出的是变更具体行政行为的复议决定,则由复议机关依法强制执行,或者申请人民法院强制执行。

6.5.5 行政诉讼的定义

行政诉讼法有广义、狭义两种理解。狭义的行政诉讼法也称形式意义的行政诉讼法,特指中国 1989 年 4 月 4 日由第七届全国人民代表大会第二次会议通过的《中华人民共和国行政诉讼法》;广义的行政诉讼法也称实质意义的行政诉讼法,是指凡是在内容上属于规定行政诉讼问题的法律规范,无论其形式如何均属于行政诉讼法的范围。

我国广义上的行政诉讼法的渊源主要有以下几种:

1.宪法

宪法中有关行政诉讼的规定。宪法作为国家根本大法,是进行行政诉讼立法和司法时起指导作用的法律规范。宪法的规定尤其是关于公民基本权利和自由、关于人民法院审判制度及诉讼活动原则的规定等都对行政诉讼法具有指导和规范意义。宪法是广义行政诉讼法的重要渊源。

2.行政诉讼法典

《中华人民共和国行政诉讼法》比较完整、集中地对行政诉讼的各项具体制度作了规定,是广义行政诉讼法中最基本、最主要的渊源。

《人民法院组织法》中关于审判组织、审判程序的规定,《人民检察院组织法》中关于审判监督的有关规定都是广义行政诉讼法的渊源。

3.单行法律、法规

有些单行的法律、法规也规定了某一具体行政行为是否具有可诉性及有关起诉期限等问题,这些规定也是广义行政诉讼法的渊源。

4.正式有效的法律解释

主要指《最高人民法院关于执行〈行政诉讼法〉若干问题的解释》(以下简称《最高法院解释》),以及有权机关对涉及行政诉讼问题所作的其他解释。这些正式有效的法律解释同样是广义行政诉讼法的渊源。

5.民事诉讼的有关规定

《最高法院解释》第九十七条规定:"人民法院审理行政案件,除依照行政诉讼法和本解释外,可以参照民事诉讼的有关规定。"但是,适用民事诉讼法律规范只有在《行政诉讼

法》和《最高法院解释》对某一问题未作规定,而民事诉讼法律规范又不与行政诉讼的基本
原则冲突时,民事诉讼法律规范才能作为广义行政诉讼法的渊源。

6.5.6　行政诉讼制度基本原则

行政诉讼的基本原则有。

1.人民法院依法独立审判原则

《行政诉讼法》第四条规定:"人民法院依法对行政案件独立行使审判权,不受行政机
关、社会团体和个人的干涉。"行政诉讼法的上述规定,确立了人民法院对行政案件的依法
独立行使审判权的原则。

2.对具体行政行为合法性审查原则

《行政诉讼法》第六条规定:"人民法院审理行政案件,对具体行政行为是否合法进行
审查。"由此确立人民法院通过行政审判对具体行政行为进行合法性审查的特有原则,简
称合法性审查原则或司法审查原则。合法性审查包括程序意义上的审查和实体意义上的
审查两层含义。程序意义上的合法性审查,是指人民法院依法受理行政案件,有权对被诉
具体行政行为是否合法进行审理并作出裁判。实体意义上的审查,是指人民法院只对具
体行政行为是否合法进行审查,不审查抽象行政行为,一般也不对具体行政行为是否合理
进行审查。就是说,这是一种有限的审查。

3.当事人法律地位平等原则

《行政诉讼法》第八条规定:"当事人在行政诉讼中的法律地位平等。"这一规定是法律
面前人人平等的社会主义法制原则在行政诉讼中的具体体现。在行政诉讼的双方当事人
中,一方是行政主体,它在行政管理活动中代表国家行使行政权力,处于管理者的主导地
位;另一方是公民、法人或者其他组织,他们在行政管理活动中处于被管理者的地位。两
者之间的关系是管理者与被管理者之间从属性行政管理关系。但是,双方发生行政争议
依法进入行政诉讼程序后,他们之间就由原来的从属性行政管理关系,转变为平等性的行
政诉讼关系,成为行政诉讼的双方当事人,在整个诉讼过程中,原告与被告的诉讼法律地
位是平等的。

4.使用民族语文文字进行诉讼的原则

《行政诉讼法》第九条规定:"各民族公民都有用本民族语言、文字进行行政诉讼的权
利。在少数民族聚居或者多民族共同居住的地区,人民法院应当用当地民族通用的语言、
文字进行审理和发布法律文书。人民法院应对不通晓当地民族通用语言、文字的诉讼参
与人提供翻译。"中国的三大诉讼法都把使用本民族语言文字进行诉讼作为基本原则予以
规定。

5.辩论原则

《行政诉讼法》第十条规定:"当事人在行政诉讼中有权进行辩论。"所谓辩论,是指当
事人在法院主持下,就案件的事实和争议的问题,充分陈述各自的主张和意见,互相进行
反驳的答辩,以维护自己的合法权益。辩论原则具体体现了行政诉讼当事人在诉讼中平

等的法律地位,是现代民主诉讼制度的象征。

6.合议、回避、公开审判和两审终审原则

《行政诉讼法》第七条规定:"人民法院审理行政案件,依法实行合议、回避、公开审判和两审终审制度。"《行政诉讼法》第七章又将这一规定具体化,使之成为行政审判中的四项基本制度。

7.人民检察院实行检察监督原则

《行政诉讼法》第十一条规定:"人民检察院有权对行政诉讼实行法律监督。"人民检察院在行政诉讼中的法律监督,主要体现在对人民法院作出的错误的生效裁判,可以依法提起抗诉。

学习检测

本章测试

第 7 章
与工程建设相关的其他法律

本章课件

7.1 城乡规划法

7.1.1 概述

1.城乡规划法背景

从 20 世纪 50 年代以来,特别是近年来,我国城市规划工作的大背景发生了很大变化。经济体制改革促进了城镇化快速发展。我国城市数量和规模迅速增加,且建设量大、面广;小城镇快速发展,城镇内涵发

中华人民共和国
城乡规划法

生了本质的变化;全国范围内人口流动数量庞大。与此同时,我国也面临一些问题:城镇化发展水平不平衡;快速城镇化与人均资源少、环境脆弱的矛盾更加突出;全球化进程对本土文化的冲击;我国优秀文化遗产受到损坏等。

以前那种建立在城乡二元结构上的规划管理制度,以及就城市论城市、乡村论乡村的规划制定与实施模式,使城市和乡村规划之间缺乏统筹协调,衔接不够,已经不适应我国经济社会迅速发展的新形势。这种行政管理上的二元分治方式带来了种种弊端:其一,不利于城乡统筹均衡发展。一方面由于经济规律作用,大中城市获得更为优越的发展条件;另一方面由于地方政府在发展战略上客观存在的城市导向,进一步拉大了城乡差距。其二,造成法律空白地带。在一些地区无法进行有效的规划管理,特别是在城乡接合地区和各类开发区中表现得尤为明显;在广大的农村地区,由于规划管理薄弱,出现了遍地开花的零星建筑,进而大量耕地被圈占,直接损害了广大农民的根本利益。

为了改善人民群众的生产、生活、工作环境质量,统筹安排城乡建设和管理,合理配置城乡道路、绿地、停车等土地资源和空间资源,促进城乡经济社会全面协调可持续发展,我国 2008 年出台了《中华人民共和国城乡规划法》(以下简称《城乡规划法》),2008 年 1 月 1 日起施行。2008 年颁布的《城乡规划法》是在总结 1989 年颁布的《中华人民共和国城市规划法》和 1993 年颁布的《村庄和集镇规划建设管理条例》施行基础上,以及在改革开放以来、特别是近年来我国城乡规划管理工作经验的基础上,以科学发展观为指导所制定的法律。

从国际经验来看,采用统一的城乡规划体系是符合世界潮流的。如英国始终坚持统一城乡规划体系,制定《城乡规划法》对城乡全部土地进行统一规划;德国《联邦建设法典》确定的规划体系包括各联邦州的空间规划、州内大区的空间规划、跨州界各区域的空间规划、各城市的总体规划和各个城镇社区的建造规划等多个层面,均形成统一的城乡体系。

2.城乡规划的概念、立法目的及城乡规划的综合控制作用

(1)城乡规划、城乡规划管理及城乡规划区的概念

1)城乡规划。城乡规划是指对一定时期内城市、镇、乡、村庄的经济和社会发展、土地利用、空间布局及各项建设的综合部署、具体安排和实施管理。它由城镇体系规划、城市规划、镇规划、乡规划和村庄规划组成,是政府指导、调控城市和乡村建设的基本手段,是促进城市和乡村协调发展的有效途径,也是维护社会公平、保障公共安全和公众利益、提供公共服务的重要公共政策之一。

城乡的建设与发展是一项庞大的系统工程,它涉及社会各个领域,与人民大众的生活和工作息息相关。因此对城乡的发展和建设作出合理的预测及切实可行的规划是非常必要的。

2)城乡规划管理。城乡规划管理是指组织编制和审批城乡规划,并依法对城市、镇、乡、村庄的土地使用和各项建设的安排实施控制、指导和监督检查的行政管理活动。

3)规划区。规划区是指城市、镇和村庄的建成区及因城乡建设和发展需要,必须实行规划控制的区域。其分为两个部分:一是建成区,即实际已经成片开发建设市政公用设施和公共设施基本具备的地区;二是尚未建成但由于进一步发展建设的需要必须实行规划控制的区域。

随着城市化进程的加速,很多城市人口指标大大超过了预想范围,并且还有进一步扩大的趋势。为了防止一些地方脱离实际、盲目扩大城市建设规模,城乡规划法要求有关人民政府在组织编制城市总体规划、镇总体规划、乡规划和村庄规划中,按照经济发展水平和统筹城乡发展的需要,科学地划定规划区,并明确制定和实施城乡规划,在规划区内进行城乡各项建设。

(2)城乡规划立法目的

城乡规划立法目的有以下几个方面:首先,由于市场对资源配置要求,城乡规划作为公共政策首先要保护公众利益与公平,而不是操作具体项目;其次,城乡规划决策对经济发展能造成很大的影响,各级领导都认识到,城乡规划失误造成的经济损失难以估量;再次,经济成分多样化,城乡规划涉及公共管理与私有权力的关系,城乡规划的实施还应保护私人的合法权益;最后,城乡规划行政行为对利害关系人的利益构成影响。

《城乡规划法》将全部城乡规划统一纳入一个法律管理,目的是为了加强城乡规划管理,协调城乡空间布局,改善人居环境,促进城乡经济社会全面协调可持续发展。具体来说有以下几个层次的目的:

1)加强城乡规划管理是城乡规划法的直接目的。

2)协调城乡空间布局、改善人居环境是城乡规划法的根本目的。

3)促进城乡经济社会全面、协调、可持续发展是城乡规划法的终极价值目标。

(3)城乡规划综合调控地位和作用

《城乡规划法》指出:"任何单位和个人都应当遵守依法批准并公布的城乡规划,服从规划管理。"这就从法律上明确了城乡规划是政府引导和调控城乡建设和发展的一项重要公共政策,是具有法定地位的发展蓝图。同时,法律适用范围扩大,强调城乡统筹、区域统筹,确立先规划后建设的原则,"三规合一"是规划未来发展的必然趋势。

3.城乡规划法规的立法概况及适用范围

（1）立法概况

新中国成立以来，我国城乡规划法制建设走过了艰辛历程，值得一提的有八件大事。20 世纪 50 年代，我国学习苏联的经验，颁布了《城市规划编制办法》；1978 年全国城市工作会议，中央发布《关于加强城市建设工作的意见》；1984 年国务院颁布《城市规划条例》；1989 年 12 月 26 日第七届全国人民代表大会常务委员会第十一次会议通过了《中华人民共和国城市规划法》；1993 年 6 月 29 日国务院颁布了与其配套的《村庄和集镇规划建设管理条例》，另外还颁布实施了《中华人民共和国城市规划法实施条例》《建设项目选址规划管理办法》《城市规划编制办法》《开发区规划管理办法》《城市国有土地使用权出让转让规划管理办法》《城镇体系规划编制审批办法》等建设部门规章及各地的地方性建设法规等；2007 年 10 月 28 日，第十届全国人民代表大会常务委员会表决通过《中华人民共和国城乡规划法》，并正式颁布，2015 年 4 月 24 日第十二届全国人民代表大会常务委员会第十四次会议进行了第一次修正，2019 年 4 月 23 日第十三届全国人民代表大会常务委员会第十次会议进行了第二次修正，自 2019 年 4 月 23 日施行。

（2）适用范围

城乡规划法的适用范围包括地域适用范围和人的适用范围两方面。

城乡规划法地域适用范围是指规划区，即城市、镇、乡、村庄的建成区及城乡建设和发展需要，必须实行规划控制的区域。

城乡规划法人的适用范围是指凡与城乡规划的编制、审批、管理活动有关的单位和个人，都适用于该法。具体包括：

1）负责城乡规划的编制、审批和管理的各级人民政府、城乡规划行政主管部门和其他相关部门及其有关人员。

2）具体从事城乡规划编制工作的生产、科研、教学、设计单位及其有关人员。

3）凡在城乡规划区内进行建设活动的建设单位、勘察设计单位、施工企业、其他相关单位及其上述单位的有关人员。

4.城乡规划制定实施的一般原则

制定和实施城乡规划应当遵循以下原则：

（1）城乡统筹、合理布局、节约土地、集约发展的原则。

（2）先规划后建设的原则。坚决杜绝"先建设后规划""边建设边规划"。

（3）环保节能原则。主要是改善生态环境，促进资源、能源节约和综合利用。

（4）保护自然资源和历史文化遗产原则。保护自然资源尤其是耕地资源，城乡规划的制定实施要贯彻合理用地、节约用地的原则。

（5）体现地方特色，保持民族传统和地方风貌原则。体现城市各自特点，不能搞千篇一律的大都市化，要防止污染和其他公害。

（6）符合区域人口发展、国防建设、防灾减灾和公共卫生、公共安全的需要的原则。

5.城乡规划与国民经济和社会发展规划、土地利用总体规划的关系

（1）城乡规划与国民经济和社会发展规划的关系

国民经济和社会发展规划是我国国家计划最重要的表现形式,是城乡规划制定、实施的保障和前提。城乡规划的制定必须以国民经济和社会发展规划为重要依据,这是国民经济和社会发展规划顺利完成的重要方面与途径。

县级以上地方人民政府应当根据当地经济社会发展的实际,在城市总体规划、镇总体规划中合理确定城市、镇的发展规模、步骤和建设标准。同时各级人民政府应当将城乡规划的编制和管理经费纳入本级财政预算。

城乡规划关系重大,国家对此高度重视,但是由于各地财力情况各有区别,一些地区尤其是乡规划和村庄规划经费不足,致使不规划、低质量规划、敷衍了事的现象出现。因此,城乡规划法首次以法律的形式将这一制度固定下来,为城乡规划纳入财政预算提供法律保障。

(2)城乡规划与土地利用总体规划的关系

城乡规划和土地利用总体规划各有侧重。土地利用总体规划是处理建设用地与农用地的关系,以保护基本农田和耕地为原则,侧重于对建设用地的总量进行控制和基本农田的保护;而城乡规划主要是从城乡各项建设的空间布局进行考虑,在确定的建设用地规模范围内调整土地的空间利用,侧重于建设项目的空间布局和对建设活动的引导控制。编制城乡规划一定要考虑与土地利用总体规划相衔接,体现土地利用总体规划确定的保护基本农田的基本原则,这既有利于城乡建设的发展,又能够保护现有耕地不被移作他用。

7.1.2 城乡规划的制定与审批

1.城乡规划体系和编制的内容

城乡规划包括城镇体系规划、城市规划、镇规划、乡规划和村庄规划。城市规划、镇规划分总体规划和详细规划两类。详细规划又划分为控制性详细规划和修建性详细规划。该体系体现了一级政府、一级规划、一级权限的规划编制要求,明确规划的强制性内容,突出近期建设规划的地位,强调规划编制责任。

(1)城乡规划体系

1)省域城镇体系规划。省域城镇体系规划是指从宏观上控制城镇规模、资源利用、环境保护和空间布局,引导城镇合理发展的总体布置。

2)城市规划、镇规划。城市规划、镇规划分为总体规划和详细规划。

城市、镇总体规划是指从宏观上控制城市、镇土地利用和空间布局,引导城、镇合理发展的总体布置。城市、镇总体规划的规划期限一般为20年,城市总体规划还应对城市更长远的发展作出预测性安排。

城市、县、镇人民政府还应当根据城市总体规划、镇总体规划、土地利用总体规划和年度计划及国民经济和社会发展规划,制定近期建设计划。近期建设规划应当以重要基础设施、公共服务设施和中低收入居民住房建设以及生态环境保护为重点内容,明确近期建设的时序、发展方向和空间布局。其规划一般期限为5年。

详细规划是指依据城市或镇总体规划,对城市、镇近期建设区域内各项建设作出具体规划。详细规划根据需要分控制性和修建性详细规划两类。修建性详细规划应当符合控制性详细规划。

另外,首都的总体规划、详细规划应当统筹考虑中央国家机关用地布局和空间安排的需要。

3）乡规划和村庄规划。乡规划和村庄规划应当从农村实际出发，尊重村民意愿，体现地方和农村特色。

（2）城乡规划编制的内容

1）省域城镇体系规划。省域城镇体系规划应涉及的城镇包括市、县城和其他重要的建制镇、独立工矿区。《城乡规划法》第十三条规定，"省、自治区人民政府组织编制省域城镇体系规划，报国务院审批。省域城镇体系规划的内容应包括：城镇空间布局和规模控制，重大基础设施的布局，为保护生态环境、资源等需要严格控制的区域。"

除此以外，省域城镇体系规划应当包括的内容还有：

①综合评价区域与城市的发展和开发建设条件；

②预测区域人口增长，确定城市化目标；

③确定本区域的城镇发展战略，划分城市经济区；

④提出城镇体系的功能结构和城镇分工；

⑤确定城镇体系的等级和规模结构；

⑥确定城镇体系的空间布局；

⑦统筹安排区域基础设施、社会设施；

⑧确定保护区域生态环境、自然和人文景观及历史文化遗产的原则和措施；

⑨确定各时期重点发展的城镇，提出近期重点发展城镇的规划建议；

⑩提出实施规划的政策和措施等。

2）城市规划、镇规划（总体规划、详细规划）。城市、镇总体规划的内容包括城市、镇发展布局，功能分区，用地布局，综合交通体系，禁止、限制和适宜建设的地域范围，各类专项规划等。同时强调：规划区范围、规划区内建设用地规模、基础设施和公共服务设施用地、水源地和水系、基本农田和绿化用地、环境保护、自然与历史文化遗产保护以及防灾减灾等内容，应作为城市总体规划、镇总体规划的强制性内容。所谓强制性内容是指城市、镇总体规划的必备内容，应当在规划图上有标准标明，并在规划文本上有明确、严格、规范的表述，并提出相应的管治措施。

城市、镇详细规划主要包括规划各项建设的具体用地范围；规划建设密度和高度控制指标；总平面布置、工程管线综合规划和竖向规划等内容。

控制性详细规划主要是要确定建设地区的土地使用性质和使用的强制控制指标、道路和工程管线控制性位置以及空间环境控制的规划要求，它的具体内容应当包括：

①确定规划范围内不同使用性质用地的界限，确定各类用地内适建、不适建或者有条件地允许建设的建筑类型。

②确定各地块建筑高度、建筑密度、容积率、绿地率等控制指标，确定公共设施配套要求、交通出入口方位、停车泊位、建筑后退红线距离等要求。

③提出各地块的建筑体量、体形、色彩等城市设计指导原则。

④根据交通需求分析，确定地块出入口位置、停车泊位、公共交通场站用地范围和站点位置、步行交通以及其他交通设施。规定各级道路的红线、断面、交叉口形式及渠化措施、控制点坐标和标高。

⑤根据规划建设容量,确定市政工程管线位置、管径和工程设施的用地界线,进行管线综合,确定地下空间开发利用具体要求。

⑥制定相应的土地使用与建筑管理规定。

修建性详细规划是指以城市总体规划、镇总体规划、控制性详细规划等为依据,制定用以指导建筑和工程设施的设计和施工的具体安排。它一般针对的是某一具体地块,能够直接应用于指导工程施工,一般应当包括以下内容:

①建设条件分析及综合技术经济论证。

②建筑、道路和绿地等空间布局和景观规划设计,布置总平面图。

③对住宅、医院、学校和幼儿园等建筑进行日照分析。

④根据交通影响分析,提出交通组织方案和设计。

⑤市政工程管线规划设计和管线综合。

⑥竖向规划设计。

⑦估算工程量、拆迁量和总造价,分析投资效益。

近期建设规划的指导性内容包括:根据城市建设近期重点,提出机场、铁路、港口、高速公路等对外交通设施,城市主干道、轨道交通、大型停车场等城市交通设施,自来水厂、污水处理厂、变电站、垃圾处理厂及相应的管网等市政公用设施的选址、规模和实施时序的意见。提出文化、教育、体育等重要公共服务设施的选址和实施时序。提出城市河湖水系、城市绿化、城市广场等的治理和建设意见。提出近期城市环境综合治理措施。城市人民政府可以根据本地区的实际,决定增加近期建设规划中的指导性内容。

3)乡规划和村庄规划。乡规划、村庄规划的内容应当包括:规划区范围,住宅、道路、供水、排水、供电、垃圾收集、畜禽养殖场所等农村生产、生活服务设施、公益事业等各项建设的用地布局、建设要求,以及对耕地等自然资源和历史文化遗产保护、防灾减灾的具体安排。乡规划还应包括本行政区域的村庄发展布局。

2.城乡规划的编制与审批权

(1)城乡规划编制单位的资质

城乡规划的编制是一项十分复杂,系统性、综合性、政策性都很强的重要工作,它对国民经济和社会发展有着深刻的影响。因此,它不能随意交由哪个机构、哪个单位或哪个职能部门来完成。城乡规划组织编制机关应当委托具有相应资质等级的单位承担城乡规划的具体编制工作。

从事城乡规划编制工作应当具备下列条件,并经国务院城乡规划主管部门或者省、自治区、直辖市人民政府城乡规划主管部门依法审查合格,取得相应等级的资质证书后,方可在资质等级许可的范围内从事城乡规划编制工作。

1)有法人资格。

2)有规定数量的经国务院城乡规划主管部门注册的规划师。

3)有规定数量的相关专业技术人员。

4)有相应的技术装备。

5)有健全的技术、质量、财务管理制度。

根据2001年原建设部颁布的《城市规划编制单位资质管理规定》,城乡规划单位的资质等级分为甲、乙、丙三个层次。编制城乡规划必须遵守国家有关标准。

（2）城乡规划的编制权限和审批权限

《城乡规划法》规定我国的城乡规划实行分级编制，并具体规定了各级政府的编制权限。各类城乡规划应由相应各级人民政府组织编写，并报上一级人民政府审批。

国务院城乡规划主管部门会同国务院有关部门组织编制全国城镇体系规划，用于指导省域城镇体系规划、城市总体规划的编制。全国城镇体系规划由国务院城乡规划主管部门报国务院审批。

省、自治区人民政府组织编制省域城镇体系规划，报国务院审批。

城市人民政府组织编制城市总体规划。直辖市的城市总体规划由直辖市人民政府报国务院审批。省、自治区人民政府所在地的城市以及国务院确定的城市的总体规划，由省、自治区人民政府审查同意后，报国务院审批。其他城市的总体规划，由城市人民政府报省、自治区人民政府审批。

县人民政府组织编制县人民政府所在地镇的总体规划，报上一级人民政府审批。其他镇的总体规划由镇人民政府组织编制，报上一级人民政府审批。

省、自治区人民政府组织编制的省域城镇体系规划，城市、县人民政府组织编制的总体规划，在报上一级人民政府审批前，应当先经本级人民代表大会常务委员会审议，常务委员会组成人员的审议意见交由本级人民政府研究处理。

镇人民政府组织编制的镇总体规划，在报上一级人民政府审批前，应当先经镇人民代表大会审议，代表的审议意见交由本级人民政府研究处理。

省域城镇体系规划、城市总体规划、镇总体规划的组织编制机关，应当组织有关部门和专家定期对规划实施情况进行评估，并采取论证会、听证会或者其他方式征求公众意见。规划的组织编制机关报送审批省域城镇体系规划、城市总体规划或者镇总体规划，应当将本级人民代表大会常务委员会组成人员或者镇人民代表大会代表的审议意见和根据审议意见修改规划的情况一并报送。

（3）城乡规划的审批程序

城乡规划报送审批前，组织编制机关应当依法将城乡规划草案予以公告，并采取论证会、听证会或者其他方式征求专家和公众的意见，公告的时间不得少于30天。

在城乡规划进入审批程序后，应有专家和有关部门的参与。组织编制机关应当充分考虑专家和公众的意见，并在报送审批的材料中附有意见采纳情况及理由。

审批机关组织专家和有关部门进行审查是强制性的必经程序。审批机关在组织专家审查时，对专家的选择上应包括规划专家、经济专家、科学技术专家、文化专家等，保证专家对规划草案的审查是全面的。审批机关还应当组织有关部门进行审查，这样有利于规划的实施，防止城乡规划成为城乡规划主管部门单一部门的事。

7.1.3　城乡规划的实施

1.概述

（1）城乡规划实施概念

城乡规划的实施是指城乡规划经法定程序批准生效后，即具有了法律效力，在城乡规

划区内的任何土地利用及各项建设活动,都必须符合城乡规划,满足城乡规划的要求,使生效的城乡规划得以实现。

(2)城乡规划的公布制度

城乡规划公布制度是指城乡规划一经批准,就应向社会公布。一方面,使广大人民群众及时了解城乡规划内容,以其作为各项建设活动的准则,自觉规范自己的建设行为,即按照城乡规划的要求进行建设活动;另一方面,接受广大人民群众监督、检查。民众对各类违背城乡规划的违法行为,应及时进行监督和举报。

城乡规划公开公布,有利于保障公民、法人和其他组织依法获取政府的信息,提高政府工作的透明度,促进依法行政,充分发挥政府信息对人民群众生产、生活和经济社会活动的服务作用。同时,公民能够有效地参与行政活动,并对行政机关进行有效的监督。

2.城乡规划实施应遵守的原则

城乡规划实施应遵守的原则:

(1)应当根据当地社会经济发展水平实施城乡规划。

(2)量力而行。

(3)尊重群众意愿。

(4)有计划、分步骤地组织实施。

具体到各个层次规划,城市的建设和发展应当遵守的原则:

(1)应当优先安排基础设施以及公共服务设施的建设。

(2)妥善处理新区开发与旧区改建的关系。

(3)统筹兼顾进城务工人员生活和周边农村经济社会发展、村民生产与生活的需要。

镇的建设和发展应当遵守的原则:

(1)结合农村经济社会发展和产业结构调整进行。

(2)优先安排公共服务设施的建设。

(3)为周边农村提供服务。

乡、村庄的建设和发展应当遵守的原则:

(1)因地制宜。

(2)节约用地。

(3)发挥村民自治组织的作用。

(4)引导村民合理进行建设,改善农村生产、生活条件。

3.城市新区开发

(1)概念

城市的新区开发是指随着城市经济与社会的发展,为满足城市建设的需要,按照城市总体规划的部署,在城市现有建成区以外的地段,进行集中成片、综合配套的开发建设活动。主要形式有:新市区的开发建设、经济技术开发区的建设、卫星城镇的开发建设及新工矿区的开发建设。

城市新区的开发建设主要是为了解决城市建成区由于人口密度和建筑密度过高,基础设施负载过重造成的种种弊端或为了完整保存古城的传统风貌,在建成区外围进行集中成片的开发建设,以达到疏解旧区人口、调整旧区用地结构、完善旧区环境的目的。

经济技术开发区的建设是随着我国经济体制改革和对外开放形势的发展而出现的一种开发建设形式,其目的是为了创造良好的投资环境,以吸引外资、引进先进技术和进行横向经济联合。经济技术开发区的建设主要集中在沿海城市及一些对外开放条件较好的城市。

卫星城镇的开发建设主要是为了有效地控制大城市市区的人口和用地规模,按照总体规划要求,将市区需要搬迁的项目或新建的大、中型项目安排到周围的小城镇去,有计划、有重点地开发建设这些小城镇,以逐步形成以大城市为中心的、比较完善的城镇体系。

新工矿区的开发建设是指国家或地方政府根据矿产资源开发和加工的需要,在城市郊区或矿产资源区等建设大、中型工矿企业,并逐步形成相对独立的工矿区,在同一规划的指导下,进行配套建设。

1995 年 6 月 1 日,原建设部发布了 43 号令《开发区规划管理办法》,这是新区开发的主要法律依据。

(2)城市新区开发原则

城市新区开发应遵循以下原则:

1)应当确定合理的建设规模和时序。

2)应当充分利用现有市政基础设施和公共服务设施。

3)应当严格保护自然资源和生态环境。

4)应当体现地方特色。

城市新区的开发和建设要根据土地资源、水资源等的承载能力,量力而行,妥善处理近期建设与长远发展的关系;要坚持统一规划和管理,各类开发区要纳入城市的统一规划和管理,防止擅自下放规划管理权;要坚持保护好大气环境、河湖水系等水环境和绿化植被等生态环境和自然资源,避开地下文物埋藏区,防止破坏现有的历史文化遗存;要结合城市的社会经济发展情况,结合现有基础设施和公共服务设施的配置,防止讲排场、搞形式、盲目追求形象和高标准;要坚持保障人民群众基本利益优先,特别是关注中低收入人群,体现社会公平的原则;要充分考虑保护城市的传统特点。

在城市总体规划、镇总体规划确定的建设用地范围以外,不得设立各类开发区和城市新区。

4.城市旧区改建

(1)城市旧区改建含义

城市旧区是在长期的历史发展过程中逐步形成的,通常历史文化遗存比较丰富,历史格局和传统风貌比较完整,但同时旧区也存在城市格局尺度比较小、人口密度高、居民中低收入人群占的比例较高、基础设施比较陈旧、道路交通比较拥堵、房屋质量比较差等问题,迫切需要进行更新和完善。

所谓旧城区的改建即按照统一规划、对现有城区有计划、有步骤地进行改造,使之适应城市经济、社会发展整体需要的建设活动。

(2)城市旧区改建原则

城市旧区改建应遵循以下原则:

1）保护历史文化遗产和传统风貌。

2）合理确定拆迁和建设规模。

3）有计划地对危房集中、基础设施落后等地段进行改建。

在城市旧区的规划建设中,要结合城市新区的发展,对旧区功能逐步进行调整,将污染严重、干扰较大的二、三类工业用地,仓储用地等逐步搬迁,同时增加交通、居住、各类基础设施和公共服务设施用地,促使城市旧区的功能结构逐步完善。

要合理确定旧区的居住人口规模,重点对危房集中地区进行改建,结合城市新区的开发建设,逐步推动城市旧区人口的疏散,使城市旧区的人居环境能够逐步得到改善。

要重点做好公共交通系统、改善旧区道路、完善自行车交通和步行交通系统、公共停车设施等交通设施的安排,从根本上解决交通问题。

要高度重视完善和增建市政基础设施,加强基础设施、公共服务设施、公共绿地和日常健身场所建设,促进城市旧区人居环境的功能改善。

要高度关注历史格局、传统风貌历史文化街区和各级文物的保护,采取渐进式有机更新的方式防止大拆大建。

要严格依法行政,按照《城乡规划法》规定的程序,以及《中华人民共和国物权法》(以下简称《物权法》)等相关法律法规的规定进行组织,防止野蛮拆迁等行为导致的不稳定因素。

另外,城乡建设和实施城乡规划过程中涉及风景名胜时必须遵循:严格保护和合理利用风景名胜资源;统筹安排风景名胜区及周边镇、乡、村庄的建设。

城市地下空间的开发和利用应遵循:

1）与经济和技术发展水平相适应的原则。

2）统筹安排、综合开发、合理利用的原则。

3）充分考虑防灾减灾、人民防空和通信等需要的原则。

4）符合城市规划,履行规划审批手续原则。

5.选址意见书制度

（1）选址意见书概念

选址意见书是指建设工程（主要是新建的大、中型工业与民用建设项目）在立项过程中,由城乡规划行政主管部门出具的该建设项目是否符合城乡规划要求的意见书。依据《城乡规划法》的规定,建设单位在上报设计任务书前,其项目拟建地址必须先经城乡规划部门审查,并取得其核发的选址意见书,然后方可连同设计任务书一并上报,否则,有关部门对设计任务书将不予审批。

申请核发选址意见书的范围为以划拨方式提供国有土地使用权的,按照国家规定需要有关部门批准或者核准的建设项目。申请核发选址意见书的时间,必须是在有关部门批准或者核准的建设项目批准或者核准前进行。

（2）选址意见书的内容

按照原建设部和原国家计划委员会（简称国家计委）发布的《建设项目选址规划管理办法》的规定,建设项目用地选址意见书应当包括下列内容:

1）建设项目的基本情况包括建设项目的名称、性质、用地与建设规模,供水、能源的需求量、运输方式与运输量,废水、废气、废渣的排放方式和排放量等。

2）建设项目规划选址的主要依据：

①经批准的项目建议书。

②建设项目与城市规划布局的协调。

③建设项目与城市交通、通信、能源、市政、防灾规划的衔接与协调。

④建设项目配套的生活设施与城市生活居住及公共设施规划的衔接与协调。

⑤建设项目对于城市环境可能造成的污染影响，以及与城市环境保护规划和风景名胜、文物古迹保护规划的协调。

3）建设项目选址、用地范围和具体规划要求。建设项目选址意见书还应当包括除建设项目地址和用地范围外的附图和明确有关问题的附件。附图和附件是建设项目选址意见书的配套证件，具有同等的法律效力。附图和附件由发证单位根据法律、法规规定和实际情况制定。

（3）申请选址意见书的程序

需要申请核发选址意见书的项目，建设单位必须向当地市、县人民政府城乡规划行政主管部门提出选址申请，即填写建设项目选址申请表，城乡规划行政主管部门根据《建设项目选址规划管理办法》第七条规定，分级核发建设项目选址意见书。按规定应由上级城乡规划行政主管部门核发选址意见书的建设项目，市、县城乡规划行政主管部门应对建设单位的选址报告进行审核，并提出选址意见，报上级城乡规划行政主管部门核发建设项目选址意见书。

6.建设用地规划许可证制度

（1）建设用地规划许可证概念

建设用地规划许可证是指城乡规划行政主管部门依据城乡规划的要求和建设项目用地的实际需要，向提出用地申请的建设单位或个人核发的确定建设用地的位置、面积、界限的证件。

（2）划拨方式建设用地规划许可

在城市、镇规划区内以划拨方式提供国有土地使用权的建设项目，经有关部门批准、核准、备案后，建设单位应当向城市、县人民政府城乡规划主管部门提出建设用地规划许可申请，由城市、县人民政府城乡规划主管部门依据控制性详细规划核定建设用地的位置、面积、允许建设的范围，核发建设用地规划许可证。由此，建设单位提出用地规划许可申请需要具备三个前提条件：

1）地域范围条件，即在城市、镇规划区内。

2）以划拨方式提供国有土地使用权的建设项目。

3）已依法经有关部门批准、核准或者备案。

具体可按照《建设部关于统一实行建设用地规划许可证和建设工程规划许可证的通知》申请建设用地规划许可证，其一般程序为：

1）用地申请。凡在城市规划区内进行建设需要申请用地的，必须持国家批准建设项目的有关文件，向城乡规划主管部门提出定点申请。

2）初步确定位置和界限。城乡规划主管部门根据用地项目的性质、规模等，按照城市规划的要求，初步选定用地项目的具体位置和界限。

3）征求意见。城乡规划主管部门根据需要，征求有关行政主管部门对用地位置和界限的具体意见。

4）提供规划设计条件。城乡规划主管部门根据城市规划的要求向用地单位提供规划设计条件。

5）提供规划设计总图。城乡规划主管部门审核用地单位提供的规划设计总图。

6）核发建设用地规划许可证。城乡规划主管部门核发建设用地规划许可证。

在取得建设项目选址意见书和建设用地规划许可证后，方可向县级以上地方人民政府土地主管部门申请用地，由县级以上人民政府审批，土地主管部门划拨土地。

（3）出让方式建设用地规划许可

在城市、镇规划区内以出让方式提供国有土地使用权的，在国有土地使用权出让前，城市、县人民政府城乡规划主管部门应当依据控制性详细规划，提出出让地块的位置、使用性质、开发强度等规划条件，作为国有土地使用权出让合同的组成部分。未确定规划条件的地块，不得出让国有土地使用权。

规划条件是指由城市、县人民政府城乡规划主管部门根据控制性详细规划提出的包括出让地块的位置、使用性质、开发强度等方面的要求。规划设计条件应当包括：地块面积、土地使用性质、容积率、建筑密度、建筑高度、停车泊位、主要出入口、绿地比例、须配置的公共设施、工程设施、建筑界线、开发期限及其他要求。附图应当包括：地块区位和现状，地块坐标、标高，道路红线坐标、标高，出入口位置，建筑界线及地块周围地区环境与基础设施条件。

以出让方式取得国有土地使用权的建设项目，办理建设用地规划许可证的程序是：

1）申请并取得规划条件。向城乡规划主管部门申请并取得规划条件。

2）申请并取得建设用地规划许可证。持建设项目的批准、核准、备案文件与国土主管部门签订土地出让合同，并按期缴纳完毕出让金，向城乡规划主管部门申请并取得建设用地规划许可证。

规划条件作为土地出让合同的法定组成部分，规划条件未纳入国有土地使用权出让合同的，该国有土地使用权出让合同无效；对未取得建设用地规划许可证的建设单位批准用地的，由县级以上人民政府撤销有关批准文件；占用土地的，应当及时退回；给当事人造成损失的，应当依法给予赔偿。

7. 建设工程规划许可证制度

（1）建设工程规划许可证概念

建设工程规划许可证是指城乡规划行政主管部门向建设单位或个人核发的确认其建设工程符合城乡规划要求的证件，它是申请工程开工的必备证件。《城乡规划法》第四十条规定：在城市、镇规划区内进行建筑物、构筑物、道路、管线和其他工程建设的，建设单位或者个人应当向城市、县人民政府城乡规划主管部门或者省、自治区、直辖市人民政府确定的镇人民政府申请办理建设工程规划许可证。

申请办理建设工程规划许可证应提交：

1）使用土地的有关证明文件，通常是指使用权属证明文件。

2）有关建设工程设计方案等材料。

3）需要建设单位编制修建性详细规划的建设项目，还应当提交修建性详细规划。

（2）申请建设工程规划许可证的一般程序

申请建设工程规划许可证的一般程序应按照《建设部关于统一实行建设用地规划许可证和建设工程规划许可证的通知》的规定进行，申请建设工程规划许可证的一般程序为：

1）提出建设申请。凡在城市规划区内新建、扩建和改建建筑物、构筑物、道路、管线和其他工程设施的单位与个人，必须持有关批准文件向城乡规划主管部门提出建设申请。

2）核发规划设计要点通知书。城乡规划主管部门受理申请后，应对建设工程的性质、规模、布局等是否符合城乡规划要求进行审查，并征求相关行政主管部门的意见，最后根据城市规划向建设单位或个人提出建设工程规划设计要求。

3）核发设计方案通知书。建设单位或个人根据建设工程规划设计要求完成方案设计后，将设计方案有关图样、文件报送城乡规划主管部门。城乡规划主管部门征求并综合协调有关行政主管部门对建设工程设计方案的意见，审定建设工程初步设计方案，核发设计方案通知书。

4）核发建设工程规划许可证。建设单位或个人根据设计方案通知书的要求，完成施工图设计后，应将注明勘察设计的总平面图，个体建筑设计的平、立、剖面图，基础图，地下室平面图、剖面图等施工图，送城乡规划主管部门审查。城乡规划主管部门审核建设单位或个人提供的工程施工图后，核发建设工程规划许可证。

城乡规划主管部门不得在城乡规划确定的建设用地范围以外作出规划许可。

在乡、村庄规划区内进行乡镇企业、乡村公共设施和公益事业建设的，建设单位或者个人应当向乡、镇人民政府提出申请，由乡、镇人民政府报城市、县人民政府城乡规划主管部门核发乡村建设规划许可证。

在乡、村庄规划区内使用原有宅基地进行农村村民住宅建设的规划管理办法，由省、自治区、直辖市制定。

在乡、村庄规划区内进行乡镇企业、乡村公共设施和公益事业建设及农村村民住宅建设，不得占用农用地，确需占用农用地的，应当在依照《中华人民共和国土地管理法》有关规定办理农用地转用审批手续后，由城市、县人民政府城乡规划主管部门核发乡村建设规划许可证。

注意城乡规划主管部门按照国务院规定对建设工程是否符合规划条件予以核实。未经核实或者经核实不符合规划条件的，建设单位不得组织竣工验收。

临时建设是指城市规划主管部门批准的在城市、镇规划区内建设的临时性使用并在限期内拆除的建筑物、构筑物及其他设施。

临时用地是指在城市、镇规划区内进行临时建设时施工堆料、堆物或其他情况需要临时使用并按期收回的土地。

临时建设应当在批准的使用期限内自行拆除。临时建设和临时用地规划管理的具体办法，由省、自治区、直辖市人民政府制定。

7.1.4 城乡规划的修改

1.省域城镇体系规划、城市总体规划、镇总体规划的修改条件

省域城镇体系规划、城市总体规划、镇总体规划是对城镇的一种长远规划,具有长期性的特点,规划期限一般为20年。期间难免会出现一些在规划编制、审议、批准时无法预测的情况,影响规划确定目标的实现。因此,国务院及其城乡规划主管部门在强调各级人民政府及有关部门必须自觉服从城乡规划、严格执行城乡规划的同时,也强调要认真总结、分析评价规划的实施情况绩效。为了对省域城镇体系规划、城市总体规划、镇总体规划的实施情况及时进行分析评价、认真总结,有必要建立评估制度,确需修改的应按程序进行修改。

《城乡规划法》第四十七条规定,有下列情形之一的,组织编制机关方可按照规定的权限和程序修改省域城镇体系规划、城市总体规划、镇总体规划:

(1)上级人民政府制定的城乡规划发生变更,提出修改规划要求的。

(2)行政区划调整确需修改规划的。

(3)因国务院批准重大建设工程确需修改规划的。

(4)经评估确需修改规划的。

注:经过评估确认,规划实施中存在的问题,不是由于执行中的问题,而是属于规划本身存在不足而形成的,并且不及时修改将难以解决问题或者会带来更多问题时,应当及时修改规划。

(5)城乡规划的审批机关认为应当修改规划的其他情形。

注:应当修改规划的其他情形需要在实践中由城乡规划的审批机关根据具体情况予以认定。

修改省域城镇体系规划、城市总体规划、镇总体规划前,组织编制机关应当对原规划的实施情况进行总结,并向原审批机关报告;修改涉及城市总体规划、镇总体规划强制性内容的,应当先向原审批机关提出专题报告,经同意后,方可编制修改方案。

修改后的省域城镇体系规划、城市总体规划、镇总体规划,应当依照原规定的审批程序报批。

2.城乡规划修改补偿制度

在选址意见书、建设用地规划许可证、建设工程规划许可证或者乡村建设规划许可证发放后,因依法修改城乡规划给被许可人合法权益造成损失的,应当依法给予补偿。

经依法审定的修建性详细规划、建设工程设计方案的总平面图不得随意修改;确需修改的,城乡规划主管部门应当采取听证会等形式,听取利害关系人的意见;因修改给利害关系人合法权益造成损失的,应当依法给予补偿。

7.1.5 监督检查与违法责任

1.监督检查

县级以上人民政府及其城乡规划主管部门应当加强对城乡规划编制、审批、修改的监

督检查。地方各级人民政府应当向本级人民代表大会常务委员会或者乡、镇人民代表大会报告城乡规划的实施情况,并接受监督。

县级以上人民政府城乡规划主管部门对城乡规划的实施情况进行监督检查,有权采取以下措施:

(1)要求有关单位和人员提供与监督事项有关的文件、资料,并进行复制。

(2)要求有关单位和人员就监督事项涉及的问题作出解释和说明,并根据需要进入现场进行勘测。

(3)责令有关单位和人员停止违反有关城乡规划法律、法规的行为。城乡规划主管部门的工作人员履行上述规定的监督检查职责,应当出示执法证件。被监督检查的单位和人员应当予以配合,不得妨碍和阻挠依法进行的监督检查活动。

监督检查情况和处理结果应当依法公开,供公众查阅和监督。城乡规划主管部门在查处违反城乡规划法规定的行为时,发现国家机关工作人员依法应当给予行政处分的,应当向其任免机关或者监察机关提出处分建议。

2.违法责任

城乡规划主管部门违反城乡规划法规定作出行政许可的,上级人民政府城乡规划主管部门有权责令其撤销或者直接撤销该行政许可。因撤销行政许可给当事人合法权益造成损失的,应当依法给予赔偿。

城乡规划主管部门违法实施行政许可,自行政许可生效后,到行政许可撤销前,该行政许可处于有效状态,当事人从事行政许可事项的生产经营活动是合法的。但后来行政许可被撤销,导致原来合法的生产经营活动变成非法的生产经营活动。在这种情况下,给当事人的合法权益造成损害的,城乡规划主管部门应当承担赔偿责任,因为当事人合法权益的损害是由城乡规划主管部门违法实施行政许可的行为引起和造成的。

应当由城乡规划主管部门依法给予行政处罚的行为有:

(1)超越资质等级许可的范围承揽城乡规划编制工作。

(2)违反国家有关标准编制城乡规划。

(3)未依法取得资质证书承揽城乡规划编制工作。

(4)以欺骗手段取得资质证书承揽城乡规划编制工作。

(5)城乡规划编制单位取得资质证书后,不再符合相应的资质条件,逾期不改正。

(6)未取得建设工程规划许可证或者未按照建设工程规划许可证的规定进行建设。

(7)未经批准进行临时建设的。

(8)未按照批准内容进行临时建设的。

(9)临时建筑物、构筑物超过批准期限不拆除的。

(10)建设单位未在建设工程竣工验收后六个月内向城乡规划主管部门报送有关竣工验收资料的。

7.2　城市房地产管理法

7.2.1　概述

中华人民共和国
城市房地产管理法

1.概述

为了加强对城市房地产的管理,维护房地产市场秩序,保障房地产权利人的合法权益,促进房地产业的健康发展,1994 年 7 月 5 日第八届全国人民代表大会常务委员会第八次会议通过《中华人民共和国城市房地产管理法》,这是我国首次以法律形式对城市房地产实行具体的管理,1995 年 1 月 1 日该部法律正式实施。

《城市房地产管理法》(1994 版)由七章七十二条组成,包括总则、房地产开发用地、房地产开发、房地产交易、房地产权属登记管理、法律责任和附则等。该法的颁布实施,填补了我国房地产法制建设的空白,标志着我国房地产业发展已迈入了法制管理的新时期。

2007 年 8 月 30 日第十届全国人民代表大会常务委员会第二十九次会议通过了《关于修改〈中华人民共和国城市房地产管理法〉的决定》,修改决定,在第一章"总则"中增加一条,作为第六条:"为了公共利益的需要,国家可以征收国有土地上单位和个人的房屋,并依法给予拆迁补偿,维护被征收人的合法权益;征收个人住宅的,还应当保障被征收人的居住条件。具体办法由国务院规定。"而《城市房地产管理法》的其他部分维持不变。

2007 年 3 月通过了《中华人民共和国物权法》(以下简称《物权法》),作为一部以调整不动产权利归属和利用为主体内容的法律,《物权法》对房地产法律部门的重大影响是不言而喻的。此前我国《城市房地产管理法》基于当时不动产权利立法的状况,并没有将其调整范围局限于房地产管理法律关系(行政法律关系),而是规定了大量的不动产权利规则(民事法律关系)。如该法第二章"房地产开发用地"、第四章"房地产交易"中关于房地产抵押的有关规定、第五章"房地产权属登记管理"等均属物权规范。《物权法》中有关不动产权利方面的规定与《城市房地产管理法》的基本制度框架是一致的,在一定程度上肯定了《城市房地产管理法》确定的国有土地有偿、有期限使用制度以及房地产权利人权益保护制度,肯定了近年来深化房地产市场改革所形成的一些重要成果。但是《城市房地产管理法》与《物权法》之间存在着效力冲突,而《物权法》属于全国人民代表大会制定的基本法律,应当具有优先于全国人民代表大会常务委员会制定的《城市房地产管理法》的效力,所以《城市房地产管理法》与《物权法》的冲突之处即应予以修改。

2019 年 8 月 26 日第十三届全国人民代表大会常务委员会第十二次会议通过了关于修改《中华人民共和国城市房地产管理法》的决定。将第九条修改为:"城市规划区内的集体所有的土地,经依法征收转为国有土地后,该幅国有土地的使用权方可有偿出让,但法律另有规定的除外。"

2.主要内容

《城市房地产管理法》第一章共七条内容,定义了该法的适用范围及基本概念,同时对我国的土地制度作了说明,以法律的形式明确规定房地产的政府主管部门是国务院建设行政主管部门、土地管理部门。我国实行国有土地有偿、有限期使用制度。但是,国家在本法规定的范围内划拨国有土地使用权的除外。在国有土地上取得土地使用权,从事房地产开发、房地产交易,实施房地产管理的行为,均需遵守该法。

第六条的具体实施可依照各级人民政府所制定的拆迁条例执行,如国务院颁布的《国有土地上房屋征收与补偿条例》,以及建设部所颁布的《城市房屋拆迁工作规程》。

针对 2007 年 8 月 30 日起《城市房地产管理法》增加的第六条内容,我们根据日常生活所了解的拆迁过程中的一些不法现象,如何来平衡个人利益和国家宏观利益的问题,同时又不触犯国家相关法律,值得我们认真思考。

7.2.2　房地产开发用地

本节内容对应《城市房地产管理法》的第八条至二十二条,主要针对土地使用权的出让和划拨,定义了其概念及基本流程。

土地使用权出让,是指国家将国有土地使用权(以下简称土地使用权)在一定年限内出让给土地使用者,由土地使用者向国家支付土地使用权出让金的行为。土地使用权出让,必须符合土地利用总体规划、城市规划和年度建设用地计划,经由市、县人民政府有计划、有步骤地进行。土地使用权划拨,是指县级以上人民政府依法批准,在土地使用者缴纳补偿、安置等费用后将该幅土地交付其使用,或者将土地使用权无偿交付给土地使用者使用的行为。土地使用权的划拨只适用于以下几种情况:

(1)国家机关用地和军事用地。
(2)城市基础设施用地和公益事业用地。
(3)国家重点扶持的能源、交通、水利等项目用地。
(4)法律、行政法规规定的其他用地。

在这里,我们需要搞清土地利用和管理之间的关系。土地利用总体规划,对耕地的特殊保护,土地开发利用,土地用途管制,建设用地审批,集体土地的征用,国有土地使用权的出让、转让、出租和抵押等,有些属于市场行为,有些属于政府行为,有些则属于市场行为与政府行为的结合。

7.2.3　房地产开发

本节内容对应《城市房地产管理法》的第二十五条至三十一条,主要对执行城市规划、房地产开发的用途与期限、房地产开发的安全性要求、房地产开发中的联建问题几个方面分别作出了规定。

城市的整体规划,对公有房屋和私有房屋的管理监督,这些都属于政府对城市房地产的管理行为。执行城市规划是指房地产开发必须严格执行城市规划,按照经济效益、社会效益、环境效益相统一的原则,实行全面规划、合理布局、综合开发、配套建设。

规定房地产开发的用途与期限,其目的有两个:一为禁止出让土地使用权人在房地产开发中擅自改变土地用途,侵犯国家利益,扰乱房地产市场秩序;二为禁止或限制出让土地使用权人闲置土地,造成土地资源的浪费。

对房地产开发的安全性的要求具体体现在两方面,一是针对开发企业的设立条件及资质进行管理,二是开发项目需达标才能验收。此项立法的目的系为保障房地产开发过程及产品的安全性,使房地产开发企业在追求经济效益的同时,兼顾社会效益和环境效益。

关于房地产开发中的联建问题,《城市房地产管理法》规定,依法取得的土地使用权,可以将其作价入股,与他人合资合作开发房地产。在我国,联建涉及的法律问题较为复杂,特别是合作开发房地产,常易引发纠纷。

《城市房地产管理法》所称房地产开发,是指在依据本法取得国有土地使用权的土地上进行基础设施、房屋建设的行为。房地产开发经营,是指房地产开发企业在城市规划区内国有土地上进行基础设施建设、房屋建设,并转让房地产开发项目或者销售、出租商品房的行为。既包括开发,又包括交易。

这里需要注意,房地产开发经营和房地产开发是两个不同的概念。

7.2.4　房地产交易

本节内容为《城市房地产管理法》的主要部分,对应第三十二条至五十九条。主要包括房地产交易的分类以及房地产交易中的一种特殊形式——商品房的预售和按揭。其中商品房的预售具有一定的投机性和风险性,因此管理法对其规定了更加严格的限制性条件和程序,且国家针对商品房的预售和按揭颁布了相应的比较全面的法规,如《商品房销售管理办法》《城市房地产开发经营管理条例》《商品房销售面积计算及公用建筑面积分摊规则》《商品住宅实行住宅质量保证书和住宅使用说明书制度的规定》《物业管理条例》《中华人民共和国房产税暂行条例》《住房公积金管理条例》等。按揭一词移植于中国香港,需有三方主体:购房借贷人、开发商与银行。

房地产交易包括三种形式,即房地产抵押、房地产转让以及房屋租赁。需要引起注意的是土地的所有权和使用权、房屋的所有权和使用权都属于财产,它们是房地产业务活动的基础,房地产交易应当凭土地使用权证书、房屋所有权证书办理。除了《城市房地产管理法》外,我国还颁布了其他几部对房地产交易具有实际指导意义的法规,包括《城市房地产抵押管理办法》《城镇廉租住房租金管理办法》等法规。下面将针对三种房地产交易的法律进行相关介绍。

1. 房地产转让

房地产转让,是指房地产权利人通过买卖、赠予或者其他合法方式将其房地产转移给他人的行为。由上述概念可知,商品房的预售是隶属于房地产的转让交易的。这里需要强调土地使用权的认证,尤其是通过出让手段获得土地使用权的房地产,必须已经取得土地使用权证书,《城市房地产管理法》第三十九条对商品房的预售提出了一定的限制条件,该法律条文明确规定,完成开发投资总额的25%以上,属于成片开发土地的,形成工业用地或者其他建设用地条件的房地产才可以进行房地产转让。该法第四十五条,更是严格规定了商品房的预售条件,具体如下:

(1)已交付全部土地使用权出让金,取得土地使用权证书。

(2)持有建设工程规划许可证。

（3）按提供预售的商品房计算，投入开发建设的资金达到工程建设总投资的 25％ 以上，并已经确定施工进度和竣工交付日期。

（4）向县级以上人民政府房产管理部门办理预售登记，取得商品房预售许可证明。

商品房预售人应当按照国家有关规定将预售合同报县级以上人民政府房产管理部门和土地管理部门登记备案。

通过划拨形式获得土地使用权的房地产的转让，还需报有批准权的人民政府审批，有批准权的人民政府准予转让的，应当由受让方办理土地使用权出让手续，并依照国家有关规定缴纳土地使用权出让金。总体来说，房地产的转让必须拥有土地使用权和房屋所有权属明确。

商品房预售中还有一个比较流行的词汇——按揭。20 世纪 90 年代初，"楼花按揭"这一新颖的融资购楼方式由中国香港传入中国内地，因其将购房人、银行、开发商三方利益形成了最佳组合，显示了独特的功能和优势。办理商品房按揭贷款的程序大致如下：

（1）购房人与开发商签订商品房买卖合同，并办理商品房买卖合同的登记手续。

（2）购房人付清首期购房款，向办理按揭业务的律师提交贷款银行要求提供的各种文件，申请按揭贷款。

（3）律师对购房人资料作形式审查并见证。

（4）贷款银行对经律师见证、公证处公证的购房人提交的资料进行审查，对合格者予以批准。

（5）银行与购房人签订抵押贷款合同，银行与开发商签订保证合同。

（6）抵押贷款合同签订后，购房人在律师的指引下到贷款银行认可的公证处办理相关公证手续。

（7）律师为购房人代办该商品房的保险，抵押期间保险单正本由贷款银行收押。

（8）贷款银行向购房人发放贷款，通常按贷款合同或保证合同的约定直接汇入开发商在贷款银行开立的售房款账户或转入借款人在贷款银行开立的存款账户。

（9）借款人在贷款银行开设还款账户，按期向该账户还款付息，直至结清全部贷款本息。

（10）抵押期间取得的房地产权证应交贷款银行保管。

（11）贷款到期日前，借款人如果提前偿还贷款，应按合同约定向贷款银行提出申请。

（12）贷款结清后，借款人从贷款银行领取"贷款结清证明"，取回房地产权证等抵押登记证明文件及保险单正本，到原抵押登记部门办理抵押登记涂销手续。

由上述流程可知，购房人和借贷银行之间才是真正的直接借贷关系，而开发商则相当于起到了中介的作用。

2. 房地产抵押

房地产抵押是指抵押人合法的房地产以不转移占有的方式向抵押权人提供债务履行担保的行为。债务人不履行债务时，抵押权人有权依法以抵押的房地产拍卖所得的价款优先受偿。

只有抵押人有权处分的可依法流通且具有独立交换价值的财产方可成为抵押权客体，在房地产抵押交易中，也就是只有依法取得房屋所有权连同该房屋占用范围内的土

地使用权(包括通过出让方式获得土地使用权),才可以设定抵押权。而通过划拨方式取得土地使用权的房地产,依法拍卖房地产后,应当从拍卖所得的价款中缴纳相当于应缴纳的土地使用权出让金的款额后,抵押权人方可优先受偿。为避免日后纠纷,《城市房地产管理法》明确规定:"房地产抵押合同签订后,土地上新增的房屋不属于抵押财产。"

同样,房地产抵押交易也必须基于拥有土地使用权和房屋所有权证书才能够进行。

3.房屋租赁

房屋租赁是指房屋所有权人作为出租人将其房屋出租给承租人使用,由承租人向出租人支付租金的行为。

房屋租赁是一项较为频繁的市场交易行为,为规范该市场行为,保障交易双方的权利,《城市房地产管理法》要求出租人和承租人必须签订书面租赁合同,约定租赁期限、租赁用途、租赁价格、修缮责任等条款,以及双方的其他权利和义务,并向房产管理部门登记备案。这里需要特别指出,以划拨方式取得使用权的国有土地上建成的房屋,在以营利为目的的交易行为中,获得的含土地收益的租金需上缴国家。

7.2.5 房地产权属登记管理

本节内容对应《城市房地产管理法》的第六十条至六十三条。房地产权属登记是指由房地产管理部门依职权或应当事人请求,对土地所有权、土地使用权、房屋所有权和房地产他项权利等进行勘测、记录、核实、确认,并向权利人颁发权证的一系列活动。它具有以下几点功能:①权利确认功能,即确认房地产权利归属状态;②权利公示功能,即昭示利益关系人与社会公众,保障交易的安全;③管理功能,即实现国家的管理意向;④通过登记审查取缔或处罚违法行为。

我国房地产权属登记的效力基本为生效要件,且登记本身大多为当事人的强制性的义务。房地产权属登记机关为房地产所在地的人民政府有关行政主管部门,目前有两种登记模式:一是房屋与土地权属分别登记,二是房屋与土地权属统一登记。

《城市房地产管理法》中关于房地产权属登记的管理部分,解释得并不详细,在实际应用中也不足以具体规范登记管理行为,因此,原建设部又颁布了《城市房屋权属登记管理办法》《城市房地产权属档案管理办法》等法规条文。

房屋产权证包括房屋所有权证和土地使用权证。业主办理房产证首先需要开发商确权,即开发商在商品房竣工验收合格后,30天内必须办理确权登记手续。购房者必须在房地产开发企业已经办理初始登记并领取房地产权属证明书(俗称大产权)的基础上,才能申请办理所购房屋的转移登记,领取房地产权证。只要是新建的商品房,无论其是否出让,产权最后如何分配,在初始登记时,登记机关均是直接将全部产权登记在开发经营企业名下的。

7.2.6 违法责任

本节对应《城市房地产管理法》的第六十四至七十一条,主要是针对房地产交易、土地出让、房地产开发活动中的违法行为,提出的相关处罚条令,以及政府有关部门对房地产管理行为中的一些渎职行为的相应处罚。例如，没有法律、法规的依据，向房地产开发企业收费的，上级机关应当责令退回所收取的钱款，情节严重的，由上级机关或者所在单位给予直接责任人员行政处分。房产管理部门、土地管理部门工作人员玩忽职守、滥用职权，构成犯罪的，依法追究刑事责任，不构成犯罪的，给予行政处分，等等，这里不详细展开，只通过下文中案例稍作介绍。

7.3　土地管理法

7.3.1　概述

中华人民共和国
土地管理法

马克思说过："土地是一切生产和一切存在的源泉。"这句话道出了土地对人类的重要性。自有人类以来，人们就世代代在土地上繁衍生息，享受土地的滋养。"土地是生活之源，土地是财富之母"，土地是人类可以利用的一切资源中最基本、最宝贵的资源，也是人类赖以生存和发展的基础。但是土地供求与利用关系中的巨大矛盾，也是我国目前经济运行中最突出的问题之一。土地是有限的，是不能再生的，为此，我们要珍惜土地，严格保护和利用每一寸土地。具体地说，就是要严格用地审批管理，严肃查处越权批地、以租代征、未批先用的违法违规行为，切实保护好基本农田用地，切实解决好土地纠纷问题。

1.土地管理法基本概念

（1）土地

土地的概念十分宽广，不同的学科，从不同的角度，可以对其进行不同的解读。我国现行的法律并没有对土地下定义。土地管理法中所指土地主要是地球陆地表层，是人类赖以生存和发展的活动场所。当今世界各国都把土地视为最为重要的自然资源，尽量地合理开发利用，并不断提高其经济价值和社会价值。

《中华人民共和国土地管理法》根据土地用途将土地分为农用地、建设用地和未利用土地。农用地是指直接用于农业生产的土地，包括耕地、林地、草地、农田水利用地、养殖水面等。建设用地是指建造建筑物、构筑物的土地，包括城乡住宅和公共设施用地、工矿用地、交通水利设施用地、旅游用地、军事设施用地等。未利用土地是指农用地和建设用地以外的土地。

（2）土地特征

1）地理位置的固定性。土地是大自然的产物，它总是固定存在于地球的某一位置，不会因人们意志的改变而改变。这一点要求人们要因地制宜地合理利用土地。也由此使得土地的管理与动产管理有着不同的管理方式，如土地的交易需要经过有关房地产管理机关登记，通过公示获得公信力。

2）土地利用的不可替代性、耐久性。土地被视为特殊的不动产，它具有不能用其他不动产替代的唯一性。它不会像其他生产资料一样，一经使用就会逐渐磨损、消耗，乃至完全丧失，而是具有耐久性的特点。在正确使用和保护土地的情况下，土地的肥力通

常会不断地得到提高。即使是土地生产粮食的肥力逐渐丧失,土地还可以改作其他用途,故土地的使用价值永存。但土地的耐久性并不意味着人类可以无节制地向土地索取。为了实现对土地可持续性利用,必须做好土地利用规划,适当地限制土地权利人的利用行为。

3)土地面积的有限性。土地在人类出现以前就已经存在,由于受地球表面空间的限制,土地的面积是不会增加的,它具有不可再生性和不可创造性。因此,土地对人类需求的供给上具有稀缺性。随着世界人口的增加和经济的增长,土地供需矛盾将会越来越突出。另外,土地的承载能力有限,并且在人类生产活动中可能出现土地流失、损害和地力下降等情况,这就使得通过法律制度规范土地的供给关系、合理利用土地、保护好土地资源显得十分重要。

（3）土地管理法

土地管理法是指调整人们在开发、利用和保护土地过程中所形成的权利和义务关系的法律规范的总称。狭义的土地管理法是指 1986 年 6 月第六届全国人民代表大会常务委员会第十六次会议通过的,1988 年 12 月第七届全国人民代表大会常务委员会第五次会议和 1998 年 8 月第九届全国人民代表大会常务委员会第四次会议及 2004 年 8 月第十届全国人民代表大会常务委员会第十一次会议修正的《中华人民共和国土地管理法》(以下简称《土地管理法》)。广义的土地管理法除《土地管理法》外,还包括 1992 年颁布的《划拨土地使用权管理暂行办法》、1994 年颁布的《基本农田保护条例》、1995 年颁布的《土地监察暂行规定》、1995 年颁布的《土地权属争议处理暂行办法》、1995 年颁布的《确定土地所有权和使用权的若干规定》、1996 年颁布的《建设用地计划管理办法》、1997 年颁布的《土地利用总体规划编制审批规定》、1998 年颁布的《中华人民共和国土地管理法实施条例》(以下简称《实施条例》)等与土地相关的法律、法规。2019 年 8 月 26 日第十三届全国人民代表大会常务委员会第十二次会议通过了关于修改《中华人民共和国土地管理法》的决定。

我国是一个人口大国,地少人多,人均占有土地不足 12 亩,不及世界人均的 1/3。且山多平原少,据初步统计,山地、高原、丘陵面积占 69%,平地、盆地只占 31%。人均占有的耕地更少,我国目前人均耕地的占有量为 1.4 亩,仅为世界人均占有量的 37% 左右。尤其是我国还有近一半的国土面积要么是崇山峻岭,要么是高原缺氧地区,生存条件恶劣,生态环境脆弱,难以承受人类生存所必须进行的相关活动。因此,我国 90% 以上的人口都集中在另一半国土上,使得人多地少的矛盾更为突出。所以,要加强土地管理,保护好有限的土地资源。更重要的是要切实保护好现有耕地,合理利用和开发土地,促进社会经济的持续稳定发展。

2.土地所有权

（1）土地所有权的概念

土地所有权是指土地所有者依法对其所有的土地行使占有、使用、收益和处分的权利。我国实行的是土地的社会主义公有制,即全民所有制和劳动群众集体所有制,土地所有权分属国家和劳动群众集体所有。其特征有:

1)主体的特定性。按照我国现行法律、法规,只有国家和劳动群众才享有对土地的所有权,不存在土地私人所有权。

2)交易的禁止性。我国有关法律规定,土地所有权不得买卖、出租、抵押或者以其他形式非法转让。

3)权属的稳固性。除了国家为了公共利益的需要征收集体所有的土地外,土地所有权的权属状况一般不会改变。

4)内容的可分离性。为了充分利用土地,法律允许土地使用权与所有权分离,土地的使用权可以转让、出租或抵押。

(2)国家土地所有权

国家土地所有权是指国家代表全国人民对土地行使占有、使用、收益和处分的权利,由国务院代表国家行使,其他任何单位和个人不得侵占、买卖或以其他形式非法转让国有土地。

《实施条例》第二条规定,下列土地属于全民所有即国家所有:

1)城市市区的土地。

2)农村和城市郊区已经依法没收、征收、征购为国有的土地。

3)国家依法征用的土地。

4)依法不属于集体所有的林地、草地、荒地、滩涂及其他土地。

5)农村集体经济组织全部成员转为城镇居民的,原属于其成员集体所有的土地。

6)因国家组织移民、自然灾害等原因,农民成建制地集体迁移后不再使用的原属于迁移农民集体所有的土地。

国家土地范围大、数量多,国家不可能也没必要将所有土地都归自己使用,所以《土地管理法》进一步规定了国有土地除国家自己使用外,其使用权还可以通过出让、划拨等方式转让给其他单位和个人。

(3)农民集体土地所有权

农民集体土地所有权是指农民集体经济组织可以对其所有的土地行使占有、使用、收益和处分的权利。在我国享有集体土地所有权的只能是农民集体,农民集体所有的土地依法属于村农民集体所有的,由村集体经济组织或者村民委员会经营、管理。已经分别属于村内两个以上农村集体经济组织的农民集体所有的,由村内各农村集体经济组织或者村民小组经营、管理。已经属于乡(镇)农民集体所有的,由乡(镇)农村集体经济组织经营、管理。

《土地管理法》第九条规定:"农村和城市郊区的土地,除由法律确定属于国家所有的以外,属于农民集体所有;宅基地和自留地、自留山,属于农民集体所有。"

(4)土地所有权的确定和确认

我国土地所有权的确定实行的是土地登记制度。《实施条例》第三条规定:国家依法实行土地登记发证制度。依法登记的土地所有权和土地使用权受法律保护,任何单位和个人不得侵犯。

《实施条例》第四条规定,农民集体所有的土地,由土地所有者向土地所在地的县级人民政府提出土地登记申请,由县级人民政府登记造册,核发集体土地所有权证书,确认所有权。

当土地所有权发生争议时,不能依法证明争议的土地是属于农民集体所有的,则属于国家所有。

当公共利益需要时,国家可以征收集体所有土地,将其变为国有,但必须依法给予补偿。

3. 土地使用权

(1) 土地使用权的概念

土地使用权是指土地使用人根据法律、合同的规定,在法律允许的范围内,对国家或集体所有的土地所享有的占有、使用、一定收益和在限定范围内进行处分的权利。它具体表现为土地使用人对土地可依法行使利用、出租、转让、抵押等权利。土地使用权是一项独立的财产权,其特征有:

1) 派生性。土地使用权是从土地所有权中派生出来的一种权利,即土地使用权是在一定条件下与土地所有权相分离而形成的一种权利。

2) 独立性。土地使用权具有相对独立性,只要符合法律的规定,土地使用权人可以以转让、出租、抵押等方式行使其权利。

(2) 土地使用权的取得

《土地管理法》第十条规定:"国有土地和农民集体所有的土地,可以依法确定给单位或个人使用。"

土地使用者可以通过国家依法出让、划拨或通过其他土地使用权人依法转让、继承、获取地上建筑物所有权等方式取得国有土地的使用权。国有土地也可由单位或个人承包,用以进行种植业、林业、畜牧业、渔业生产。

农民集体所有的土地使用权可依法通过承包、转让、继承等方式取得。集体经济组织的成员可承包本单位所有土地,进行种植业、林业、畜牧业、渔业生产,承包经营期限为 30 年。其土地承包经营权受法律保护。农民集体所有的土地要承包给本集体经济的成员以外的单位或个人经营的,须经村民会议 2/3 以上成员或 2/3 以上村民代表的同意,并报乡(镇)人民政府批准。

农民可依法取得宅基地、自留地、自留山的使用权。

(3) 土地使用权的确定和确认

《土地管理法》第十二条规定,土地的所有权和使用权的登记,依照有关不动产登记的法律、行政法规执行。依法登记的土地的所有权和使用权受法律保护,任何单位和个人不得侵犯。

确认林地、草地的所有权或者使用权,确认水面、滩涂的养殖使用权,分别按照《中华人民共和国森林法》《中华人民共和国草原法》《中华人民共和国渔业法》的有关规定办理。

未确定使用权的国有土地,由县级以上人民政府登记造册,负责保护管理。

7.3.2 土地的利用和保护

1. 土地利用和保护概述

土地是十分稀缺、十分宝贵的自然资源和财产,原本我国土地及耕地的人均数量少,总体质量水平低,后备资源也不充足,又加之近年来,一些地方乱用耕地、违法批地、浪费土地现象屡禁不止;一些城市片面追求规模,使得城市建设用地大大超过指标;一些地方政府盲目征用耕地,建豪华别墅、游乐宫等;农村多占宅基地;村镇非法转让土地进行房地产开发;乡镇企业违法占用耕地;对承包耕地的弃耕撂荒等现象还十分严重,造成土地资产流失,农业、畜牧业用地面积锐减,不仅严重影响了粮食生产、畜牧业的生产,还影响了国家的整个国民经济的发展。为此,2004 年 8 月实施的《土地管理法》中第三条明确规定了"十分珍惜、合理利用土地和切实保护耕地是我国的基本国策",要求"各级人民政府应当采取措施,全面规划,严格管理,保护、开发土地资源,制止非法占用土地的行为"。

2.土地利用总体规划

(1)土地利用总体规划的概念

土地利用总体规划是在一定区域内,综合考虑社会、经济发展需要,国土整治和资源与环境保护要求,土地使用现状及实际供给能力等各项因素的基础上,对土地的开发、利用、治理和保护所编制出的一定期限内土地利用的规划。土地利用总体规划是国家集中统一管理土地的重要体现,是加强土地宏观管理和国家实行土地用途管制的依据。单位和个人使用土地都必须按照总体规划确定的用途来使用土地。

土地利用总体规划按行政区划分为国家、省、地、县、乡五级,分别由各级人民政府负责编制。

土地利用总体规划的期限应与国民经济和社会发展规划相适应,一般为 15 年,同时还应展望土地利用的远景目标和确定分阶段实施的土地利用目标。各级人民政府还应根据土地利用总体规划并结合国民经济和社会发展计划、国家产业政策、建设用地和土地利用实际状况编制土地利用年度计划,并严格执行,以确保土地利用总体规划的落实。

(2)土地利用和保护的相关制度

1)土地调查制度。县级以上人民政府自然资源主管部门会同同级有关部门就土地的权属、土地利用现状、土地条件等进行土地调查,并根据土地调查结果,规划土地用途和国家制定的统一标准,评定土地等级。土地所有者或者使用者应当配合调查,并提供有关资料。地方土地利用现状调查结果,经本级人民政府审核,报上一级人民政府批准。全国土地利用现状调查结果,报国务院批准。各级土地利用现状调查结果都应向社会公布。

2)土地统计制度。土地统计是国家对土地的数量、质量、分布、利用状况和权属情况进行调查、汇总、统计分析,为土地管理提供统计资料,并通过统计监督对土地利用状况进行检查的制度。《土地管理法》第二十八条规定:县级以上人民政府统计机构和自然资源主管部门依法进行土地统计调查,定期发布土地统计资料。土地所有者或者使用者应当提供有关资料,不得拒报、迟报,不得提供不真实、不完整的资料。统计机构和自然资源主管部门共同发布的土地面积统计资料是各级人民政府编制土地利用总体规划的依据。

3)土地利用状况动态监测制度。土地利用状况动态监测是指国家运用遥感技术、电子计算机技术和其他现代化手段,对全国及国家确定的重点区域的土地利用变化情况,特别是城镇建设用地和耕地变化情况进行连续监测,为决策提供及时准确的各类土地的数

据。《土地管理法》第二十九条规定:"国家建立全国土地管理信息系统,对土地利用现状进行动态监测。"

4)土地用途管制制度。各级人民政府应当依据国民经济和社会发展规划、国土整治和资源环境保护的要求、土地供给能力及各项建设对土地的需求,组织编制土地利用总体规划。其目的在于规定土地用途,控制建设用地总量,严格限制农用地转为建设用地,对耕地实行特殊保护。

5)土地监察制度。土地监察是指土地管理部门根据土地利用总体规划和国家土地法律、法规依法对单位和个人进行监督检查,对土地违法者实施法律制裁的活动。土地监察工作内容主要是对单位和个人建设用地行为,建设用地审批行为,土地开发利用行为,土地权属变更和使用权出让行为,土地使用权转让、出租、抵押、终止行为,房地产转让行为以及其他行为的合法性进行监督检查。

(3)土地利用总体规划的编制

1)土地利用总体规划编制要求。地方各级人民政府必须依据上一级土地利用总体规划来编制本级土地利用总体规划,其建设用地总量不得超过上一级土地利用总体规划中所确定的控制指标;耕地保有量不得低于上一级土地利用总体规划确定的控制指标。

省、自治区、直辖市人民政府编制的土地利用总体规划,应当确保本行政区域内耕地总量不减少。

2)土地利用总体规划编制原则。根据《土地管理法》第十七条规定,土地利用总体规划按照下列原则编制:

①落实国土空间开发保护要求,严格土地用途管制。

②严格保护永久基本农田,严格控制非农业建设占用农用地。

③提高土地节约集约利用水平。

④统筹安排城乡生产、生活、生态用地,满足乡村产业和基础设施用地合理需求,促进城乡融合发展。

⑤保护和改善生态环境,保障土地的可持续利用。

⑥占用耕地与开发复垦耕地数量平衡、质量相当。

3)土地总体规划编制内容。各级土地利用总体规划的成果包括规划文件、规划图和规划附件三部分。

国家、省、地级土地利用总体规划,主要内容应包括:

①土地利用现状分析。通过土地调查、评级、统计,提出土地利用与社会经济条件、土地资源数量与质量、土地利用动态变化的需求、土地可供给量和各类用地需求量等因素,阐明土地利用特点和当前存在的问题。

②土地供需分析。分析人口增长状况、后备土地资源开发利用潜力、国民经济和社会发展规划及各行业发展规划对用地的需求、土地可供给量和各类用地需求量等因素,预测各类用地可供给量、各类用地需求量及土地供求趋势。

③确定规划目标和方针。在分析土地利用现状、供需趋势基础上,进行土地利用战略研究,提出土地利用远期和近期目标、方针。

④土地利用结构和布局调整。根据规划目标、土地资源条件和区域生产力布局,确定

各行业用地规模、重点土地利用区的区域布局和重点建设项目布局。

⑤编制规划供选方案。根据土地利用调控措施和保证条件,拟定供选方案,并对每个供选方案实施的可行性进行分析评价,提出推荐方案。

⑥拟定实施规划的政策措施。为保证规划实施,拟定具体的对策,如提出行政、经济、技术及政策、法律法规等方面的措施。

县级土地利用总体规划的主要内容:

①确定全县土地利用规划目标和任务。

②合理调整土地利用结构和布局,制定全县各类用地指标,确定土地整理、复垦、开发、保护分阶段任务。

③划定土地利用区,确定各区土地利用管制规划。

④安排能源、交通、水利等重点建设项目用地。

⑤将全县土地利用指标落实到乡镇。

⑥拟定实施规划的政策措施。

4)土地利用总体规划的审批。《土地管理法》第二十条及《实施条例》第八条规定,土地利用总体规划实行分级审批。

土地利用总体规划一经批准,必须严格执行。具体规定有:

①省、自治区、直辖市的土地利用总体规划,报国务院批准。

②省、自治区人民政府所在地的市、人口在100万以上的城市以及国务院指定的城市的土地利用总体规划,经省、自治区人民政府审查同意后,报国务院批准。

③其他土地利用总体规划,逐级上报省、自治区、直辖市人民政府批准。其中,乡(镇)土地利用总体规划可以由省级人民政府授权的设区的市、自治州人民政府批准。

5)土地利用总体规划的修改。《土地管理法》第二十五条规定:

①经批准的土地利用总体规划的修改,须经原批准机关批准;未经批准,不得改变土地利用总体规划确定的土地用途。

②经国务院批准的大型能源、交通、水利等基础设施建设用地,需要改变土地利用总体规划的,根据国务院的批准文件修改土地利用总体规划。

③经省、自治区、直辖市人民政府批准的能源、交通、水利等基础设施建设用地,需要改变土地利用总体规划的,属于省级人民政府土地利用总体规划批准权限内的,根据省级人民政府的批准文件修改土地利用总体规划。

3.耕地保护制度

(1)基本农田保护制度

耕地是农业赖以发展的物质基础,是人类食物的主要源泉,是民生之本。所以,国家为了促进农业生产和国民经济的发展,实行严格保护耕地制度。

1)基本农田及保护制度。基本农田是指根据一定时期人口和国民经济对农产品的需求而确定的长期不得占用及基本农田保护区规划期内不得占用的耕地。分一级和二级基本农田,一级基本农田为长期不得占用的耕地,二级基本农田为规划期内不得占用的耕地。

各级人民政府必须制定基本农田保护区规划。所谓基本农田保护区是指对基本农田

实行特殊保护而依照法定程序划定的区域。全国基本农田保护区规划由国务院土地管理部门及农业行政主管部门会同其他有关部门编制,并报国务院批准。省、地、县的基本农田保护区规划由同级土地管理部门及农业行政主管部门会同其他有关部门根据上一级基本农田保护区规划进行编制,经本级人民政府审定后,报上一级人民政府批准。

2)基本农田保护区的范围。《土地管理法》第三十三条规定,国家实行永久基本农田保护制度。下列耕地应当根据土地利用总体规划划为永久基本农田,实行严格保护:

①经国务院农业农村主管部门或者县级以上地方人民政府批准确定的粮、棉、油、糖等重要农产品生产基地内的耕地。

②有良好的水利与水土保持设施的耕地,正在实施改造计划以及可以改造的中、低产田和已建成的高标准农田。

③蔬菜生产基地。

④农业科研、教学试验田。

⑤国务院规定应当划为永久基本农田的其他耕地。

各省、自治区、直辖市划定的永久基本农田一般应当占本行政区域内耕地的百分之八十以上,具体比例由国务院根据各省、自治区、直辖市耕地实际情况规定。

(2)占用耕地的补偿制度

为了保护耕地,控制耕地总量的平衡,《土地管理法》第三十条规定:国家实行占用耕地补偿制度。非农业建设经批准占用耕地的,按照“占多少,垦多少”的原则,由占用耕地的单位负责开垦与占用耕地的数量和质量相当的耕地;没有条件开垦或者开垦的耕地不符合要求的,应当按照省、自治区、直辖市的规定缴纳开垦费,专款用于开垦新耕地。省、自治区、直辖市人民政府应当制定开垦耕地计划,负责监督占用耕地的单位按照计划开垦耕地或者按照计划组织开垦耕地,并进行验收。

(3)土地的开发、整理、复垦

1)鼓励开发未利用的土地。土地的开发是为了扩大土地的可利用面积和提高土地利用率,对土地的开发包括未利用土地的开发、被破坏土地或利用不合理土地开发,以及未被充分开发的土地。《土地管理法》第三十九条规定:国家鼓励单位和个人按照土地利用总体规划,在保护和改善生态环境、防止水土流失和土地荒漠化的前提下,开发未利用的土地;适宜开发为农用地的,应当优先开发成农用地。

但是,对土地的开发,也不是在盲目、无序中进行的。在开发前,要进行科学的分析和论证。为此,《土地管理法》第四十条中规定:开垦未利用的土地,必须经过科学论证和评估,在土地利用总体规划的可开垦的区域内,经依法批准后进行。禁止毁坏森林、草原开垦耕地,禁止围湖造田和侵占江河滩地。根据土地利用总体规划,对破坏生态环境开垦、围垦的土地,有计划有步骤地退耕还林、还牧、还湖。

开发未确定土地使用权的国有荒山、荒地、荒滩从事种植业、林业、畜牧业、渔业生产的,经县级以上人民政府依法批准,可以确定给开发单位或个人长期使用,但使用期限最长不得超过50年。

2)鼓励土地整理。土地整理是指通过采取各种措施,对田、水、路、林、村等进行综合整治,提高耕地质量,增加有效耕地面积,改善农业生产条件和生态环境的行为。《土地管理法》第四十二条中规定：国家鼓励土地整理。县、乡（镇）人民政府应当组织农村集体经济组织，按照土地利用总体规划，对田、水、路、林、村等进行综合整治，提高耕地质量，增加有效耕地面积，改善农业生产条件和生态环境。地方各级人民政府应当采取措施，改造中、低产田，整治闲散地和废弃地。

《实施条例》对土地整治做了具体的规定：

①县、乡（镇）人民政府应当按照土地利用总体规划，组织农村集体经济组织制定土地整理方案，并组织实施。

②地方各级人民政府应当采取措施，按照土地利用总体规划推进土地整理。土地整理新增耕地面积的 60% 可以用作折抵建设占用耕地的补偿指标。

③土地整理所需费用，按照谁受益谁负担的原则，由农村集体经济组织和土地使用者共同承担。

3）土地的复垦。土地复垦是指在生产建设过程中，对挖掘、塌陷、压占等造成破坏的土地，采取整治措施，使其恢复到可供利用状态的活动。由用地单位和个人按照国家有关规定负责复垦；没有条件复垦或者复垦不符合要求的，应当缴纳土地复垦费，专款用于土地复垦。复垦的土地应当优先用于农业。

《土地管理法》第三十七条明确规定：非农业建设必须节约使用土地，可以利用荒地的，不得占用耕地；可以利用劣地的，不得占用好地。

对已经办理审批手续的非农业建设用耕地，一年内不用，又可以耕种和收获的，应由原耕种该幅耕地的集体或个人恢复耕种，也可由用地单位组织耕种。一年以上未动工建设的，应按省、自治区、直辖市的规定缴纳土地出让金 20% 以下的土地闲置费。连续两年未使用的，经原批准机关批准，由县级以上人民政府无偿收回用地单位的使用权。该幅土地原为农民集体所有的，应当交由原农业集体经济组织恢复耕种。但因不可抗力或政府有关部门的行为或动工必需的前期工作造成开发延迟的除外。

7.3.3 建设用地

1.建设用地的概念

建设用地是指建造建筑物、构筑物的一切非农用土地。它包括土地利用总体规划中已确定的建设用地，以及因经济及社会发展的需要，由规划中非建设用地转成的建设用地。前者称为规划内建设用地，后者称为规划外建设用地。两者均称为建设用地。规划内建设用地分国家所有的建设用地和农民集体所有的建设用地。

2.乡（镇）村建设用地

（1）乡（镇）村建设用地要求

乡（镇）村建设用地是农村土地的重要组成部分，是农民建造住宅的物质保证，也是农村发展非农业经济及兴建乡村公共设施和公益事业的基本物质基础。原则上，农民集体所有的建设用地只可用于村民住宅、乡镇企业建设和乡（镇）村公共设施及公益建设等与农业有关的乡村建设，不得出让、转让或出租给他人用于非农业建设。但 2013 年 11 月中共十八届三中全会通过的《中共中央关于全面深化改革若干重大问题的决议》中，又明确指出要建立城乡统一的建设用地市场。在符合规划和用途管制前提下,允许农村集体经营性建设用地出让、租赁、入股,实行与国有土地同等入市,同权同价。缩小征地范围,规范征地程序,完善对被征农民合理、规范、多元保障机制。

同时,《土地管理法》第五十九和六十二条规定:乡镇企业、乡(镇)公共设施、公益事业、农村村民住宅等乡(镇)村建设,应当按照村庄和集镇规划,合理布局,综合开发,配套建设;建设用地,应当符合乡(镇)土地利用总体规划和土地利用年度计划。农村村民一户只能拥有一处宅基地,其宅基地的面积不得超过省、自治区、直辖市规定的标准。农村村民出卖、出租、赠予住宅后,再申请宅基地的,不予批准。

非农业建设需占用农民集体所有的土地时,必须先由国家将所需土地征为国有,再依法交由用地者使用。

用于乡镇企业的建设用地,必须严格控制。省、自治区、直辖市可以按照乡镇企业的不同行业和经营规模,分别规定用地标准。

乡(镇)村建设用地审批在《土地管理法》第六十条规定:农村集体经济组织使用乡(镇)土地利用总体规划确定的建设用地兴办企业或者与其他单位、个人以土地使用权入股、联营等形式共同举办企业的,应当持有关批准文件,向县级以上地方人民政府土地行政主管部门提出申请,按照省、自治区、直辖市规定的批准权限,由县级以上地方人民政府批准。

《土地管理法》第四十四条规定:建设占用土地,涉及农用地转为建设用地的,应当办理农用地转用审批手续。永久基本农田转为建设用地的,由国务院批准。在土地利用总体规划确定的城市和村庄、集镇建设用地规模范围内,为实施该规划而将永久基本农田以外的农用地转为建设用地的,按土地利用年度计划分批次按照国务院规定由原批准土地利用总体规划的机关或者其授权的机关批准。在已批准的农用地转用范围内,具体建设项目用地可以由市、县人民政府批准。在土地利用总体规划确定的城市和村庄、集镇建设用地规模范围外,将永久基本农田以外的农用地转为建设用地的,由国务院或者国务院授权的省、自治区、直辖市人民政府批准。

乡(镇)村公共设施、公益事业建设,需要使用土地的,经乡(镇)人民政府审核,向县级以上地方人民政府自然资源主管部门提出申请,按照省、自治区、直辖市规定的批准权限,由县级以上人民政府批准。村民住宅用地,经乡(镇)人民政府审核批准。

对于规划为建设用地,而现在实为农用地的土地,在土地利用总体规划确定的建设用地规模范围内,由原批准土地利用总体规划的机关审批,按土地利用年度计划,分批次将农用地批转为建设用地。

(2)土地使用权的收回

《土地管理法》第六十六条规定:有下列情形之一的,农村集体经济组织报经原批准用地的人民政府批准,可以收回土地使用权。

1)为乡(镇)村公共设施和公益事业建设,需要使用土地的。

2)不按照批准的用途使用土地的。

3)因撤销、迁移等原因而停止使用土地的。

收回农民集体所有土地的,对土地使用权人应当给予适当补偿。收回集体经营性建设用地使用权,依照双方签订的书面合同办理,法律、行政法规另有规定的除外。

　　3.国有建设用地

　　国有建设用地是指国家进行各项经济、文化、国防建设及举办社会公益事业所需要使用的土地,包括城市市区的土地,铁路、公路、机场、国有企业、港口等国家所有土地中的建设用地。国有建设用地包括国家所有的建设用地和国家征收原属于农民集体所有的土地。国有建设用地可通过划拨和有偿使用方式交由建设单位使用。经批准的建设项目需要使用国有建设用地的,建设单位应当持法律、行政法规规定的有关文件,向有批准权的县级以上人民政府自然资源主管部门提出申请,经自然资源主管部门审查,报本级政府批准。

　　(1)国有建设用地使用权的划拨

　　《城市房地产管理法》规定:土地使用权划拨是指县级以上人民政府依法批准,在土地使用者缴纳补偿、安置等费用后将该幅土地交付使用,或者将国有土地使用权无偿交付给土地使用者使用的行为。以划拨方式取得土地使用权的,除法律、法规另有规定的,没有使用期限的限制。

　　土地使用权的划拨有两种形式,一种在土地使用者缴纳补偿、安置等费用后将该幅土地交付使用,另一种是将国有土地使用权无偿交付给土地使用者使用。

　　国有建设用地的所有权归国家所有,建设单位或个人使用必须获得土地使用权。国家依法实行国有土地有偿使用制度,但是,国家在法律规定的范围内划拨国有土地使用权的除外。

　　《土地管理法》第五十四条规定,可划拨的建设用地为:

　　1)国家机关用地和军事用地。

　　2)城市基础设施和公益事业用地。

　　3)国家重点扶持的能源、交通、水利等基础设施用地。

　　4)法律、法规规定的其他用地。

　　《实施条例》中对以划拨方式取得国有建设用地使用权的审批程序作了具体规定,建设单位必须持有由市、县人民政府土地行政主管部门向其核发的国有土地划拨决定书。划拨方式属于使用权的无偿授予,一般采用行政文件的形式。

　　(2)国有建设用地使用权的有偿出让

　　1)土地使用权出让的概念。除了可通过划拨方式取得国有建设用地的使用权外,还可以通过有偿使用方式来获得国有建设用地的使用权。土地使用权出让是指国家将国有土地使用权在一定年限内出让给土地使用者,由土地使用者向国家支付土地使用权出让金的行为,具体在《实施条例》第二十九条规定了国有土地有偿使用的方式,它包括:

　　①国有土地使用权出让。

　　②国有土地租赁。

　　③国有土地使用权作价出资或者入股。

　　《土地管理法》第五十五条规定:以出让等有偿使用方式取得国有土地使用权的建设单位,按照国务院规定的标准和办法,缴纳土地使用权出让金等土地有偿使用费和其他费用后,方可使用土地。自本法施行之日起,新增建设用地的土地有偿使用费,百分之三十

上缴中央财政,百分之七十留给有关地方人民政府。具体使用管理办法由国务院财政部门会同有关部门制定,并报国务院批准。

国有土地有偿使用方式一般采用合同的形式进行。

土地使用权出让具有以下几个特征:

①土地使用权出让是国家将土地使用权出让的行为。国家是国有土地的所有者,只有国家方能以土地所有者的身份出让土地。城市规划区内集体所有的土地,经依法征收转为国有土地后,方可出让该幅土地的使用权。

②土地使用权出让是有期限的。我国实行的是土地公有制,这就决定了土地使用权只能在一定年限内出让给土地使用者。土地使用权出让的最高年限是由国家法律按照土地的不同用途规定的,它是指一次出让签约的最高年限。土地使用权出让年限届满时,土地使用者可以申请续期。

《中华人民共和国城镇国有土地使用权出让和转让暂行条例》(以下简称《城镇国有土地使用权出让和转让暂行条例》)规定,土地使用权出让最高年限按用途分为:居住用地70年;工业用地50年;教育科技、文化、卫生、体育用地50年;商业、旅游、娱乐用地40年;综合或其他用地50年。土地使用权出让最高年限按不同用途分别定为40年、50年、70年,主要是考虑土地收益,其次是考虑地上房屋的折旧期一般都在50年左右,即土地使用期届满时,房屋残值已所剩无几。规定了土地使用权出让最高年限具有非常重要的意义。首先,说明土地使用权出让不是土地买卖。土地买卖是土地所有权的买断,而出让的是一定年限的土地使用权。如果不在法律、法规中明确规定土地使用权出让的最高年限,土地使用权出让就会演变成为土地买卖。其次,它明示了我国实行的是土地有偿、有限期的使用制度。打破了我国过去实行的土地无偿、无限期的使用制度。再者,它说明了国家作为土地所有者对土地使用权享有最终处置权。土地使用权出让年限届满,土地使用者或申请续期使用土地、或由国家收回,这对合理配置和利用土地资源,提高土地资产效益,建立完善的房地产市场,都有不可估量的作用。

③土地使用权出让是有偿的。土地使用者取得一定年限的国有土地使用权,须向国家支付土地使用权出让金。土地使用权出让金是土地有偿出让的货币表现形式,其本质是国家凭借土地所有权取得的土地经济效益。土地使用权出让金主要包括一定年限内的地租,此外还包括土地使用权出让前国家对土地的开发成本及有关的征地拆迁补偿安置等费用。

④土地使用者享有权利的范围不含地下之物。土地使用者对地下的资源、埋藏物和市政公用设施等,不因其享有土地的使用权而对其享有权利。

2)土地使用权出让的方式。《城市房地产管理法》规定,我国的国有土地使用权出让,有拍卖、招标、协议三种方式。

①拍卖出让。拍卖出让是指在土地管理部门指定的时间、地点,利用公开场合,就所出让土地使用权的地块公开叫价竞投,按"价高者得"的原则,确定土地使用权受让者的一种方式。这种方式充分引进了竞争机制,排除了任何主观因素,有利于公平竞争,可以使国家最大限度地获得土地收益,并增加财政收入。这种方式主要适用于投资环境好、赢利大、竞争性很强的房地产业、金融业、旅游业、商业和娱乐用地。

②招标出让。招标出让是指在规定的期限内，由符合规定条件的单位和个人，以书面投标形式，竞投某一块土地的使用权，由招标方择优确定土地使用者的出让方式。招标出让分为公开招标和定向招标两种形式。公开招标是通过新闻媒介发布招标广告，有意获取土地使用权的受让方均可申请投标，这种招标方式也称无限制竞争招标。定向招标则由招标方选择符合条件的单位或个人，并向其发出招标通知书和招标文件，邀请其参加投标，这种招标方式也称有限竞争性招标。

招标出让，中标者不一定是投标标价的最高者，因为在评标时，不仅要考虑投标价，还要对投标规划设计方案和投标者的资信情况等进行综合评价。也就是说，中标者是经过全面、客观的综合评估而择优确定的。招标出让方式的效果比较好，它不仅有利于土地规划利用的优化，确保国家获得土地收益，而且有利于公平竞争，给出让方留有一定的选择余地。招标出让方式适用于开发性用地或有较高技术性要求的建设用地。

③协议出让。协议出让是指土地所有者与土地使用者在没有第三者参与竞争的情况下，通过谈判、协商、达成出让土地使用权一致意见的一种方式。以协议方式出让土地使用权是双方协商的结果，没有引入竞争机制，这种形式人为因素较多，主观随意性较大，容易在土地出让过程中产生不正之风，导致国有土地收益流失。为防止国有土地流失，确保土地使用权出让的正常秩序，《城市房地产管理法》规定：商业、旅游、娱乐和豪华住宅用地，有条件的，必须采取拍卖、招标方式；没有条件的，不能采用拍卖、招标方式的，可采取双方协议方式，但"采取双方协议方式出让土地使用权的出让金不得低于按国家规定所确定的最低价"。

3）土地使用权终止和续期。

①土地使用权的终止。根据《城市房地产管理法》规定，土地使用权的终止有以下情况：因土地的灭失而导致使用者不再享有土地使用权；土地使用权出让年限届满即土地使用权出让合同期满而国家收回土地使用权；土地使用权出让期满前国家因社会公共利益的需要而提前收回土地使用权。

提前终止土地使用权，地上建筑物和其他附着物亦一并归国家所有，除土地使用权出让合同规定必须拆除的技术设备外，土地使用者不得损坏一切地上建筑物及其他附着物。但是，国家必须根据土地使用者使用土地的实际年限和开发土地的实际情况及地上建筑物和其他附着物的现存价值等情况，给土地使用者以相应补偿，从而保护土地使用者的合法权益。

②土地使用权的续期。土地使用权出让合同约定使用年限届满时，如果土地使用者需要继续使用该土地，就必须申请续期，经批准后，重新签订土地使用权出让合同，支付土地使用权出让金，并办理登记，方能继续享有土地使用权。《城市房地产管理法》规定，土地使用者"应当最迟于届满前一年申请续期"。土地使用权出让合同约定的使用年限届满后，如土地使用者未申请续期或虽申请续期但未获批准的，土地使用权由国家无偿收回。

4）土地使用权出让合同。建设单位使用国有土地的，应当按照土地使用权出让有偿使用合同的约定使用土地，《城市房地产管理法》第十五条规定：土地使用权出让，应当签订书面出让合同。土地使用权出让合同由市、县人民政府土地管理部门与土地使用者签订。

土地使用权出让合同是指市、县人民政府土地管理部门与土地使用者之间就出让城市国有土地使用权所达成的、明确相互之间权利义务关系的协议。

土地使用权出让合同一般包括下列内容：

①标的。指出让土地的位置、四邻界至、用途、面积。

②使用年限。土地使用权出让年限是关系到土地所有者与使用者利益分配的重要条款,应包括土地出让年限什么时候开始计算、一共多少年、什么时候到期等。

③开发期限。是指使用者在取得土地使用权后开发利用土地的时限。明确该项内容,是保证有效开发利用土地的依据,是防止不按期开发、闲置土地的有力保证。

④出让金数额及支付方式。公平、合理地确定土地使用权出让金数额,是订立出让合同的关键,是合同不可缺少的内容。除此之外,合同还应明确土地使用权出让的支付期限和支付方式。

⑤开发进度与分期投资额度。出让土地的开发工程量往往很大,一般是分期、分批进行的,因此,合同必须确定开发进度以及根据进度分期投入的资金额。

⑥土地使用规则。土地使用权出让方应在符合城市总体规划的前提下,编制出所出让土地使用的总平面布置图、建设密度和高度控制指标、工程管线规划、工程深度限制、环境保护、园林绿化、消防等要求,这是土地使用权出让合同的重要内容。

⑦违约责任。是指合同双方当事人违反合同规定应当承担的民事法律责任。《城镇国有土地使用权出让和转让暂行条例》规定:土地使用者应当在签订土地使用权出让合同后 60 日内,支付全部土地使用出让金。逾期未全部支付的,出让方有权解除合同,并可请求违约赔偿。该条例规定,出让方应当按照合同规定,提供出让的土地使用权,未按合同规定提供土地使用权的,土地使用者有权解除合同,并可请求违约赔偿。

⑧双方认为应约定的其他条款。

5)土地使用权出让合同的变更和解除。一般地说,土地使用权出让合同一经订立,就具有法律约束力,任何部门、单位和个人不得擅自变更和解除。由于土地使用权出让合同的期限很长,一般都为几十年,在合同履行过程中,因为种种原因,或者需要修正部分条款的内容,或者原订的出让合同继续履行已没有必要或不可能,所以,法律允许当事人在特定情况下可以依法变更和解除出让合同。

在土地使用权出让合同变更中,比较多见的是土地使用者提出改变土地用途,为此《城市房地产管理法》规定了变更土地用途的批准程序和处理方法。

在土地使用权出让合同解除中,比较多见的是当事人双方违约,或土地使用者不按法律开发、利用、经营土地而导致土地管理部门将土地使用权收回。

确需改变该幅土地建设用途的,应当经有关人民政府自然资源主管部门同意,报原批准用地的人民政府批准。其中,在城市规划区内改变土地用途的,在报批前,应当先经有关城市规划行政主管部门同意。

3.国有土地使用权收回的情况

《土地管理法》第五十八条规定,有下列情形之一的,由有关人民政府自然资源主管部门报经原批准用地的人民政府或者有批准权的人民政府批准,可以收回国有土地使用权:

1)为实施城市规划进行旧城区改建以及其他公共利益需要,确需使用土地的。

2）土地出让等有偿使用合同约定的使用期限届满,土地使用者未申请续期或者申请续期未获批准的。

3）因单位撤销、迁移等原因,停止使用原划拨的国有土地的。

4）公路、铁路、机场、矿场等经核准报废的。

4.国家建设用地征收和补偿

随着国民经济的发展和社会的进步,可能一些原属于农民集体所有的土地要用于基础设施或公益事业建设。所以《土地管理法》第二条规定,国家为了公共利益的需要,可以依法对土地实行征收或征用并给予补偿。

（1）征收土地的审批权限

《土地管理法》第四十六条规定,征收下列土地的,由国务院批准:

1）永久基本农田。

2）永久基本农田以外的耕地超过 35 公顷的。

3）其他土地超过 70 公顷的。

征收上述规定以外的土地,由省、自治区、直辖市人民政府批准。另外,在《实施条例》第二十四条中规定,需占用土地利用总体规划确定的国有未利用土地作为建设用地的,按照省、自治区、直辖市的规定办理,下列建设项目需报国务院批准:

1）国家重点建设项目。

2）军事设施。

3）跨省、自治区、直辖市行政区域的建设项目。

4）国务院规定的其他建设项目。

（2）征收农用地办理程序

征收农用地的,必须按照《实施条例》规定办理审批手续。

1）建设项目可行性研究论证时,由土地行政主管部门对有关事项进行审查,并提出建设项目预审报告。预审报告必须与可行性研究分析一同进行报批。

2）建设单位持项目有关批准文件,向市、县人民政府土地行政管理部门提出用地申请,由市、县人民政府土地行政管理部门审查,拟定农用地转用方案、补充耕地方案、征收土地方案和供地方案（涉及国有农用地,不拟订征收土地方案）,经市、县人民政府审核同意后,逐级上报有批准权的人民政府批准;其中,补充耕地方案由批准农用地转用方案的人民政府在批准农用地转用方案时一并批准;供地方案由批准征收土地的人民政府在批准征收土地方案时一并批准（涉及国有农用地的,供地方案由批准农用地转用的人民政府在批准农用地转用方案时一并批准）。

3）农用地转用方案、补充耕地方案、征收土地方案和供地方案经批准后,由市、县人民政府组织实施,向建设单位颁发建设用地批准书。有偿使用国有土地,由市、县人民政府土地行政主管部门与土地使用者签订国有土地有偿使用合同。划拨使用国有土地的,由市、县人民政府土地行政主管部门向土地使用者核发国有土地划拨决定书。

4）土地使用者应进行申请土地登记。

5）抢险救灾急需用地的,可先行用地。其中,属临时用地的,灾后恢复原状并交还原土地使用者使用,不再办理土地审批手续;属永久性建设用地的,建设单位应在灾后 6 个

建设法规

月内申请补办建设用地审批手续。

（3）征收土地的实施

《实施条例》第二十五条规定：征收土地方案依法定程序批准后，由被征收土地所在地的市、县人民政府组织实施，并将批准征地机关、批准文号、征收土地用途、范围、面积以及征地补偿标准、农业人员安置办法和办理征地补偿的期限等，在被征收土地所在地的乡（镇）、村予以公告。

被征收土地的所有权人、使用权人应在公告规定期限内，持土地权属证到公告指定人民政府土地行政主管部门办理征地补偿登记。

市、县人民政府土地行政主管部门根据经批准的征收土地方案，会同有关部门拟订征地补偿、安置方案，在被征收土地所在地的乡（镇）、村予以公告，听取被征收土地的农村集体经济组织和农民的意见。征地补偿、安置方案报市、县人民政府批准后，由市、县人民政府土地行政主管部门组织实施。对补偿标准有争议的，由县级以上人民政府协调；协调不成的，由批准征收土地的人民政府裁决。征地补偿、安置争议不影响征收土地方案的实施。征地各项费用自征地补偿、安置方案批准起 3 个月内全额支付。

（4）征地补偿

土地补偿费归农村集体经济组织所有，地上附着物及青苗补偿费归地上附着物及青苗所有者所有。征收土地的安置补助费必须专款专用，不得挪作他用。需要安置的人员由农村集体经济组织安置的，安置补助费支付给农村集体经济组织，由农村集体经济组织管理和使用；由其他单位安置的，安置补助费支付给安置单位；不需要统一安置的，安置补助费发放给被安置人员个人或者征得被安置人员同意后用于支付被安置人员的保险费用。

（5）征收土地的劳动安置

因征收土地后造成的多余劳动力，由县以上土地管理部门组织被征地单位、用地单位和有关单位，通过扩大农副业生产和乡镇企业等途径，加以安置；安置不完的，可将符合条件的人员安置到用地单位或其他全民、集体所有制单位就业。

大中型水利、水电工程建设征收土地的补偿费标准和移民安置办法，由国务院另行规定。

5.临时用地

建设项目施工和地质勘查等确需临时使用国有土地或农民集体所有土地的，由县级以上人民政府土地行政管理部门批准。其中，在城市规划区内的，还应先经有关城市规划行政主管部门同意。土地使用者应当根据土地权属，与有关自然资源主管部门或农村集体经济组织、村民委员会签订临时用地合同，并按合同的约定支付临时使用土地补偿费。

临时用地期限一般不超过 2 年，临时用地上不得建永久建筑物。占用耕地的到期之日起 1 年内恢复种植条件。

7.3.4　违法责任

《土地管理法》中的法律责任分为民事法律责任、行政法律责任和刑事法律责任三种。

土地民事法律责任是指个人或组织违反有关土地民事法律规范，应当承担的法律后果,其主要分为两种:土地侵权行为的民事损害赔偿责任和违反土地合同产生的违约责任。土地民事法律责任发生在平等的民事法律主体之间。承担民事责任的方式主要有:排除妨碍、消除危险、停止侵害、恢复原状、返还财产、赔偿损失、支付违约金等。

土地行政法律责任是指行为人违反土地行政法律规范,依法接受有关行政机关行政制裁所承担的法律后果。主要形式有行政处罚和行政处分。

违反土地行政法规的违法行为及其具体处罚如下:

(1)买卖或者以其他形式非法转让土地的,由县级以上人民政府自然资源主管部门没收违法所得;对违反土地利用总体规划擅自将农用地改为建设用地的,限期拆除在非法转让的土地上新建的建筑物和其他设施,恢复土地原状,对符合土地利用总体规划的,没收在非法转让的土地上新建的建筑物和其他设施,可以并处罚款;对直接负责的主管人员和其他直接责任人员,依法给予行政处分;构成犯罪的,依法追究刑事责任。

(2)占用耕地建窑、建坟或者擅自在耕地上建房、挖砂、采石、采矿、取土等,破坏种植条件的,或者因开发土地造成土地荒漠化、盐渍化的,由县级以上人民政府自然资源主管部门、农业农村主管部门等按照职责责令限期改正,或者治理,可以并处罚款;构成犯罪的,依法追究刑事责任。

(3)拒不履行土地复垦义务的,由县级以上人民政府自然资源主管部门责令限期改正;逾期不改正的,责令缴纳复垦费,专项用于土地复垦,可以处以罚款。

(4)未经批准或者采取欺骗手段骗取批准,非法占用土地的,由县级以上人民政府自然资源主管部门责令退还非法占用的土地,对违反土地利用总体规划擅自将农用地改为建设用地的,限期拆除在非法占用的土地上新建的建筑物和其他设施,恢复土地原状,对符合土地利用总体规划的,没收在非法占用的土地上新建的建筑物和其他设施,可以并处罚款;对非法占用土地单位的直接负责的主管人员和其他直接责任人员,依法给予处分;构成犯罪的,依法追究刑事责任。超过批准的数量占用土地,多占的土地以非法占用土地论处。

(5)农村村民未经批准或者采取欺骗手段骗取批准,非法占用土地建住宅的,由县级以上人民政府农业农村主管部门责令退还非法占用的土地,限期拆除在非法占用的土地上新建的房屋。超过省、自治区、直辖市规定的标准,多占的土地以非法占用土地论处。

(6)无权批准征收、使用土地的单位或者个人非法批准占用土地的,超越批准权限非法批准占用土地的,不按照土地利用总体规划确定的用途批准用地的,或者违反法律规定的程序批准占用、征收土地的,其批准文件无效,对非法批准征收、使用土地的直接负责的主管人员和其他直接责任人员,依法给予处分;构成犯罪的,依法追究刑事责任。非法批准、使用的土地应当收回,有关当事人拒不归还的,以非法占用土地论处。非法批准征收、使用土地,对当事人造成损失的,依法应当承担赔偿责任。

(7)侵占、挪用被征收土地单位的征地补偿费用和其他有关费用,构成犯罪的,依法追究刑事责任;尚不构成犯罪的,依法给予处分。

(8)依法收回国有土地使用权当事人拒不交出土地的,临时使用土地期满拒不归还的,或者不按照批准的用途使用国有土地的,由县级以上人民政府自然资源主管部门责令交还土地,处以罚款。

（9）擅自将农民集体所有的土地通过出让、转让使用权或者出租等方式用于非农业建设，或者违反规定，将集体经营性建设用地通过出让、出租等方式交由单位或者个人使用的，由县级以上人民政府自然资源主管部门责令限期改正，没收违法所得，并处罚款。

（10）责令限期拆除在非法占用的土地上新建的建筑物和其他设施的，建设单位和个人必须立即停止施工，自行拆除；对继续施工的，作出处罚决定的机关有权制止。建设单位和个人对责令限期拆除的行政处罚决定不服的，可以在接到责令限期拆除决定之日起15日内，向人民法院起诉；期满不起诉又不自行拆除的，由作出处罚决定的机关依法申请人民法院强制执行，费用由违法者承担。

（11）自然资源主管部门、农业农村主管部门的工作人员玩忽职守、滥用职权、徇私舞弊，构成犯罪的，依法追究刑事责任；尚不构成犯罪的，依法给予行政处分。

7.4　环境保护法律制度

7.4.1　概述

环境保护法是调整人们在开发、利用、保护、改善环境，防治环境污染和其他公害的活动中所产生的各种社会关系的法律规范的总称。环境保护法有狭义和广义之分。狭义的环境保护法是指 1989 年 12 月 26 日第七届全国人民代表大会常务委员会第十一次会议通过，2014 年 4

中华人民共和国环境保护法

月 24 日第十二届全国人民代表大会常务委员会第八次会议修订的《中华人民共和国环境保护法》（简称《环境保护法》）。而广义的环境保护法还包括与《环境保护法》配套的所有关于环境保护的法律、法规、规章和规范性文件等。《中华人民共和国宪法》是我国的根本大法，它为制定环境保护基本法和专项法奠定了基础；新的《中华人民共和国刑法》增加了"破坏环境资源罪"的条款，使得违反国家环境保护规定的个人或集体不仅要负行政责任，而且还要负刑事责任。5 个环境保护专项法为防治大气、水体、海洋、固体废物及噪声污染提供了法律依据。环境保护工作涉及方方面面，特别是资源和能源的利用，因此资源法和其他有关的法律法规也是环境保护法规体系的重要组成部分。

此外，还有地方环境保护法、环境保护行政法规和规章以及环境保护标准等。

1. 环境保护法的概念和基本内容

（1）环境、环境保护的概念

《环境保护法》第二条规定："本法所称环境，是指影响人类社会生存和发展的各种天然的和经过人工改造的自然因素的总体，包括大气、水、海洋、土地、矿藏、森林、草原、湿地、野生生物、自然遗迹、人文遗迹、自然保护区、风景名胜区、城市和乡村等。"这一定义的前半部分是对环境的抽象概括，后半部分是对环境组成因素的列举，它们共同构成我国环境法关于环境的定义。人类是环境的产物，人类离不开环境，人类要依赖自然环境才能生存和发展。同时，人类又是环境的利用和改造者，通过社会性生产活动来利用和改造环境，使其更适合人类的生存和发展。

"环境保护"是指为保证自然资源的合理开发利用、防止环境污染和生态环境破坏,以协调人类与环境的关系,保障经济、社会的持续发展为目的而采取的行政管理、经济、法律、科学技术以及宣传教育等各种措施和行动的总称。

环境保护的内容概括起来可分为两个方面:第一,保护环境和自然资源;第二,防治环境污染和其他公害。此外,防治酸雨、臭氧层破坏、气候变暖、国土整治、城乡规划、植树造林、控制水土流失和土地沙化、控制人口的增长和分布、合理配置生产力等,也都属于环境保护的内容。环境保护已成为我国的一项基本国策。这是因为:一是环境保护是自然发展规律的客观要求;二是我国面临严峻的环境状况,如人口众多、人均自然资源贫乏、环境压力大、自然环境破坏严重、环境污染严重等;三是促进经济、社会持续发展的需要。

(2)环境保护法的特点

与其他法律制度相比,环境保护法具有以下特点:

1)综合性。环境保护法以环境科学和环境法学为基础,具有学科之间交叉渗透比较多的特点;综合利用了自然科学和社会科学的研究成果,它既要反映社会发展规律的要求,又要反映自然生态规律的要求,因而综合性强。

2)广泛性。环境保护法保护的范围和对象包括整个人类环境和各种环境要素;调整的社会关系复杂广泛,几乎涉及社会生活的各个方面。

3)科学技术性。由于环境保护法将自然界的客观规律,尤其是生态基本规律和环境要素的总体演化规律作为自己的立法基础之一,因而环境保护法中含有大量的反映这些规律要求的技术性规范,使其具有较强的科学技术性。

4)社会公益性。在体现社会公共利益方面,环境保护法比其他任何法律都更加明显和突出。环境被污染,生态平衡被破坏,影响所及不仅是整个环境受污染和破坏区域内所有的人,而且还会危害子孙后代。它必然要体现出为整个社会利益服务的公益性。

(3)《环境保护法》的基本内容

《环境保护法》共有 7 章 70 条。

第一章"总则",明确了制定环境保护法的目的、环境的定义、环境保护法的适用范围、环境保护的基本原则、环境保护的管理体制以及单位和公民对环境保护的义务等。

第二章"监督管理",对环境质量标准、污染物排放标准、环境监测制度、环境影响评价制度等作了具体规定。

第三章"保护和改善环境",规定了污染源限期治理制度,并对自然保护区、风景名胜区、文物古迹保护以及农业环境保护、海洋环境保护、城乡环境保护等作出了具体规定。

第四章"防治污染和其他公害",明确了"三同时"制度、排污申报登记和环境保护许可证制度、征收排污费制度。

第五章"信息公开和公众参与",规定了各级人民政府环境主管部门对环境信息公开,公众参与程序,公民、法人和其他组织依法享有获取环境信息、参与监督环境保护的权利。

第六章"法律责任",规定了哪些行为属于违反环境保护管理的行为、行政处罚的种类、处罚的主体以及不服行政处罚的解决程序。

第七章"附则",规定了本法与环境保护有关的国际条约的关系,以及本法的生效时间及有关法规的失效。

2.环境保护法的立法目的、适用范围及管理体制

（1）环境保护法的立法目的

环境保护法的立法目的是：保护和改善环境，防治污染和其他公害，保障公众健康，推进生态文明建设，促进经济社会可持续发展。包括以下三个方面：一是合理地利用环境与资源，防止环境污染和生态破坏；二是维护清洁适宜的生活环境，保障人民身体健康；三是协调环境保护与发展经济的关系，促进经济社会可持续发展。

（2）环境保护法的适用范围

环境保护法适用于中华人民共和国领域和中华人民共和国管辖的其他海域。

（3）环境保护法的管理体制

在环境保护法中明确规定了国务院环境保护行政主管部门，国家海洋行政主管部门、港务监督、渔政、渔港监督、军队环境保护部门，土地、矿产、林业、农业、水利行政主管部门，各级公安、交通、铁道、民航管理部门，县以上人民政府以及环境保护行政主管部门，对保护和改善环境应负的责任和权利。

3.环境保护法的基本原则

环境保护法的基本原则：是环境保护方针、政策在法律上的体现；是调整环境保护方面社会关系的指导规范；也是环境保护立法、司法、执法、守法必须遵循的准则。它反映了环境保护法的本质，并贯穿环境保护法制建设的全过程，具有十分重要的意义。

（1）经济建设与环境保护协调发展的原则。根据经济规律和生态规律的要求，环境保护法必须认真贯彻"经济建设、城市建设、环境建设同步规划、同步实施、同步发展"的三同步方针和"经济效益、环境效益、社会效益"的三统一方针。

（2）预防为主，防治结合的原则。预防为主的原则，就是"防患于未然"的原则。环境保护中预防污染不仅可以尽可能地提高原材料、能源的利用率，而且可以大大地减少污染物的产生量和排放量，减少二次污染的风险，减少末端治理负荷，节省环保投资和运行费用。"预防"是环境保护第一位的工作。然而，根据目前的技术、经济条件，工业企业做到"零排放"也是很困难的，所以还必须与治理相结合。

（3）污染者付费的原则。污染者付费的原则，通常也称为"谁污染，谁治理""谁开发，谁保护"原则，其基本思想是明确治理污染、保护环境的经济责任。

（4）政府对环境质量负责的原则。环境保护是一项涉及政治、经济、技术、社会各个方面的复杂而又艰巨的任务，是我国的基本国策，关系到国家和人民的长远利益。解决这种全局性、综合性很强的问题，是政府的重要职责之一。

（5）依靠群众保护环境的原则。环境质量的好坏关系到广大群众的切身利益，因此保护环境，不仅是公民的义务，也是公民的权利。

7.4.2 我国环境保护专项法

《建筑法》规定，建筑施工企业应当遵守有关环境保护和安全生产的法律、法规的规定，采取控制和处理施工现场的各种粉尘、废气、废水、固体废物以及噪声、振动对环境的污染和危害的措施。

《建设工程安全生产管理条例》进一步规定,施工单位应当遵守有关环境保护法律、法规的规定,在施工现场采取措施,防止或者减少粉尘、废气、废水、固体废物、噪声、振动和施工照明对人和环境的危害和污染。

1.《中华人民共和国水污染防治法》

《中华人民共和国水污染防治法》(以下简称《水污染防治法》)由第十届全国人民代表大会常务委员会第三十二次会议于 2008 年 2 月 28 日修订通过,2017 年 6 月 27 日第十二届全国人民代表大会常务委员会第二十八次会议进行了第二次修正,自 2018 年 1 月 1 日起施行,共 8 章 103 条。《水污染防治法》规定,水污染防治应当坚持预防为主、防治结合、综合治理的原则,优先保护饮用水水源,严格控制工业污染、城镇生活污染,防治农业面源污染,积极推进生态治理工程建设,预防、控制和减少水环境污染和生态破坏。

水污染是指水体因某种物质的介入,而导致其化学、物理、生物或者放射性等方面特性的改变,从而影响水的有效利用,危害人体健康或者破坏生态环境,造成水质恶化的现象。水污染防治包括江河、湖泊、运河、渠道、水库等地表水体以及地下水体的污染防治。

(1)防治水污染的原则性规定

1)水污染的环境影响评价。新建、改建、扩建直接或者间接向水体排放污染物的建设项目和其他水上设施,应当依法进行环境影响评价。

建设单位在江河、湖泊新建、改建、扩建排污口的,应当取得水行政主管部门或者流域管理机构同意;涉及通航、渔业水域的,环境保护主管部门在审批环境影响评价文件时,应当征求交通、渔业主管部门的意见。

2)水污染的防护设施。建设项目的水污染防治设施,应当与主体工程同时设计、同时施工、同时投入使用。水污染防治设施应当经过环境保护主管部门验收,验收不合格的,该建设项目不得投入生产或者使用。

(2)防治水污染的具体规定

1)一般规定。

①禁止向水体排放油类、酸液、碱液或者剧毒废液。禁止在水体清洗装贮过油类或者有毒污染物的车辆和容器。

②禁止向水体排放、倾倒放射性固体废物或者含有高放射性和中放射性物质的废水。向水体排放含低放射性物质的废水,应当符合国家有关放射性污染防治的规定和标准。

③向水体排放含热废水,应当采取措施,保证水体的水温符合水环境质量标准。

④含病原体的污水应当经过消毒处理;符合国家有关标准后,方可排放。禁止向水体排放、倾倒工业废渣、城镇垃圾和其他废弃物。禁止将含有汞、镉、砷、铬、铅、氰化物、黄磷等的可溶性剧毒废渣向水体排放、倾倒或者直接埋入地下。存放可溶性剧毒废渣的场所,应当采取防水、防渗漏、防流失的措施。

⑤禁止在江河、湖泊、运河、渠道、水库最高水位线以下的滩地和岸坡堆放、存贮固体废弃物和其他污染物。

⑥禁止利用渗井、渗坑、裂隙和溶洞排放、倾倒含有毒污染物的废水、含病原体的污水和其他废弃物。

⑦禁止利用无防渗漏措施的沟渠、坑塘等输送或者存贮含有毒污染物的废水、含病原

体的污水和其他废弃物。

⑧多层地下水的含水层水质差异大的,应当分层开采;对已受污染的潜水和承压水,不得混合开采。

⑨兴建地下工程设施或者进行地下勘探、采矿等活动,应当采取防护性措施,防止地下水污染。

⑩人工回灌补给地下水,不得恶化地下水质。

2)工业水污染防治。

①国务院有关部门和县级以上地方人民政府应当合理规划工业布局,要求造成水污染的企业进行技术改造,采取综合防治措施,提高水的重复利用率,减少废水和污染物排放量。

②国家对严重污染水环境的落后工艺和设备实行淘汰制度。

③国家禁止新建不符合国家产业政策的小型造纸、制革、印染、染料、炼焦、炼硫、炼砷、炼汞、炼油、电镀、农药、石棉、水泥、玻璃、钢铁、火电以及其他严重污染水环境的生产项目。

④企业应当采用原材料利用效率高、污染物排放量少的清洁工艺,并加强管理,减少水污染物的产生。

3)城镇水污染防治。

①城镇污水应当集中处理。

②向城镇污水集中处理设施排放水污染物,应当符合国家或者地方规定的水污染物排放标准。

③建设生活垃圾填埋场,应当采取防渗漏等措施,防止造成水污染。

4)饮用水水源和其他特殊水体保护。

①国家建立饮用水水源保护区制度。

②在饮用水水源保护区内,禁止设置排污口。

③禁止在饮用水水源一级保护区内新建、改建、扩建与供水设施和保护水源无关的建设项目;已建成的与供水设施和保护水源无关的建设项目,由县级以上人民政府责令拆除或者关闭。

④禁止在饮用水水源二级保护区内新建、改建、扩建排放污染物的建设项目;已建成的排放污染物的建设项目,由县级以上人民政府责令拆除或者关闭。

⑤禁止在饮用水水源准保护区内新建、扩建对水体污染严重的建设项目;改建建设项目,不得增加排污量。

⑥在风景名胜区水体、重要渔业水体和其他具有特殊经济和文化价值的水体的保护区内,不得新建排污口。在保护区附近新建排污口,应当保证保护区水体不受污染。

另外,水污染防治法还对农业和农村水污染防治、船舶水污染防治作了相应的规定。

2.《中华人民共和国大气污染防治法》

在建设工程建设领域,对于废气、废水污染的防治,也包括建设项目和施工项目两大方面。

《中华人民共和国大气污染防治法》(以下简称《大气污染防治法》)由第九届全国人大

230

常务委员会第十五次会议于 2000 年 4 月 29 日第一次修订,2015 年 8 月 29 日第十二届全国人民代表大会常务委员会第十六次会议第二次修订,2018 年 10 月 26 日第十三届全国人民代表大会常务委员会第六次会议第二次修正,自 2018 年 10 月 26 日起施行。所谓"大气污染"是指有害物质进入大气,对人类和生物造成危害的现象。如果对它不加以控制和防治,将严重地破坏生态系统和人类生存条件。

(1)防治大气污染的原则性规定

1)大气污染的环境影响评价。依据《大气污染防治法》,新建、扩建、改建向大气排放污染物的项目,必须遵守国家有关建设项目环境保护管理的规定。

建设项目的环境影响报告书,必须对建设项目可能产生的大气污染和对生态环境的影响作出评价,规定防治措施,并按照规定的程序报环境保护行政主管部门审查批准。

2)大气污染的防护设施。建设项目投入生产或者使用之前,其大气污染防治设施必须经过环境保护行政主管部门验收,达不到国家有关建设项目环境保护管理规定的要求的建设项目,不得投入生产或者使用。

向大气排放污染物的单位,必须按照国务院环境保护行政主管部门的规定向所在地的环境保护行政主管部门申报拥有的污染物排放设施、处理设施和在正常作业条件下排放污染物的种类、数量、浓度,并提供防治大气污染方面的有关技术资料。

规定的排污单位排放大气污染物的种类、数量、浓度有重大改变的,应当及时申报;其大气污染物处理设施必须保持正常使用,拆除或者闲置大气污染物处理设施的,必须事先报经所在地的县级以上地方人民政府环境保护行政主管部门批准。

3)缴纳排污费用。国家实行按照向大气排放污染物的种类和数量征收排污费的制度,根据加强大气污染防治的要求和国家的经济、技术条件合理制定排污费的征收标准。

征收排污费必须遵守国家规定的标准,具体办法和实施步骤由国务院规定。

征收的排污费一律上缴财政,按照国务院的规定用于大气污染防治,不得挪作他用,并由审计机关依法实施审计监督。

(2)防治大气污染的具体规定

依据《大气污染防治法》,与工程建设有关的具体规定包括:

1)向大气排放粉尘的排污单位,必须采取除尘措施。

2)严格限制向大气排放含有毒物质的废气和粉尘;确需排放的,必须经过净化处理,不超过规定的排放标准。

3)在人口集中地区和其他依法需要特殊保护的区域内,禁止焚烧沥青、油毡、橡胶、塑料、皮革、垃圾以及其他产生有毒有害烟尘和恶臭气体的物质。

4)运输、装卸、贮存能够散发有毒有害气体或者粉尘物质的,必须采取密闭措施或者其他防护措施。

5)在城市市区进行建设施工或者从事其他产生扬尘污染活动的单位,必须按照当地环境保护的规定,采取防治扬尘污染的措施。

3.《中华人民共和国环境噪声污染防治法》

《中华人民共和国环境噪声污染防治法》(以下简称《环境噪声污染防治法》)已由中华人民共和国第八届全国人民代表大会常务委员会第二十二次会议于 1996 年 10 月 29 日

通过,2018 年 12 月 29 日第十三届全国人民代表大会常务委员会第七次会议修正,自 2018 年 12 月 29 日起施行。环境噪声是指在工业生产、建筑施工、交通运输和社会生活中所产生的干扰周围生活环境的噪声。环境噪声污染,是指所产生的环境噪声超过国家规定的环境噪声排放标准,并干扰他人正常生活、工作和学习的现象。

在工程建设领域,环境噪声污染的防治主要包括两个方面:一是建设项目环境噪声污染的防治;二是施工现场环境噪声污染的防治。前者主要是解决建设项目建成后使用过程中可能产生的环境噪声污染问题,后者则是要解决建设工程施工过程中产生的施工噪声污染问题。

(1)防治环境噪声污染的原则性规定

1)环境噪声污染的环境影响评价。依据《环境噪声污染防治法》,新建、改建、扩建的建设项目,必须遵守国家有关建设项目环境保护管理的规定。建设项目可能产生环境噪声污染的,建设单位必须提出环境影响报告书,规定环境噪声污染的防治措施,并按照国家规定的程序报环境保护行政主管部门批准。

环境影响报告书中,应当有该建设项目所在地单位和居民的意见。

2)环境噪声污染的防护设施。建设项目的环境噪声污染防治设施必须与主体工程同时设计、同时施工、同时投产使用。

建设项目在投入生产或者使用之前,其环境噪声污染防治设施必须经原审批环境影响报告书的环境保护行政主管部门验收;达不到国家规定要求的,该建设项目不得投入生产或者使用。

产生环境噪声污染的企业、事业单位,必须保持防治环境噪声污染的设施的正常使用;拆除或者闲置环境噪声污染防治设施的,必须事先报经所在地的县级以上地方人民政府环境保护行政主管部门批准。

3)缴纳排污费用。产生环境噪声污染的单位,应当采取措施进行治理,并按照国家规定缴纳超标准排污费。征收的超标准排污费必须用于污染的防治,不得挪作他用。

(2)防治噪声污染的具体规定

《环境噪声污染防治法》中与工程建设有关的噪声是建筑施工噪声和交通运输噪声。建筑施工噪声是指在建筑施工过程中产生的干扰周围生活环境的声音。随着城市化进程的不断加快及工程建设的大规模开展,施工噪声污染问题日益突出,尤其是在城市人口稠密地区的建设工程施工中产生的噪声污染,不仅影响周围居民的正常生活,而且损害城市的环境形象。施工单位与周围居民因噪声而引发的纠纷也时有发生,群众投诉日渐增多。因此,应当依法加强施工现场噪声管理,采取有效措施防止施工噪声污染。交通运输噪声是指机动车辆、铁路机车、机动船舶、航空器等交通运输工具在运行时所产生的干扰周围生活环境的声音。具体规定包括:

1)在城市市区范围内向周围生活环境排放建筑施工噪声的,应当符合国家规定的建筑施工场界环境噪声排放标准。所谓噪声排放,是指噪声向周围生活环境辐射。GB 12523—2011《建筑施工场界环境噪声排放标准》对城市建筑施工期间施工场地不同施工阶段产生的作业噪声限值进行了规定。

2)在城市市区范围内,建筑施工过程中使用机械设备,可能产生环境噪声污染的,施工单位必须在工程开工十五日以前向工程所在地县级以上地方人民政府环境保护行政主管部门申报该工程的项目名称、施工场所和期限、可能产生的环境噪声值以及所采取的环境噪声污染防治措施的情况。

3）在城市市区噪声敏感建筑物集中区域内，禁止夜间进行产生环境噪声污染的建筑施工作业，但抢修、抢险作业和因生产工艺上要求或者特殊需要必须连续作业的除外。因特殊需要必须连续作业的，必须有县级以上人民政府或者持有关主管部门的证明。规定的夜间作业，必须公告附近居民。

4）建设经过已有的噪声敏感建筑物集中区域的高速公路和城市高架、轻轨道路，有可能造成环境噪声污染的，应当设置噪声屏障或者采取其他有效的控制环境噪声污染的措施。

5）在已有的城市交通干线的两侧建设噪声敏感建筑物的，建设单位应当按照国家规定间隔一定距离，并采取减轻、避免交通噪声影响的措施。

"噪声敏感建筑物"是指医院、学校、机关、科研单位、住宅等需要保持安静的建筑物。"噪声敏感建筑物集中区域"是指医疗区、文教科研区和以机关或者居民住宅为主的区域。

4.《中华人民共和国固体废物污染环境防治法》

《中华人民共和国固体废物污染环境防治法》（以下简称《固体废物污染环境防治法》）由第十届全国人民代表大会常务委员会第十三次会议于 2004 年 12 月 29 日修订通过，2013 年 6 月 29 日第十二届全国人民代表大会常务委员会第三次会议第一次修正，2015 年 4 月 24 日第十二届全国人民代表大会常务委员会第十四次会议第二次修正，2016 年 11 月 7 日第十二届全国人民代表大会常务委员会第二十四次会议第三次修正，自 2016 年 11 月 7 日起施行。固体废物污染环境是指固体废物在产生、收集、贮存、运输、利用、处置的过程中产生的危害环境的现象。

（1）固体废物污染防治的原则性规定

1）固体废物污染的环境影响评价。建设产生固体废物的项目以及建筑贮存、利用、处置固体废物的项目，必须依法进行环境影响评价，并遵守国家有关建设项目环境保护管理的规定。

建设项目的环境影响报告书，必须对建设项目产生的固体废物对环境的污染和影响作出评价，规定防治环境污染的措施，并按照国家规定的程序报环境保护行政主管部门批准。环境影响报告书经批准后，审批建设项目的主管部门方可批准该建设项目的可行性研究报告或者设计任务书。

2）固体废物污染环境防治设施。建设项目的环境影响评价文件确定需要配套建设的固体废物污染环境防治设施，必须与主体工程同时设计、同时施工、同时投入使用。固体废物污染环境防治设施必须经原审批环境影响评价文件的环境保护行政主管部门验收合格后，该建设项目方可投入生产或者使用。对固体废物污染环境防治设施的验收应当与对主体工程的验收同时进行。

（2）固体废物污染防治的具体规定

固体废物是指在生产建设、日常生活和其他活动中产生的污染环境的固态、半固态废弃物质。依据《固体废物污染环境防治法》，与工程建设有关的具体规定包括：

1）产生固体废物的单位和个人，应当采取措施，防止或者减少固体废物对环境的污染。

2）收集、贮存、运输、利用、处置固体废物的单位和个人，必须采取防扬散、防流失、防渗漏或者其他防止污染环境的措施；不得擅自倾倒、堆放、丢弃、遗撒固体废物。

3）在国务院和国务院有关主管部门及省、自治区、直辖市人民政府划定的自然保护区、风景名胜区、饮用水水源保护区、基本农田保护区和其他需要特别保护的区域内，禁止建设工业固体废物集中贮存、处置的设施、场所和生活垃圾填埋场。

4）转移固体废物出省、自治区、直辖市行政区域贮存、处置的，应当向固体废物移出地的省、自治区、直辖市人民政府环境保护行政主管部门提出申请，并经固体废物接受地的省级人民政府环境保护行政主管部门许可。

5）禁止中国境外的固体废物进境倾倒、堆放、处置。

6）国家禁止进口不能用作原料的固体废物；限制进口可以用作原料的固体废物。

7）露天贮存冶炼渣、化工渣、燃煤灰渣、废矿石、尾矿和其他工业固体废物的，应当设置专用的贮存设施、场所。

8）施工单位应当及时清运、处置建筑施工过程中产生的垃圾，并采取措施，防治污染环境。

（3）危险废物污染环境防治的特别规定

危险废物是指列入国家危险废物名录或者根据国家规定的危险废物鉴别标准和鉴别方法认定的具有危险特性的固体废物。

1）对危险废物的容器和包装物以及收集、贮存、运输、处置危险废物的设施、场所，必须设置危险废物识别标志。

2）以填埋方式处置危险废物不符合国务院环境保护行政主管部门规定的，应当缴纳危险废物排污费。危险废物排污费征收的具体办法由国务院规定。危险废物排污费用于污染环境的防治，不得挪作他用。

3）从事收集、贮存、处置危险废物经营活动的单位，必须向县级以上人民政府环境保护行政主管部门申请领取经营许可证；从事利用危险废物经营活动的单位，必须向国务院环境保护行政主管部门或者省、自治区、直辖市人民政府环境保护行政主管部门申请领取经营许可证。具体管理办法由国务院规定。禁止无经营许可证或者不按照经营许可证规定从事危险废物收集、贮存、利用、处置的经营活动。

4）收集、贮存危险废物，必须按照危险废物特性分类进行。禁止混合收集、贮存、运输、处置性质不相容而未经安全性处置的危险废物。

5）转移危险废物的，必须按照国家有关规定填写危险废物转移联单，并向危险废物移出地和接受地的县级以上地方人民政府环境保护行政主管部门报告。

6）运输危险废物，必须采取防止污染环境的措施，并遵守国家有关危险货物运输管理的规定。禁止将危险废物与旅客在同一运输工具上载运。

7）收集、贮存、运输、处置危险废物的场所、设施、设备和容器、包装物及其他物品转作他用时，必须经过消除污染的处理，方可使用。

8）直接从事收集、贮存、运输、利用、处置危险废物的人员，应当接受专业培训，经考核

234

合格,方可从事该项工作。

9)产生、收集、贮存、运输、利用、处置危险废物的单位,应当制定意外事故的防范措施和应急预案,并向所在地县级以上地方人民政府环境保护行政主管部门备案;环境保护行政主管部门应当进行检查。

10)禁止经中华人民共和国过境转移危险废物。

7.4.3　建设项目环境保护制度

1.环境影响评价制度

为了实施可持续发展战略,预防因规划和建设项目实施后对环境造成不良影响,促进经济、社会和环境的协调发展,在国务院《建设项目环境保护管理条例》(1998 年 11 月 29 日国务院令第 253 号发布)已有规定的基础上,我国制定了《中华人民共和国环境影响评价法》(以下简称《环境影响评价法》),进一步以法律的形式确立了环境影响评价制度。

(1)建设项目环境评价的分类管理

根据《环境影响评价法》第十六条的规定,我国根据建设项目对环境的影响程度,对建设项目的环境评价实行分类管理。建设单位应当依法组织编制相应的环境影响评价文件。

1)可能造成重大环境影响的,应当编制环境影响报告书,对产生的环境影响进行全面评价。其中,根据《环境影响评价法》第十七条的规定,建设项目的环境影响报告书应当包括下列内容:

①建设项目概况。

②建设项目周围环境现状。

③建设项目对环境可能造成影响的分析、预测和评估。

④建设项目环境保护措施及其技术、经济论证。

⑤建设项目对环境影响的经济损益分析。

⑥对建设项目环境监测的建议。

⑦环境影响评价的结论。

2)可能造成轻度环境影响的,应当编制环境影响报告表,对产生的环境影响进行分析或者专项评价。

3)对环境影响很小、不需要进行环境影响评价的,应当填报环境影响登记表。

(2)建设项目环境影响评价文件的审批管理

根据《环境影响评价法》的规定,建设项目的环境影响评价文件,由建设单位按照国务院的规定报有审批权的环境保护行政主管部门审批;建设项目有行业主管部门的,其环境影响报告书或者环境影响报告表应当经行业主管部门预审后,报有审批权的环境保护行政主管部门审批。

建设项目的环境影响评价文件未经法律规定的审批部门审查或者审查后未予批准的,该项目审批部门不得批准其建设,建设部门不得开工建设。

建设项目的环境影响评价文件经批准后,建设项目的性质、规模、地点、采用的生产工艺或者防治污染、防止生态破坏的措施发生重大变动的,建设单位应当重新报批建设项目的环境影响评价文件。建设项目的环境影响评价文件自批准之日起超过 5 年,方决定该项目开工建设的,其环境影响评价文件应当报原审批部门重新审核。

(3)环境影响的后评价和跟踪管理

在项目建设、运行过程中产生不符合经审批的环境影响评价文件的情形的,建设单位应当组织环境影响的后评价,采取改进措施,并报原环境影响评价文件审批部门和建设项目审批部门备案;原环境影响评价文件审批部门也可以责成建设单位进行环境影响的后评价,采取改进措施。

环境保护行政主管部门应当对建设项目投入生产或者使用后所产生的环境影响进行跟踪检查,对造成严重环境污染或者生态破坏的,应当查清原因、查明责任。

2. 环境保护"三同时"制度

所谓"三同时"制度,是指"建设项目需要配套建设的环境保护设施,必须与主体工程同时设计、同时施工、同时投产使用"。《环境影响评价法》第二十六条规定:"建设项目建设过程中,建设单位应当同时实施环境影响报告书、环境影响报告表以及环境影响评价文件审批部门审批意见中提出的环境保护对策措施。"环境保护"三同时"制度是建设项目环境保护法律制度的重要组成部分,《建设项目环境保护管理条例》对环境保护"三同时"制度进行了详细规定。

建设项目的初步设计,应当按照环境保护设计规范的要求,编制环境保护篇章,落实防治环境污染和生态破坏的措施以及环境保护设施投资概算。

编制环境影响报告书、环境影响报告表的建设项目竣工后,建设单位应当按照国务院环境保护行政主管部门规定的标准和程序,对配套建设的环境保护设施进行验收,编制验收报告。

分期建设、分期投入生产或者使用的建设项目,其相应的环境保护设施应当分期验收。

编制环境影响报告书、环境影响报告表的建设项目,其配套建设的环境保护设施经验收合格,方可投入生产或者使用;未经验收或者验收不合格的,不得投入生产或者使用。

环境保护行政主管部门应当对建设项目环境保护设施设计、施工、验收、投入生产或者使用情况,以及有关环境影响评价文件确定的其他环境保护措施的落实情况,进行监督检查。

全书小测试

参考文献

[1] 建设部人事教育司,政策法规司.建设法规教程[M].北京:中国建筑工业出版社,2002.

[2] 何佰洲.工程建设法规与案例[M].北京:中国建筑工业出版社,2004.

[3] 喻岩,赵静.土木工程建设法规[M].北京:机械工业出版社,2014.

[4] 明杏芬,范成伟.建设法规[M].杭州:浙江大学出版社,2015.

[5] 孙艳,王晓琴.建设法规[M].武汉:武汉理工大学出版社,2012.

[6] 黄安永.建设法规[M].南京:东南大学出版社,2010.

[7] 王孟钧.建设法规[M].武汉:武汉理工大学出版社,2008.

[8] 吴胜兴.土木工程建设法规[M].北京:高等教育出版社,2017.

[9] 全国一级建造师执业资格考试用书编写委员会.建设工程法规及相关知识[M].北京:中国建筑工业出版社,2016.

[10] 全国二级建造师执业资格考试用书编写委员会.建设工程法规及相关知识[M].北京:中国建筑工业出版社,2012.

ZHEJIANG UNIVERSITY PRESS
浙江大学出版社

互联网+教育+出版

立方书

教育信息化趋势下，课堂教学的创新催生教材的创新，互联网+教育的融合创新，教材呈现全新的表现形式——教材即课堂。

 轻松备课　 分享资源　 发送通知　 作业评测　 互动讨论

"一本书"带来"一个课堂"　教学改革从"扫一扫"开始

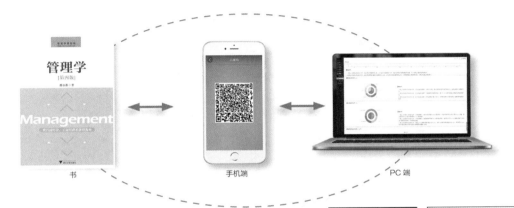

书　　　　　　手机端　　　　　　PC端

打造中国大学课堂新模式

【创新的教学体验】

开课教师可免费申请"立方书"开课，利用本书配套的资源及自己上传的资源进行教学。

【方便的班级管理】

教师可以轻松创建、管理自己的课堂，后台控制简便，可视化操作，一体化管理。

【完善的教学功能】

课程模块、资源内容随心排列，备课、开课，管理学生、发送通知、分享资源、布置和批改作业、组织讨论答疑、开展教学互动。

扫一扫 下载APP

教师开课流程

➡ 在APP内扫描**封面**二维码，申请资源

➡ 开通教师权限，登录网站

➡ 创建课堂，生成课堂二维码

➡ 学生扫码加入课堂，轻松上课

网站地址：www.lifangshu.com
技术支持：lifangshu2015@126.com；电话：0571-88273329